Evelyn Saller

Wellnessurlaub:
Garantierte Qualität mit Gütezeichen?

Sonniger Durchblick im Angebotsnebel

Diplomica® Verlag GmbH

Saller, Evelyn: Wellnessurlaub: Garantierte Qualität mit Gütezeichen? Sonniger
Durchblick im Angebotsnebel, Hamburg, Diplomica Verlag GmbH 2011

ISBN: 978-3-8366-9726-2
Druck: Diplomica® Verlag GmbH, Hamburg, 2011
Covermotiv: © BVDC · Fotolia.com

Bibliografische Information der Deutschen Nationalbibliothek:
Die Deutsche Nationalbibliothek verzeichnet diese Publikation in der Deutschen
Nationalbibliografie;
detaillierte bibliografische Daten sind im Internet über http://dnb.d-nb.de abrufbar.

Die digitale Ausgabe (eBook-Ausgabe) dieses Titels trägt die ISBN 978-3-8366-4726-7
und kann über den Handel oder den Verlag bezogen werden.

**„Eine Vision ohne Handlung ist ein Traum –
eine Handlung ohne Vision ist ein Albtraum!**

(Japanisches Sprichwort)

Vorwort

Als aktiv nutzender Wellnessgast weiß ich, dass es Unterschiede in der Qualität der Wellness & SPA Angebote gibt. Bisher hatte ich immer Glück und fand die gebuchte und erwartete Qualität. Ende der Glückssträhne war ein Wellness-Kurzurlaub in einem wunderschönen Hotel in Bayern. Die Enttäuschung war groß.

Der Hotelbereich entsprach den kategorisierten Sternen, nicht jedoch die Wellnessabteilung, diese war nicht einmal einen Stern wert (falls es diese für Wellness geben würde).

Ich stellte mir die Frage:

„Wie kann ich als Kunde erkennen, welche Qualität der Wellnessbereich bietet?"

Leider war die Antwort: „Qualität ist bei der Buchung nicht zu erkennen!"

Der Gedanke an ein einheitliches, allgemein gültiges Erkennungszeichen für Qualität im Wellness & SPA ließ mich nicht mehr los.

Im Sommer 2008 begann ich mit einer umfassenden Studie über bestehende Gütesiegel, die bereits auf dem Markt sind. Die Überraschung war groß, welche Menge es bereits an scheinbaren Qualitätsorientierungen gibt.

Ich wollte wissen, wie Wellnessnutzer (SPA-Kunden) und Hoteliers (SPA-Anbieter) zu diesem Thema stehen. Mit Hilfe von Expertengesprächen und einer umfassenden Marktforschung gelang es mir zu interessanten Ergebnissen zu kommen.

Die Expertengespräche und Interviews mit Hoteliers und Kunden machen dieses Buch zu einem Werk mit hoher Aussagekraft.

Mein Wunsch für die Zukunft:

Gästen die Auswahl ihres Wellnessurlaubes zu erleichtern, damit sie schon bei der Buchung die gewünschte Qualität erkennen und auch einfordern können.

Hoteliers profitieren durch einheitliche, allgemein gültige Qualitätsmerkmale und können sich am Markt gut positionieren.

Ideen und Lösungsansätze sind Ergebnisse dieser Studie.

Inhaltsverzeichnis

1. Einleitung

Transparente Qualität im SPA / WELLNESS ist **DIE** Herausforderung des immer noch wachsenden Wellnesstourismus.

Genügte es in den Anfängen der Wellnessbewegung Sauna und Schwimmbad zu bieten, so ist das heute ein Minimum im Hotelbetrieb und hat mit Wellnesshotel oder SPA noch gar nichts zu tun.

Dem Wellnesstrend sind sehr viele Hotelbetreiber nachgegangen und es entstanden Wellnessanlagen, die einem ins Staunen versetzen.

Die Hoteliers haben den Markt erkannt und sind massenweise auf den „Wellness-Zug" aufgesprungen. Doch jetzt inmitten der Reifephase stellt sich heraus, dass etwas fehlt in dieser rasanten Entwicklung.

Es fehlt der Durchblick!

Im Beherbergungsbereich haben der Kunde sowie der Hotelier klare Vorstellungen und Anforderungen für Qualität nach Kategorie der Hotelsterne. Damit können die Gäste eine einheitliche transparente Qualität erwarten und einfordern. Der Hotelier hat seinerseits eine Qualitätskontrolle, klare Vorgaben und ein Marketingwerkzeug für seinen Beherbergungsbetrieb mittels Hotelsterne. Er investiert, renoviert und ist bedacht die kategorisierten Hotelsterne zu halten oder anzuheben. Das ist Innovation und ständige Verbesserung.

Sehr viele Hotelinhaber sind auch beim Angebot ihrer Wellnessanlagen äußerst innovativ und haben viel bewegt. Ein Teil will jedoch mit „möchte-gerne-Wellness" nur die Betten füllen. Dies zu unterscheiden ist für den Laien unmöglich und für die Gäste erst nach ihrem ersten Aufenthalt erkennbar.

5-Sterne-Wellnesshotel oder 5-Sterne-Hotel mit Wellness?

Es ist bei der Buchung eines Hotels nicht zu erkennen in welcher Qualität der dazugehörige Wellnessbereich sich darstellt.

Bei Erstbuchung ist ein Wellnessurlaub für viele Kunden wie „russisches Roulette"!

Die Folge – nach dem Urlaub entweder Stammgast oder „nie wieder Wellnessur-laub". Das zu vermeiden gilt es, denn der Kunde von heute ist anspruchsvoll, gut informiert und qualitätsbewusst.

In der folgenden Studie wird in Kapitel 3 beleuchtet welche Qualitätsgütezeichen für Wellness/Spa bereits am Markt sind, welche Aussagekraft, Kriterien und Besonderheiten diese aufweisen.

Unter Kapitel 4, 5, und 6 wurde ausführliche Marktforschung betrieben um herauszufinden welche Wünsche Hotelbetreiber und Kunden in Bezug auf Wellness/Spa haben. Es geht um Mindestanforderungen im SPA und die Erwartungen und Vorstellungen zu einem einheitlichen allgemein gültigen Gütesiegel.

Als roter Faden sind immer wieder die Hotelsterne als Beispiel für klare, eindeutige Richtlinien zu finden. Diese Kategorisierung hat sich im Beherbergungsbereich weltweit durchgesetzt und stellt ein wichtiges Merkmal zur Orientierung dar.

In Kapitel 7 werden die Expertengespräche näher beschrieben, die als Grundlage zur Marktforschung durchgeführt wurden. Auf Grund der Expertenmeinungen wurden die Fragebögen zur Marktforschung für Kunden und Hotelbetreiber erstellt.
In Kapitel 8 finden sich Definitionen und Erklärungen zu oft genannten Begriffen wie Wellness oder SPA, Gütezeichen, Gütesiegel etc.

Die Studie gibt Aufschluss über den derzeitigen Stand im Bereich Gütezeichen am Wellnessmarkt und die Möglichkeiten der Zukunft.

1.1 Themenüberblick der durchgeführten Marktforschung

1.1.1 Welche Gütesiegel gibt es?

IST-Analyse bestehender Gütesiegel die für SPA- und Wellnessbereiche auf dem Markt angeboten werden.

1.1.2 Welche Kriterien sind notwendig diese Gütesiegel zu erhalten?

Welche Anforderungen müssen erfüllt werden um ein Gütesiegel für SPA zu erhalten.

1.1.3. Wer vergibt die Gütesiegel?

Welche Institution, Verein oder Firma vergibt die verschiedenen Gütesiegel für Wellnessanlagen.

1.1.4 Was sollte ein SPA minimum beinhalten?

Es geht um die Frage wie ein SPA ausgestattet sein muss um die Mindestanforderungen der Kunden und SPA-Betreiber zu erfüllen. Es geht um Mindestanforderungen bei Hardware und Software.

Unter Hardware fallen eine eigene Spa-Rezeption, Schwimmbad außen und innen, Schwimmbadgröße, Whirlpool, Sauna, Dampfbad, Infrarot, Kneippbecken, Aromaduschen, Therapieräume, Kosmetik-/Beautyabteilung, Fitnessraum mit Geräten, Ruheräume, Ruheliegen und die gesamte Ausstattung, Ambiente und Architektur im gesamten Wellnessbereich.

Unter Software werden geschultes Fachpersonal, Anwendungsangebot, Beratung, Freundlichkeit und äußeres Erscheinungsbild der Mitarbeiter, Angebot und Qualität der Behandlungen, gesundheitlicher Nutzen der Anwendungen, Besonderheiten und individuelle Angebote, Hygiene und Sauberkeit, Unterhaltungsangebote und Freizeitangebote eingeordnet.

Es geht darum herauszufinden welche Bereiche für Kunden und Hotelbetreiber Priorität haben.

1.1.5 Wollen SPA-Betreiber ein allgemein gültiges einheitliches Gütesiegel?

Ist es von den SPA Betreibern gewünscht EIN einheitliches Gütesiegel für den Wellnessbereich zu definieren.

1.1.6 Welche Punkte sollte so ein Siegel enthalten?

Gäbe es ein allgemein gültiges einheitliches Gütesiegel für SPA welche Anforderungskriterien müssen minimum darin enthalten sein.
Soll
    Hardware (Architektur, Bauliches, Ambiente, Größe etc.), Wasserwelten (Pool, Whirlpool etc.) und Thermenwelten (Sauna, Dampfbad etc.) in Anzahl und Größe, Gesamtgröße SPA
und/oder
    Software wie Personal, Angebot und Hygiene
in den Kriterienkatalog aufgenommen werden.

1.1.7 Welche Vorstellung haben SPA Betreiber von einem einheitlichen Gütesiegel?

Erwarten sich die Hoteliers einen Vergleich zum Mitbewerber, Verbesserung der Marketingsituation, Transparente Qualität, regelmäßige Qualitätskontrollen, einheitliche Kriterien oder klare Aussagen.

1.1.8 Was darf eine solche Überprüfung kosten?

Dieser Frage wird in der Marktforschung HOTEL nachgegangen. Es gilt herauszufinden in welchem Bereich die Kosten für Überprüfung und Zertifizierung für Hotelbetreiber akzeptabel sind, in welcher Form die Überprüfungen stattfinden sollen (Art der Überprüfung, Dauer der Überprüfung) um ein einheitliches Gütesiegel zu erhalten.

1.1.9 Will der Kunde ein aussagekräftiges Gütesiegel?

Sind Kunden an einem einheitlichen allgemein gültigen Gütesiegel für SPA interessiert und was erwarten sie sich davon. Liegt das Hauptaugenmerk an einheitlichen Kriterien, Qualitätsversprechen, Orientierung, Qualitätskontrollen oder klaren Aussagen? Es gilt dies herauszufinden.

1.1.10 Welche Aussagen/Punkte soll ein solches Siegel beinhalten?

Welche Erwartungen stellen Kunden an ein allgemein gültiges einheitliches Gütesiegel für SPA, Anforderungskriterien die minimum darin enthalten sein sollten. In welcher Form sollen Überprüfungen stattfinden, welche Kriterien sind für den Kunden eine Mindestanforderung. Geht es um **Hardware** (Architektur, Bauliches, Ambiente, Größe etc.), Wasserwelten (Pool, Whirlpool etc.) und Thermenwelten (Sauna, Dampfbad etc.) in Anzahl und Größe, Gesamtgröße SPA und/oder **Software** wie Personal, Angebot und Hygiene.

1.2. Aufbau und Inhalt

Folgende Fragen wurden in der Studie bearbeitet:

Welche Gütesiegel gibt es?

Welche Kriterien sind notwendig diese Gütesiegel zu erhalten?

Wer vergibt die Gütesiegel?

> ➢ Welche Institution, Verein oder Firma vergibt die verschiedenen Gütesiegel für Wellnessanlagen.

> IST-Analyse bestehender Gütesiegel die für SPA- und Wellnessbereiche auf dem Markt angeboten werden.
> Welche Anforderungen müssen erfüllt werden um ein Gütesiegel für SPA zu erhalten.

Vorgangsweise:

✓ Recherchen mit Hilfe von Internetseiten und Lektüren die im Literaturverzeichnis (Punkt 9) genau angegeben sind.
✓ Ausarbeitung in Excel Tabelle unter dem Titel „Gesamtergebnis GÜTESIEGEL" unter „Punkt 3.2. Gesamtergebnis Gütesiegel".
✓ Genaue Beschreibung der einzelnen Gütesiegel, die recherchiert wurden in Word Dokumenten unter dem Titel „Detailergebnisse Gütesiegel" unter „Punkt 3.3.
✓ Detailergebnisse Gütesiegel" mit Unterpunkten 3.3.1. bis 3.3.17. namentlich angeführt.

Was sollte ein SPA minimum beinhalten?

> Es geht um die Frage wie ein SPA ausgestattet sein muss um die Mindestanforderungen der Kunden und SPA-Betreiber zu erfüllen. Es geht um Mindestanforderungen bei Hardware und Software.

Wollen SPA-Betreiber ein allgemein gültiges einheitliches Gütesiegel?

> Ist es von den SPA Betreibern gewünscht EIN einheitliches Gütesiegel für den Wellnessbereich zu definieren.

Welche Punkte sollte so ein Siegel enthalten?

> Gäbe es ein allgemein gültiges einheitliches Gütesiegel für SPA welche Anforderungskriterien müssen minimum darin enthalten sein.

Soll
> Hardware (Architektur, Bauliches, Ambiente, Größe etc.), Wasserwelten (Pool, Whirlpool etc.) und Thermenwelten (Sauna, Dampfbad etc.) in Anzahl und Größe, Gesamtgröße SPA

und/oder

> Software wie Personal, Angebot und Hygiene
in den Kriterienkatalog aufgenommen werden.

Welche Vorstellung haben SPA Betreiber von einem einheitlichen Gütesiegel?

> Erwarten sich die Hoteliers einen Vergleich zum Mitbewerber, Verbesserung der Marketingsituation, Transparente Qualität, regelmäßige Qualitätskontrollen, einheitliche Kriterien oder klare Aussagen.

Was darf eine solche Überprüfung kosten?

> Dieser Frage wird in der Marktforschung HOTEL nachgegangen.

> Es gilt herauszufinden in welchem Bereich die Kosten für Überprüfung und Zertifizierung für Hotelbetreiber akzeptabel sind, in welcher Form die Überprüfungen stattfinden sollen (Art der Überprüfung, Dauer der Überprüfung) um ein einheitliches Gütesiegel zu erhalten.

Will der Kunde ein aussagekräftiges Gütesiegel?

> Sind Kunden an einem einheitlichen allgemein gültigen Gütesiegel für SPA interessiert und was erwarten sie sich davon. Liegt das Hauptaugenmerk an einheitlichen Kriterien, Qualitätsversprechen, Orientierung, Qualitätskontrollen oder klaren Aussagen? Es gilt dies herauszufinden.

Welche Aussagen/Punkte soll ein solches Siegel beinhalten?

> Welche Erwartungen stellen Kunden an ein allgemein gültiges einheitliches Gütesiegel für SPA, Anforderungskriterien die minimum darin enthalten sein sollten.

> In welcher Form sollen Überprüfungen stattfinden, welche Kriterien sind für den Kunden eine Mindestanforderung.

> Geht es um Hardware (Architektur, Bauliches, Ambiente, Größe etc.), Wasserwelten (Pool, Whirlpool etc.) und Thermenwelten (Sauna,

Dampfbad etc.) in Anzahl und Größe, Gesamtgröße SPA und/oder Software wie Personal, Angebot und Hygiene.

Unter Hardware fallen eine eigene Spa-Rezeption, Schwimmbad außen und innen, Schwimmbadgröße, Whirlpool, Sauna, Dampfbad, Infrarot, Kneippbecken, Aromaduschen, Therapieräume, Kosmetik-/Beautyabteilung, Fitnessraum mit Geräten, Ruheräume, Ruheliegen und die gesamte Ausstattung, Ambiente und Architektur im gesamten Wellnessbereich.

Unter Software werden geschultes Fachpersonal, Anwendungsangebot, Beratung, Freundlichkeit und äußeres Erscheinungsbild der Mitarbeiter, Angebot und Qualität der Behandlungen, gesundheitlicher Nutzen der Anwendungen, Besonderheiten und individuelle Angebote, Hygiene und Sauberkeit, Unterhaltungsangebote und Freizeitangebote eingeordnet.

Es geht darum herauszufinden welche Bereiche für Kunden und Hotelbetreiber Priorität haben.

Vorgangsweise:

Expertengespräche:

✓ Erstellung der Fragen für Expertengespräche
✓ Ausarbeitung Fragenkatalog
✓ Auswahl der Experten, Kontaktaufnahme, Terminvereinbarung
✓ Durchführung der Expertengespräche – 5 Experten persönliches Gespräch, 1 Experte telefonisches Gespräch
✓ Ausarbeitung und Zusammenfassung der Expertengespräche
✓ Erstellung der Fragebögen zur Befragung der Hotelbetreiber und Kunden. Als Grundlage wurden die Ergebnisse aus den Expertengesprächen herangezogen.

Befragung Hotelbetreiber:

✓ Heraussuchen der Adressen, Telefonnummern, Hotelsterne, Ansprechpartner (Besitzer, Direktor oder Manager) von Hotels in Österreich, Deutschland und Südtirol über Internet und Fachzeitschriften (s. Literaturverzeichnis).

- ✓ Erstellung erster Kontaktbrief und Versand an 186 Hotels per Email, alle mit persönlicher Anrede an Besitzerfamilie, Direktor oder Manager .Terminvereinbarung per Mail oder telefonisch mit den Hotelbetreibern die bereit waren für eine Befragung, dies waren von den 186 kontaktierten 31.
- ✓ Es wurden 31 Befragungen durchgeführt, meist telefonisch, manche retournierten den Fragebogen auch per Fax.
- ✓ 30 Hoteliers waren bereit statistische Fragen zu beantworten.

Befragung Kunden:

- ✓ Kontaktaufnahme per Mail oder Telefon, Terminvereinbarung.
- ✓ Die Befragungen wurden großteils persönlich aber auch telefonisch oder durch Selbstausfüllen durchgeführt.
- ✓ Über die Geschäftsleitung des Holmes Place Lifestyle und Fitnessclub konnte eine Befragung der Mitglieder an zwei Tagen genehmigt werden. Es wurden dazu die Besucher des Holmes Place im Foyer des Studios persönlich befragt an zwei Werktagen zu vereinbarten Terminen, gesamt 7 Stunden.

Dauer der Befragung Hoteliers und Kunden je zwischen 40 und 60 min.

Ausarbeitung Marktforschung:

- ✓ Auswertung der Fragebögen
- ✓ Erstellung Exceltabellen
- ✓ Eintrag auf anonymer Basis (Nummerierung am Fragebogen und Übernahme der dem Befragten zugewiesene Zahl in die Tabelle)
- ✓ Jede Frage wird eingetragen und mit einem Wert 1 für Beantwortung und Wert 0 für keine Antwort eingetragen.
- ✓ Zu den Fragen stehen folgende Antwortmöglichkeiten zur Wahl: Ja / Nein / Keine Angabe – Eintrag in Auswertung = Wert 1 oder 0.
- ✓ Ein Teil der Antworten besteht aus einer Auswahl unter mehreren Möglichkeiten (z.B. „Anzahl der Saunen 1, 1-3 oder mehrere" etc.)
- ✓ Ein kleiner Teil der Antworten bietet die Möglichkeit mehrere Auswahlmöglichkeiten zu treffen (z.B. „einheitliche Kriterien", Qualitätsversprechen, etc."
- ✓ Ein weiterer kleiner Teil der Antworten bietet die Möglichkeit individuell zu antworten.

Die Tabellen-Auswertung im Detail:

Die eingetragenen Werte (0 oder 1) wurden addiert und stellen das Ergebnis dar.

Bei Antworten die mit **einer** Antwortauswahl zu beantworten sind, wurde das addierte Ergebnis (<u>Summe der jeweiligen Antworten</u> „JA/NEIN/KEINE ANGABE" durch die Basiszahl (<u>Summe der Befragten</u>) dividiert um zu dem Prozentergebnis zu kommen.

Bei **mehreren** Antwortmöglichkeiten wurde das addierte Ergebnis (<u>Summe der jeweiligen Antworten</u> „JA/NEIN/KEINE ANGABE/INDIVIDUELLE ANTWORTEN") durch die Basiszahl (<u>Summe aller Antworten zum Thema</u>) dividiert um zu dem Prozentergebnis zu kommen.

Detaillierte Vorgangsweise:

Erstellung, Anhang, Literaturverzeichnis, Tabellen Erklärung, Fragebögen Aufbau, Hotelsterne Erklärung und Beschreibung, Definitionen, Inhaltsverzeichnis, Ausarbeitung und Erfassen der Zusammenfassungen und Schlussfolgerungen.

2. Zusammenfassung

2.1. Zusammenfassung Gütesiegel

Es existiert derzeit eine Unmenge an verschiedenen Gütesiegeln, Gütezeichen, Prüfzeichen, Prüfsiegel, Auszeichnungen, Markenzusammenschlüsse und Kooperationen für Wellness/SPA.

Meist sind dies Marketinginstrumente oder ein Hinweis auf eine Spezialisierung im Wellnessbereich. Auffällig sind die oft sehr umfangreichen unterschiedlichen Kriterienkataloge mit teilweise über 1.000 Anforderungsmerkmalen.

Genauso unterschiedlich gestalten sich die Preise für Gütezeichen und Überprüfungen.

Mitgliedschaften in Verbänden sind bei vielen Herausgebern der Gütezeichen verpflichtend und bereits vor der Überprüfung werden 3-Jahresverträge unterschrieben aus denen der Hotelier dann schwer herauskommt.

Im Kriterienkatalog sind oft subjektiv empfundene Anforderungen angeführt, was zur Folge hat dass Überprüfungen manchmal ebenso subjektiv ablaufen.

Die Kriterienkataloge gehen oftmals an den Kundenbedürfnissen vorbei.

Kunden sind schlecht informiert über bestehende Gütezeichen, sie kennen kaum Gütezeichen für Wellness.

Das Ziel das ein Gütezeichen für Wellness/SPA verfolgen sollte ist weit verfehlt.

Es herrscht absolut keine Klarheit, keine Transparenz, kein Qualitätsversprechen und es fehlen klare eindeutige Aussagen bei allen am Markt befindlichen Gütesiegeln.

Dabei kommt klar heraus, dass sich Hoteliers und Kunden ein einheitliches allgemein gültiges Gütesiegel für SPA wünschen!

Das komplett zusammengefasste Ergebnis zu Gütesiegel findet sich unter:
3.1. Zusammenfassung Gütesiegel

2.2. Zusammenfassung Ergebnisse Marktanalyse

Mindestanforderungen an ein SPA wurden klar definiert und interessant dabei ist, dass sich Vorstellungen der Kunden und der Hotelbetreiber decken bis auf 2 Punkte. Die unterschiedliche Meinung zum Anwendungsanbot verdient es näher beleuchtet zu werden. Hoteliers sind der Meinung 31 bis 40 Anwendungen anzubieten ist ein Minimum. Die Kundenwünsche bewegen sich hier bei einem Anwendungsangebot von 6 bis 10 Anwendungen. Hier gibt es Möglichkeiten für den Hotelier sich zu spezialisieren und von der Anzahl der Angebote etwas nach unten zu korrigieren.

Für Hoteliers ist die Qualität im SPA klar erkennbar, nicht aber für den Kunden. Dieser kann Qualität wenn überhaupt erst nach dem ersten Aufenthalt einordnen.

Ein allgemein gültiges Gütesiegel für Wellness und SPA wünschen sich der überwiegende Teil der Kunden und Hotelbetreiber.

Eine Zertifizierung zu einem einheitlichen Gütesiegel sollte über Mystery Check in Zusammenarbeit von öffentlicher Prüfanstalt, Fachverband und Privaten Anbietern durchgeführt werden. Beratung und Betreuung sollten folgen um Qualitätskriterien zu erfüllen.

Bei einer Überprüfung und Zertifizierung sollte das Augenmerk auf Hardware UND Software liegen!

Die kompletten zusammengefassten Ergebnisse finden sich unter:
Punkt 6.1.Zusammenfassung Marktforschung Kunden
Punkt 4.1. Zusammenfassung Marktforschung Hotel
Punkt 5.1. Zusammenfassung Marktforschung Hotel Statistik

2.3. Schlussfolgerung und Empfehlung

Auf Grund der vielen spezifischen Gütezeichen ist es schwer zu erkennen welche Qualität hier geboten wird.

Wellnesshotel mit 5 Sternen oder 5-Sterne-Wellnesshotel?

Das Herauszufinden verdirbt so manchem potentiellen Kunden die Lust auf Wellnessurlaub.

Im Beherbergungsbereich hat sich die Kategorisierung mit Hotelsternen durchgesetzt. Klar und deutlich erkennt der Hotelier wo er sich befindet und der Kunde kann die gewählte Qualität erwarten und einfordern.

Heute sind wir in der Reifephase des Wellnesstourismus und für Wellness gibt es keine einheitlichen Kriterien. Zum einen weil Wellness als Begriff nicht geschützt werden kann und zum anderen weil der Markt rasant angewachsen ist. Es gibt zwar viele Bemühungen einheitliche Kriterien zu schaffen, bisher ist dies noch nicht gelungen.

Die Gütezeichen sorgen für Verwirrung und Qualität ist gar nicht mehr transparent. Eine Unmenge an Gütezeichen soll bei der Vermarktung helfen und hat mit Qualität schon lange nichts mehr zu tun.

Es sind auch einige sehr gute Kooperationen und Marken entstanden mit mehr oder weniger Bekanntheitsgrad, doch das ist für die Zielgruppe keine Lösung und für viele Hotelbetreiber auch nicht. Dies wurde an Hand der Ergebnisse der Marktforschung ganz deutlich. Der Wunsch nach einheitlichen allgemein gültigen Zertifikaten ist stark vorhanden.

Hotelbetreiber und Kunden wissen genau was sie von einem SPA erwarten, sie wissen auch was sie von einem einheitlichen Gütesiegel erwarten, sie wissen auch welche Punkte wichtig sind bei der Überprüfung / welche Aussagen enthalten sein müssen.

Hoteliers und Kunden wünschen sich einheitliche Kriterien, Qualitätsversprechen, leichtere Orientierung, regelmäßige Qualitätskontrollen, klare Aussagen, Verbesserung Marketingsituation, Vergleich zum Mitbewerber und transparente Qualität.

Dies alles erreichen wir <u>nicht</u> mit einem neuen Gütesiegel!

<u>Darauf gibt es nur eine Antwort:</u>

Klassifizierung von Wellness / SPA!

Nur eine Kategorisierung und klare Einteilung ähnlich wie bei den Hotelsternen für Beherbergung kann Qualität im SPA transparent, differenzierbar und vergleichbar machen.
Durchführung getrennt von der Kategorisierung der Hotelsterne in Anlehnung an die Kriterien der Hotelsternevergabe, speziell nur auf den SPA Bereich unter Einbindung von Fachleuten für Wellness.

Eine Klassifizierung bei Wellnesshotels getrennt von der Hotelsternekategorisierung ist **DIE** Lösung für Transparenz und Klarheit.

Zu beachten dabei ist, dass ein neues System zur Zertifizierung von SPA die Mindestkriterien aufzeigt und diese auch regelmäßig kontrolliert werden.

Die Individualität der Wellnessbetriebe bleibt unantastbar, es spielt keine Rolle ob klassische, asiatische, traditionelle oder sonstige Schwerpunkte als Leitthema im Betrieb im Vordergrund stehen.
Weiters gilt es rasch viele gute Wellnessbetriebe dafür zu begeistern sich klassifizieren zu lassen.

Voraussetzung ist auch schnell für hohe Bekanntheit zu sorgen über Internet, Zeitungen, Wirtschaft, Fachzeitschriften, Radio Fernsehen etc.

Der Nutzen für Hotelbetreiber und Gäste liegt auf der Hand und muss publik gemacht werden – Transparenz, Klarheit, Verständlichkeit, Qualitätsversprechen und Einhaltung.

Ein einheitliches allgemein gültiges Gütezeichen für Wellness und SPA als Klassifizierung in Form von Sonnen! Die Sonne steht für Stabilität, Stärke und immer gleiche Qualität. Sie steht auch für Wärme, Wohlfühlen und Leben!

1 bis 7 Sonnen für Wellness/SPA

Als Herausgeber würde eine Zusammenarbeit zwischen öffentlicher Prüfanstalt / Fachverband / Private Anbieter rasch zu einem Ergebnis führen.

Öffentliche Prüfanstalt muss dabei sein, denn die Gesetze und Normen im Schwimmbadbereich sind vorgegeben und einzuhalten, genauso die sonstigen Hygienevorschriften.

Fachverband ist empfehlenswert, dieser hat sich für die Kategorisierung der Hotelsterne bewährt und bringt eine Menge Fachwissen mit. Der Fachverband ist wichtig, da Beherbergung und Wellness in engem Zusammenhang stehen und sich hier Synergien ergeben.

Private Anbieter unbedingt notwendig, da in diesem Bereich mit Mystery Check und vor allem mit Fachleuten für Wellness gearbeitet werden muss.

Gemeinsam für Durchblick sorgen bevor der „Wellness-Zug" abfährt und viele Chancen ungenutzt bleiben.

Sorgen wir gemeinsam für Durchblick mit Angebotsnebel mit

SPA-SONNE

Quelle: http://www.pixelio.de/details.php?image_id=385406&mode=search

2.4. Blick in die Vergangenheit, Gegenwart und Zukunft

Zu Beginn der Studie hatte ich eine Vision. Als aktiv nutzender Wellnessgast seit vielen Jahren und im Zuge meiner Ausbildung zur Akademischen Wellnessmanagerin wurde mir klar, dass bei Wellness und SPA etwas fehlt. Es fehlt ein klares Erkennungszeichen für Qualität!

Die Vision war geboren, doch wie sagt ein Japanisches Sprichwort so schön:

> „Eine Vision ohne Handlung ist ein Traum –
> eine Handlung ohne Vision ist ein Albtraum!"

Deshalb begann ich mich im Oktober 2008 intensiv mit dem Thema auseinanderzusetzen.

Ein Blick in die Vergangenheit zeigt deutlich vor ca. 50 Jahren stand die Tourismusbranche vor einem ähnlichen Problem. In der Beherbergung der Hotelerie wurde die fehlende Qualitätsdefinition erkannt und es entstand im Laufe der Jahre die Kategorisierung der Hotelsterne. Weltweit bekannt und anerkannt geben die Hotelsterne bis heute Aufschluss über den Standard in der Beherbergung. Die Kategorisierung mittels Hotelsternen als roten Faden, begann ich mit meinen Notizen, der Vision folgten Taten.

Ausführliche Expertengespräche, Marktforschung aus Unternehmer- und Kundensicht, Auswertung und Ausarbeitung aller gesammelten Informationen haben gezeigt, ich stehe nicht alleine mit dem Wunsch nach Qualitätsorientierung für Wellness/SPA.

Gegenwärtig haben wir es mit vielen Gütesiegeln für Wellness zu tun, die als erste Orientierung teils hilfreich und zum größten Teil verwirrend sind. Hauptsächlich als Marketingwerkzeuge eingesetzt, wurden bisher keine einheitlichen Kriterien erreicht. Durchblick und Abhilfe ist möglich durch Kategorisierung der Wellness-/Spa-Betriebe.

Initiator einer Kategorisierung kann nur der Fachverband sein, denn Tourismus und Wellness/SPA stehen in engem Zusammenhang und es gilt Synergien zu schaffen und die Chancen zu nutzen. Der Fachverband (Wirtschaftskammer, Sparte Tourismus als Herausgeber und Organisator der Klassifizierungsdurchführung ist daher unumgänglich.

Die Öffentliche Prüfanstalt (Land) im Team ist ebenfalls notwendig, die Hygienevorschriften (z.B. Bäderhygienegesetz) sind zwingend in den Kriterienkatalog einzubeziehen. Die Ergebnisse der jährlich vorgeschriebenen Überprüfungen sind öffentlich zu machen und für die Klassifizierung heranzuziehen.

Als drittes Glied im Team der Arbeitsgruppe eine private Institution, die über Fachwissen Wellness/SPA verfügt (z.B. erfahrene SPA-Einrichter/SPA-Ausstatter, SPA-

24

Betreiber, ausgebildete Wellnessmanager, namhafte Therapeuten etc.). Bei der Auswahl ist unbedingt auf Unabhängigkeit zu achten!

Im nächsten Schritt folgt die Kommunikation und Kooperation aller Beteiligten. Erstellung Konzepte, Festlegung Endziel, klare Definitionen und Einigung über prozessorientierte Ziele. Geklärt wird die Strategie, die Beteiligten, Planung und Durchführung. Benennung einer Wort-Bild Marke wie z.B. „Spa-Sonne". Festlegung der Mindestkriterien für die Kategorisierung SPA-Betriebe. Es geht um Qualitätsfest-legung und um Mindestanforderungen. Die Individualität der Betriebe bleibt unange-tastet. Klärung welches System (Punktesystem…) für die Auswertung herangezogen wird. Art und Weise der Überprüfung definieren, Mystery Check und Beratung der Betriebe ist unumgänglich. Internetportal einrichten und zur Marktforschung über Kundenbedürfnisse nutzen, jedoch nicht auf anonymer Basis, denn da besteht die Gefahr von Missbrauch. Es muss ein Schutzsystem vor ungerechtfertigten Bewer-tungen und Aussagen vorhanden sein. Internetbewertung einbinden ja – unbedingt – jedoch nicht im Bewertungssystem für die Klassifizierung, sondern als Instrument zur Bedarfsermittlung.

Das Bewertungssystem für die Kategorisierung nicht zu kompliziert anlegen, ein Kriterienkatalog mit tausenden von Anforderungen ist zum Scheitern verurteilt.

Es muss Hardware und Software gleichermaßen berücksichtigt sein, beides trägt zur Kundenzufriedenheit bei. Im Anforderungskatalog mit klaren konkreten Kriterien und Richtlinien sollen Wellness-Standards (Einbindung von Fachleuten Wellness), Kundenwünsche und Unternehmerwünsche in Einklang gebracht werden.

Es geht immer um Mindestkriterien, die nicht überzogen werden dürfen.

Festlegung regelmäßiger Überprüfungen einmal jährlich durch unabhängiges Gremium mit Fachleuten aus Wellness.

Benennung der Marke und Auftrag für graphische Gestaltung einer Wort-Bild-Marke wie z.B. „SPA-Sonne + Grafik" an eine namhafte Werbeagentur. Für hohe Bekannt-heit sorgen! Bekanntmachung bei den Hoteliers und Begeisterung wecken, damit möglichst viele mitmachen und die Chance für ihren Betrieb nutzen. Information an die Öffentlichkeit über Politik, Medien, Zeitung, Fernsehen, Internet.

Stärken, Chancen und Möglichkeiten einer Kategorisierung mit SPA-Sonnen für Wellness/SPA:

> Hohe Aussagekraft, klare Richtlinien, Erkennbarkeit vorhandene Qualität,
> Verankerung im Bewusstsein der Verbraucher, Impulse für den Wellnesstou-rismus, Umsatzsteigerung.

Es ist allerhöchste Zeit sich nicht nur mit dem Thema auseinanderzusetzen sondern zu handeln!

Wir haben einen ungeheuren Vorteil heute, denn im globalen Zeitalter ist die Welt klein geworden und Information wird schnell transportiert.

Sonniger Durchblick im Angebotsnebel und in absehbarer Zeit füllen Schlagzeilen wie folgt die Medien:

„Starke neue Marke kategorisiert Wellnessbetriebe, endlich Durchblick im Angebotsnebel!"

„Einheitliche Richtlinien und Konzepte beleben den Wellnessmarkt!"

„SPA-SONNEN sorgen für Transparenz und Klarheit im Wellnesstourismus!"

„Hotelbetreiber und Kunden sind begeistert, gemeinsam ist Großes erreicht!"

3. Gütesiegel

3.1. Zusammenfassung und Schlussfolgerung - Gütesiegel

Ein gutes Hotel kann sich heute zehn und mehr Gütesiegel oder Plaketten alleine für Wellness an die Türe heften.

Verbände, Kooperationen, Marketingzusammenschlüsse, Plaketten, Gütesiegel, Gütezeichen, Prüfsiegel in unterschiedlichen Anforderungen, unterschiedlichen und doch ähnlichen Qualitätskontrollen haben alle eines zum Ziel:
Qualitätsversprechen und Kundenzufriedenheit.

An Hand einer SWOT Analyse betreffend die recherchierten Gütezeichen zeigt sich zusammenfassend das Ergebnis in Bezug auf Gütesiegel:

Stärken
- ✓ Ein Gütesiegel für Wellness und SPA bringt dem Hotelbetreiber einen entscheidenden Wettbewerbsvorteil.
- ✓ Die Herausgeber bestehender Gütezeichen haben umfangreiche Kriterienkataloge erstellt, die es zu erfüllen gilt.
- ✓ Vorteil für den Hotelier sind die laufenden Überprüfungen, die Qualität muss beibehalten werden um das Gütezeichen nicht wieder zu verlieren.
- ✓ Für den Kunden, sofern er informiert ist, bedeutet es zumindest eine Orientierung.

Schwächen
- ✓ Alle Gütezeichen die von mir recherchiert wurden sind ausschließlich Marketinginstrumente. Bei vielen ist eine Mitgliedschaft schon vor der Zertifizierung zwingend. Es ist zu bezweifeln ob die Überprüfungen wirklich unabhängig stattfinden.
- ✓ Die Kriterienkataloge sind teilweise so umfangreich, dass es für den Hotelier mehr Aufwand als Nutzen darstellt.
- ✓ Die Preise für die Überprüfungen sind teilweise extrem hoch und unüberschaubar.
- ✓ Manche Herausgeber arbeiten mit Testern, die nach subjektivem Erleben einstufen und überprüfen, da klare Vorgaben fehlen.
- ✓ Die Kunden sind schlecht informiert über bestehende Gütezeichen.

Chancen – Möglichkeiten

- ✓ Für derzeit am Markt befindliche Gütezeichen sehe ich nach den ausführlichen Recherchen keine Möglichkeiten. Alle sind zu spezifisch und undurchschaubar. Es fehlt eine klare Linie und das eindeutige Qualitätsversprechen.

Gefahren

- ✓ Als mögliche Gefahren stellen sich mehrere Aspekte dar. Herausgeber der bestehenden Gütezeichen werden im Konkurrenzkampf erdrückt, neue Marken und Siegel überschwemmen den Markt.
- ✓ Angebote gehen an den Kundenbedürfnissen vorbei.
- ✓ Hotelbetreiber haben keine klare Vergleichsmöglichkeit, da eindeutige Richtlinien nicht vorhanden sind.
- ✓ Mitgliedschaften in den Verbänden oftmals mit 3-jähriger Bindung.
- ✓ Der Marketingvorteil den der Hotelier sieht, erkennt der Kunde nicht, da zu schlecht informiert über Wertigkeiten der bestehenden Gütezeichen.
- ✓ Kunde befindet sich in einem Angebotsdschungel und kann sich an nichts orientieren.

FAZIT

Ein Hotel in Deutschland könnte sich derzeit 14 Gütezeichen für Wellness/SPA anheften, in Bayern 16 und in Österreich kommen wir auf immerhin 10 Gütezeichen um die sich Wellnesshotels bewerben können.

In der Schweiz und in Südtirol etwas weniger, jedoch auch hier schon zuviel.

Ob das alles noch Sinn macht, wage ich zu bezweifeln.

Es hat jedoch eines sehr deutlich gezeigt:

Es besteht dringender Handlungsbedarf und es ist allerhöchste Zeit hier für Durchblick und Klarheit zu sorgen.

3.2. Gesamtübersicht Gütesiegel

3.2.1. Best Health, Alpine Wellness, Relax Guide

Gütesiegel:

Best of / Best Health Austria

Auszeichnung:

Qualitätsgütezeichen Premium Partner, Partner

Seit wann:

2005

Voraussetzungen:

Ab 4 Sterne, ländliche ansprechende Umgebung, mindestens 100 Betten, ausschließlich Mitglieder der Top Gruppe Best Wellness Hotels Austria, Anwendungen und Angebote müssen bewiesenermaßen medizinisch wirksam sein, fachliche und emotionale Kompetenz der Mitarbeiter wird überprüft und ständige Weiterbildung wird gefordert.

Kosten:

Zwischen Euro 3.470,-- bis 11.920,--/pro Jahr (3-Jahresverträge)

Gültigkeit (Ort):

EU

Gültigkeit (Zeitraum):

Erstzertifizierung 1 Jahr/danach 3 Jahre

Zuständig:

Best Health Austria (Tochtergesellschaft des österr. Gesundheitstourismus)

Tester/Gremium:

Unabhängig/externer Auditor/Mystery Check

Bisher zertifiziert:

Ca. 80 Betriebe

Bedingungen:

Qualitätsmanagementsystem zur Verbesserung der Dienstleistungen, Kompetenz der Mitarbeiter, Natürlichkeit, Regionalität (Alpine Wellness)

Sonstiges:

Verlangt „erlebbare, nachhaltige und beweisbare Gesundheitsleistung für die Gäste", ganzheitlicher Gesundheitsansatz, individuelle Betreuung… Das Zeichen wird nur in Verbindung mit dem Gütezeichen der Österreichischen Arbeitsstelle für Qualität (ÖQA)für Gesundheitstourismus vergeben.

Bemerkung:

Bietet Leistungen zur Qualitätsverbesserung (Qualitätscoaching, Aus- und Weiterbildung, Beraternetzwerk, Gäste- und Mitarbeiterbefragungen...) Marketing.

Gütesiegel:

Alpine Wellness

Auszeichnung:

Qualitätsgütezeichen, alpiner Charakter, alpines Verwöhnen, alpine Fitness, alpine Gesundheit

Seit wann:

2006 zusammen mit Best Health

Ab 2008 eigenständiger Verband

Voraussetzungen:

Früher Basisqualifikation Best Health Austria Gütesiegel BRONZE, seit 2008 ist dies nicht mehr Bedingung, es kann auch nur Alpine Wellness zertifiziert werden, entsprechende Höhenlage des Betriebes – binnen 15 min. muss es dem Gast möglich sein auf 1.200 m Seehöhe zu gelangen.

Kosten:

Zwischen Euro 250,-- und Euro 1.100,--

Gültigkeit (Ort):

EU – Österreich, Bayern, Schweiz, Südtirol (Alpenraum)

Gültigkeit (Zeitraum):

Erstzertifizierung 1 Jahr/danach 1 - 3 Jahre

Zuständig:

Verein Alpine Wellness

Tester/Gremium:

Unabhängige Auditoren

Bisher zertifiziert:

Ca. 45 Betriebe

Bedingungen:

Alpine Ruhelage, alpine Wellnessküche, alpine Gesundheitsangebote, alpine Anwendungen und Behandlungen

Sonstiges:

Kontrapunkt zu den asiatischen Wellnessanwendungen

Bemerkung:

Marketing für Mitglieder

Gütesiegel:

Relax Guide

Auszeichnung:

Qualitätsgütezeichen Lilien, nach Anzahl 1 – 4 Lilien (Punktesystem 0 – 20 Punkte)

Seit wann:

1999

Voraussetzungen:

Kur-, Gesundheitshotel, Wellness- Beautyhotels ab 3 Hotelsterne

Kosten:

Für Einträge im Relaxguide und Überprüfungen keine Kosten lt. Herausgeber, jedoch für die Anzeigen im Relaxguide werden Kosten berechnet und auch der Relaxguide wird an Kunden verkauft.

Gültigkeit (Ort):

Österreich, Deutschland, seit 2008 auch Asien (Bali und Lombok)

Gültigkeit (Zeitraum):

1 x jährlich

Zuständig:

Relax Guide, Herausgeber Christian Werner, GmbH

Tester/Gremium:

Hoteltesterteam überprüft anonym nach eigenen Kriterien, Betrachtung und Bewertung subjektive Beurteilung

Bisher zertifiziert:

822 haben mindestens 1 Lilie und 10 Betriebe haben 4 Lilien

Bedingungen:

Persönliches Wohlfühlerlebnis der Tester, Natur und Lage, Ambiente, Ausstattung und Dienstleistungsqualität, locker & easy, Beratung und Verkauf, Preis und Wert, „eher subjektiv" – Mitarbeiter die gut drauf sind…. Rund um die Uhr baden können…? Die Bewertungen sind witzig, ironisch, bissig….

Sonstiges:

Punktesystem: minimum 9 Punkte bis maximum 20 Punkte, jährliche Relaxguide Veröffentlichung – Buch kostet Euro 17,90, in Deutschland wurden bisher ca. 1.200 Hotels getestet

Bemerkung: Marketing, subjektiv

3.2.2. Wellness Stars, Medical Wellness, Venus

Gütesiegel:

Wellness Stars

Auszeichnung:

Qualitätsgütezeichen 1 bis 5 Wellness Stars, 3 und 4 Wellness Stars plus

Seit wann:

2004, Erneuerung und Weiterentwicklung 2007

Voraussetzungen:

Ab 3 Hotelsterne, Hotel muss die offiziellen Richtlinien des deutschen Hotel- und Gaststättenverbandes für mindestens 3 Hotelsterne erfüllen

Kosten:

Ca. Euro 1.300,--

Gültigkeit (Ort):

Deutschland (Baden Würtemberg, Bayern, Nordrhein-Westfalen), Schweiz

Gültigkeit (Zeitraum):

1 x jährlich

Zuständig:

Tourismus Marketing GmbH Baden-Würtemberg und Heilbäder- und Kurorte Marketing Baden-Würtemberg GmbH

Tester/Gremium:

Fragebogen und angekündigte Überprüfungen

Bisher zertifiziert:

Ca. 50 Betriebe

Bedingungen:

Bewertung aus der Sicht des Gastes, Hardware und Software Faktoren, ca. 500 Kriterien

Bemerkung:

Marketing, bietet Leistungen zur Qualitätsverbesserung (Schulungen, Beratung)

Gütesiegel:

Zertifizierte Medical-Wellness Betriebe

Auszeichnung:

Gütezeichen Logo TÜV Rheinland (blaue Wellen mit Punkten), keine Abstufungen

Seit wann:

2006

Voraussetzungen:

Kliniken, Medical Wellness Hotels, Diagnostik, medizinische Umsetzung, Einrichtung Spa, mindestens 1 Arzt im Haus

Kosten:

Zwischen Euro 1.500,-- bis Euro 2.750,-- pro Jahr

Gültigkeit (Ort):

Deutschland, Rumänien, Slowakei, Spanien, Tschechien und Ungarn

Gültigkeit (Zeitraum):

3 Jahre

Zuständig:

TÜV Rheinland

Tester/Gremium:

TÜV geschulte Tester nach Ankündigung

Bisher zertifiziert:

Ca. 16 Betriebe

Bedingungen:

Entspannung, Vorsorgeuntersuchung, Erholungsprogramm auf persönliche Fitness und körperliche Leistungsfähigkeit abgestimmt

Sonstiges:

Wortlaut (derzeitige Beschreibung „Medical Wellness"):

Gesundheitswissenschaflich begleitete Maßnahmen zur nachhaltigen Verbesserung der Lebensqualität und die subjektive Gesundheitsempfindung durch eigenverantwortliche Prävention und Gesundheitsförderung sowie Motivation zu einem gesunden Lebensstil

Bemerkung:

Für Mitglieder geringere Kosten bei Audit

Gütesiegel:

Venus

Auszeichnung:

Welt-, Traum-, Europa-, Erlebnis-, Landes-, Wohlfühlvenusmuscheln nach Themen (Punktesystem 5 bis 24 Punkte)

Seit wann:

2002

Voraussetzungen:

Jeder kann mitmachen, Internet ist Voraussetzung, Selbstantrag

Kosten:

Eintrag ca. Euro 475,-- bis Euro 950,--

Gültigkeit (Ort):

weltweit

Gültigkeit (Zeitraum):

Online Gästebewertungen, interne Tester überprüfen zusätzlich

Zuständig:

Online Sauna- und Freizeitführer Georg Danter

Tester/Gremium:

    Gewertet wird von Kunden, Empfehlung wird via Internet gegeben, Mystery Checks auf Anfrage

Bisher zertifiziert:

    Ca. 25 Betriebe

Bedingungen:

    20 Kriterien nach Punkten, online, anonyme Tests und Profitests zusammen führen zum Ergebnis

Sonstiges:

    Online werden Saunen, Wellness- und Beautyabteilungen bewertet, Werbeeinschaltungen, Einträge in Suchmaschinen usw.

Bemerkung:

    Marketing, Anzeigenplattform

3.2.3. Wellness im Kurort, Deutscher Wellnessverband, Well Vital

Gütesiegel:

    Wellness im Kurort

Auszeichnung:

    Gütezeichen mit 3 Säulen und Dach, keine Abstufungen

Seit wann:

    2004

Voraussetzungen:

    Für Angebote aus staatlich anerkannten Heilbädern und Kurorten, die durch ihren Status kontrollierte Qualität der natürlichen ortsgebundenen Heilmittel bieten

Kosten:

    Erstzertifizierung Euro 500,--, weitere Euro 50,--

Gültigkeit (Ort):

    Deutschland

Gültigkeit (Zeitraum):

    1 Jahr

Zuständig:

    Dt. Heilbäderverband

Tester/Gremium:

    Prüfgruppe dt. Heilbäderverband

Bisher zertifiziert:

    Knapp über 30 Orte mit jeweils den ansässigen Hotels in diesen Orten

Bedingungen:

Es gilt 10 Anforderungsmerkmale zu erfüllen

Bemerkung:

Marketing

Gütesiegel:

Dt. Wellnessverband

Auszeichnung:

Gütezeichen Basisprüfsiegel und Premium Zertifikat (sehr gut oder exzellent)

Seit wann:

1997, kontinuierlich weiter entwickelt

Voraussetzungen:

Hotels ab 3 Hotelsterne, Beirat (6 Hoteliers) entscheiden über Aufnahme und Vergabe Gütesiegel (Mitgliedsbeitrag), es gilt ca. 600 bis 1.500 Kriterien zu erfüllen je nach Zertifikat

Kosten:

Zwischen Euro 700,-- und Euro 2.000,-- (Mystery Check)

Gültigkeit (Ort):

Deutschland, Österreich, Schweiz, Spanien, Polen, Südtirol, Türkei, Ungarn, Griechenland

Gültigkeit (Zeitraum):

1 x jährlich, nach 2 Jahren Neuantrag

Zuständig:

TÜV Rheinland, Verband

Tester/Gremium:

Selbstauskunft, externe und anonyme Tester

Bisher zertifiziert:

Mehr als 60 Betriebe

Bedingungen:

600 – 2.000 Anforderungskriterien, 3 Hotelsterne

Sonstiges:

Unabhängiger Ratgeber, Qualitätssicherung, Zertifizierung

Gütesiegel:

Well Vital

Auszeichnung:

Unterkategorien nach Angebotsschwerpunkt: Well Vital-Relax, Well Vital-Aktiv, Well Vital-Beauty, Well Vital-Schlank, Well Vital-Spezial, Well Vital-Mental, Well Vital-Kur, Siegel: W, WW, WWW

Seit wann:

2002

Voraussetzungen:

Hotel muss nach Hotelsternen klassifiziert sein (egal wieviele), spezifische Kriterien wie z.B. Tageslicht im SPA, Pool minimum 40 m² usw.

Kosten:

Euro 250,-- Prüfungsgebühr

Gültigkeit (Ort):

Bayern

Gültigkeit (Zeitraum):

3 Jahre

Zuständig:

Bayern Tourismus Marketing GmbH, Bayr. Heilbäderverband und Bayr. Hotel- und Gaststättenverband

Tester/Gremium:

Selbsteinschätzung mit Fragebogen, danach Prüfung

Bisher zertifiziert:

Ca. 120 Betriebe

Bedingungen:

Spezifischer Kriterienkatalog

Sonstiges:

Überprüfungen durch unabhängige Tester

Bemerkung:

Marketing für Mitglieder, nur regional in Bayern

3.2.4. Wellnessbaum, Wellness & SPA, BISA

Gütesiegel:

Wellnessbaum

Auszeichnung:

Markenzeichen Wellnessbaum, keine Abstufung

Seit wann:

1997

Voraussetzungen:

Hotels ab 4 Hotelsterne und Mitglied Wellnesshotel Deutschland

Kosten:

Mitgliedsbeitrag je nach Hotelgröße

Gültigkeit (Ort):

Deutschland, Österreich, Schweiz, Südtirol

Gültigkeit (Zeitraum):

    1 Jahr

Zuständig:

    Wellnesshotels Deutschland, GmbH

Tester/Gremium:

    Test durch TÜV, Mystery Checks

Bisher zertifiziert:

    Ca. 60 Betriebe

Bedingungen:

    Spezifische Kriterien

Bemerkung:

    Marketing für Mitglieder

Gütesiegel:

Wellness & SPA SCE

Auszeichnung:

    Diverse Siegel wie z.B. „Wellness & SPA Europa Gütesiegel", „Wellness & Golf Europa Gütesiegel", „Medical Wellness Europa Gütesiegel"

    Abstufungen: Quality select, Premium select, Leading select

Seit wann:

    2008

Voraussetzungen:

    Betriebe ab 4 Hotelsterne Superior

Kosten:

    Erstzertifizierung Euro 2.450,--, Re-Zertifizierung Euro 1.750,--

Gültigkeit (Ort):

    Deutschland, Österreich, Schweiz, Südtirol

Gültigkeit (Zeitraum):

    2 Jahre

Zuständig:

    Europäisches Prüfinstitut Wellness & SPA SCE, Europ. Genossenschaft

Tester/Gremium:

    Fragebogen, Vorprüfung, Mystery Check, Audit, interne Qualitätsprüfungen

Bisher zertifiziert:

    Ca. 15 Betriebe

Bedingungen:

    Ca. 850 spezifische Kriterien

Bemerkung:

    Hat sich entwickelt 2008 aus Wellness & SPA Deutschland

Gütesiegel:

BISA

Auszeichnung:

Wellen, Abstufung durch die Anzahl der Wellen

Seit wann:

2002

Voraussetzungen:

SPA Betrieb

Kosten:

Ca. Euro 1.300,--

Gültigkeit (Ort):

Großbritannien, Spanien, Japan, Norwegen, Deutschland

Gültigkeit (Zeitraum):

1 Jahr

Zuständig:

British International Spa Association, Verein

Tester/Gremium:

Fragebogen, Mystery Check

Bisher zertifiziert:

Ca. 45 Betriebe

Bedingungen:

Qualitätssicherung

Bemerkung:

Beratung, Schulung, Coaching

3.2.5. Premium Spa, Leading Spa, Medical Wellness+Kneipp für mich

Gütesiegel:

Premium Spa

Auszeichnung:

Gütezeichen Premium Spa ohne Abstufung nach Themen (Premium inklusive, Premium nature, Premium activity, Premium family, Premium Feeling, Premium Honeymoon, Premium Special)

Seit wann:

2006

Voraussetzungen:

Luxusbetrieb, Komfort, Spabereich mindestens 2.500 m², etc.

Kosten:

Nicht bekannt

Gültigkeit (Ort):

Österreich, Bayern, Polen, weitere Länder in Planung

Gültigkeit (Zeitraum):

Nicht bekannt

Zuständig:

Premium Spa Marketing KEG Premium Spa Resorts

Tester/Gremium:

Nicht bekannt

Bisher zertifiziert: Ca. 20 Betriebe

Bedingungen:

Mitgliedschaft in Kooperation

Sonstiges:

Es geht darum Luxusresorts herauszufiltern

Bemerkung:

Marketing

Gütesiegel:

Leading Spa

Auszeichnung:

Markenzeichen Logo ohne Abstufung

Seit wann:

Gründung 1928 in USA als Leading Hotels of the world, in 80 Ländern, 2004 Markenerweiterung zu Leading SPA

Voraussetzungen:

5 Hotelsterne

Kosten:

Nicht bekannt

Gültigkeit (Ort):

weltweit

Gültigkeit (Zeitraum):

Nicht bekannt

Zuständig:

Leading Hotels oft he World, New York, über 20 regionale Büros weltweit

Tester/Gremium:

Mystery Check

Bisher zertifiziert:

105 Betriebe

Bedingungen:
> Zusammenschluss Luxushotels, Kriterienkatalog ca. 1.500 Anforderungen, Mystery Check

Bemerkung:
> Marketing für Mitglieder

Gütesiegel:
> **Medical Wellness+Kneipp für mich**

Auszeichnung:
> Qualitätssiegel für Medical Betriebe, Logo „Kneipp…" ohne Abstufung

Seit wann:
> 2007

Voraussetzungen:
> 4 Hotelsterne, Kneipp Angebote nach den 5 Säulen, medizinische Angebote

Kosten:
> Nicht bekannt

Gültigkeit (Ort):
> Deutschland

Gültigkeit (Zeitraum):
> Erstprüfung und nach einem Jahr Mystery Check durch externe Prüfer

Zuständig:
> Europäisches Gesundheitszentrum für Naturheilverfahren Sebastian Kneipp Institut GmbH

Tester/Gremium:
> Erstprüfung basiert auf DIN ISO 9001/2000, Handbuch, DEHOGA Kriterien und Wellnessstandards, nach 1 Jahr Mystery Check

Bisher zertifiziert:
> Nicht bekannt

Bedingungen:
> Kriterienkatalog, Kneipp Angebote, ganzheitliche Förderung, Prävention, Naturheilverfahren

Bemerkung:
> Marketing, Schulungen

3.2.6. Certified Wellness Hotel Resort & SPA, Sonstige

Gütesiegel:
> **Certified Wellness Hotel Resort & Spa**

Auszeichnung:

Logo TÜV Rheinland blau, keine Abstufungen

Seit wann:

Nicht bekannt, seit 2008 Kooperation mit Best Health

Voraussetzungen:

4 Hotelsterne, landschaftlich reizvoll, gesunde Küche, attraktiver Wellnessbereich

Kosten:

Nicht bekannt

Gültigkeit (Ort):

Deutschland, Österreich, Bali, weitere Länder in Arbeit

Gültigkeit (Zeitraum):

3 Jahre, Überprüfung jährlich

Zuständig:

TÜV Rheinland

Tester/Gremium:

Mystery Check, gibt sich nach Test zu erkennen

Bisher zertifiziert:

Nicht bekannt

Bedingungen:

300 Kriterien von Hotelausstattung bis Anwendungen, fachliche Qualifikation der Mitarbeiter, Hygienekonzept

Bemerkung:

Zeigt Verbesserungspotential auf, fachliche Qualifikation der Mitarbeiter wird einbezogen.

Weitere Zusammenschlüsse, Kooperationen, etc.:

Schlank & Schön, Allergie Alpin, Balance Hotels und viele mehr.

Täglich finden sich neue Anbieter für Qualitätsgütesiegel Wellness mit weiteren spezifischen Anforderungskriterien…

3.3. Detailergebnisse Gütesiegel

Welche Gütesiegel gibt es?

3.3.1. Detailergebnis BEST HEALTH

Best of / Best Health Austria

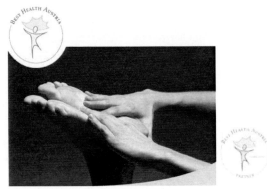

Quelle: http://www.besthealthaustria.com/2009

<u>Seit wann gibt es Best Health?</u>

Best Health Austria wurde als Tochtergesellschaft im Jahr 2005 gegründet.

Welche Kriterien sind notwendig um das Gütesiegel zu erhalten?
<u>Der Weg zum Gütezeichen:</u>
<u>Voraussetzungen:</u>

- ✓ 4 Sterne
- ✓ Ansprechende Umgebung
- ✓ Mindestens 100 Betten
- ✓ Mitglied der Best Wellness Hotels Austria
- ✓ Anwendungen müssen medizinisch wirksam sein
- ✓ Überprüfung Kompetenz der Mitarbeiter und ständige Weiterbildung
- ✓ Vorprüfung (Fragenkatalog)
- ✓ Begutachtung vor Ort (Güterichtlinie)
- ✓ Prüf- und Überwachungsbericht
- ✓ Zertifikat (Gültigkeitsdauer 3 Jahre)

<u>Ablauf:</u>

Erstzertifizierung:

Nach 12 und 24 Monaten Begutachtung vor Ort (gem. Güterichtlinie), Prüf- und Überwachungsbericht

Weitere Überprüfungen:

Nach 3 Jahren Umfang und Ablauf wie bei der Erstbegutachtung, Prüf- und Überwachungsbericht, Zertifikat

Best Health Austria Zusatzleistungen (Qualitätsmanagement)

- ✓ Coachings für Partnerbetriebe
- ✓ Mystery Checks (Intern Best Health Mitarbeiterinnen)
- ✓ Gästebefragungen
- ✓ MitarbeiterInnenbefragung
- ✓ Ausbildungen (Intern Best Health)

Gütezeichen der Best Health im Einzelnen:

Qualitätsgütezeichen "Partner"

Ablauf:

Beratungsgespräch vor Ort
Leitfaden zur Innensicht - Vorprüfung zu Gesundheits- und Qualitätskompetenz durch den Betriebsinhaber
3 System Checks
Aus- und Weiterbildung eines Mitarbeiters/einer Mitarbeiterin zum Best Health Austria "Advancer"
Handlungsleitfaden "Vorsprung durch Qualität"
telefonische Beratung durch einen persönlichen Coach
Basiskommunikation – Netzwerkpartnerschaft

Der Ablauf eines umfangreichen Überprüfungsprozesses ist notwendig um die Auszeichnung „Partner" zu erhalten.

Kosten:

Preisstaffelung nach Mitarbeiterinnen (Stand 2009)

EURO / Jahr	Mitarbeiterinnen
3.470	0-10
3.790	11-50
4.830	51-150
5.950	150-200
5.950	201-250
6.450	251-300
7.450	301-350

Kosten zzgl. MwSt./pro Jahr, Reisespesen und Aufenthalt der Prüferin/des Prüfer sind nicht inkludiert.

Qualitätsgütezeichen "Premium Partner"

<u>Ablauf:</u>

Beratungsgespräch vor Ort
Leitfaden zur Innensicht - Vorprüfung zu Gesundheits- und Qualitätskompetenz durch den Betriebsinhaber
3 System Checks
3 Gästebefragungen mit 4 jährlichen Auswertungen inkl. Branchenvergleich
3 MitarbeiterInnenbefragungen inkl. Branchenvergleich
Handlungsleitfaden "Vorsprung durch Qualität"
Basiskommunikation - Netzwerkpartnerschaft

Der Ablauf eines umfangreichen Überprüfungsprozesses ist notwendig um die Auszeichnung „Partner" zu erhalten. Die Überprüfung richtet sich nach dem Modell der European Foundation for Quality Management (EFQM). Es geht um Schwerpunkt Mitarbeiter und Ergebnisorientierung.

<u>Kosten:</u>

Preisstaffelung nach Mitarbeiterinnen (Stand 2009)

Lizenzen/Jahr	EURO
0-10	5.730
11-50	7.230
51-150	9.710
>150	11.290

Kosten zzgl. MwSt./pro Jahr, Reisespesen und Aufenthalt der Prüferin/des Prüfers sind nicht inkludiert.

Gültigkeit:

EU weit anerkannt

Wer vergibt das Gütesiegel?

Die Betriebe/Einrichtungen werden von Mitarbeitern der ÖQA (Österreichischen Arbeitsgemeinschaft zur Förderung der Qualität) begutachtet.
Das Qualitätsgütezeichen ist eine Dachmarke im österreichischen Gesundheitstourismus und wird von ÖQA an die Betriebe vergeben.

Betreiber:

Best Health Austria Gesellschaft für
Gesundheitstourismus mbH
(Betreuung des Qualitätsgütezeichens)

Adresse:
Heiligenstädter Straße 46-48
A-1190 Wien

Geschäftsführer: Mag. (FH) Teresa Huber

Telefon: +43(0)1/586 28 40-305
Telefax: +43(0)1/586 28 40-900
E-Mail: office@besthealthaustria.com
Quelle: Website www.besthealthaustria.com (2009)

3.3.2. Detailergebnis ALPINE WELLNESS

Alpine Wellness

Quelle: http://www.alpinewellness.com/2009

Seit wann gibt es Alpine Wellness?

Wurde 2006 in Zusammenarbeit mit Best Health Austria gegründet. Damals war das Gütesiegel Best Health „Bronze" Bedingung um überhaupt in Alpine Wellness aufgenommen zu werden. Das Gütesiegel „Bronze" gibt es in der Form seit 2009 nicht mehr.
2008 gab es bereits Änderungen bei der Zertifizierung für Alpine Wellness Gütezeichen, es war ab diesem Zeitpunkt nicht mehr notwendig Mitglied der Best Health zu sein.
Ende 2008 gab es dann eine gravierende Änderung, Alpine Wellness löste sich als Verein von Best Health Austria gänzlich.

Welche Kriterien sind notwendig um das Gütesiegel zu erhalten?
Der Weg zum Gütezeichen:
Voraussetzung

Der Betrieb muss:
- ✓ im Alpenbogen liegen.
- ✓ den Gästen in ca. 15 Minuten das Erreichen eines Ausgangspunktes für ein "Alpine Wellness-Erlebnis" in mind. 1.200 m Höhe ermöglichen
- ✓ mindestens ein Drittel der Zimmer müssen "Alpine Wellness-Zimmer" sein
- ✓ Blick auf Berge/Natur und keine oder geringe Lärmbelästigung
- ✓ stimmige Einrichtung/Dekoration
- ✓ mindestens 20 % der Zimmer müssen als ständige Nichtraucherzimmer deklariert sein (vor allem auf Wunsch die „Alpine Wellness Zimmer")
- ✓ alle Verpflegungsbereiche des Hotels haben einen klar abgegrenzten Nichtraucherbereich
- ✓ Verfügbarkeit eines "Alpine Wellness-Bereichs":

- ✓ im Alpine Wellness-Bereich ist das Rauchen nicht gestattet
- ✓ sämtliche gesetzliche Berechtigungen und Genehmigungen (Betriebsberechtigung, Betriebsanlagengenehmigungen, gesetzliche Hygienevorschriften, anerkannte Zertifikate zur Ausübung der Professionen etc.) müssen vorhanden sein

Weitere Voraussetzungen:

- ✓ die Herkunft der regionalen Produkte wird mittels Bezugsquellennachweis nachgewiesen (stichprobenartige Überprüfung der Lieferscheine) und gegenüber dem Gast deklariert

- ✓ mindestens eine vegetarische [ovo-lacto-vegetarisches Menü] Alternative pro Mahlzeit und Tag

- ✓ Abendessen mindestens 1 Alpine Wellness Menü, eine alternative leichte Kost und Reduktionskost gemäß detaillierter Vorgaben angeboten und als solches deklariert

- ✓ im Wellnessbereich im Preis inkludierte alkoholfreie Getränke (z.B. Wasser mit Zitrone, Teebar etc.)

- ✓ Frühstücksbuffet muss mindestens den detailliert angeführten Alpine Wellness-Ernährungsempfehlungen entsprechen

- ✓ die alpine Landschaft und die Natur wird bewusst und zielgerichtet in den Gesamteindruck des Betriebes integriert und/oder einbezogen

- ✓ 5 Tage pro Woche ein von qualifizierten Personen betreutes Angebot „sanfte alpine Bewegung" (z.B. meditatives Wandern, Gipfelmeditation, leichte Radtour, leichtes Schneeschuhwandern etc.)
- ✓ inkludierte Leistung die vorgegeben sind (z.B. Badetücher/Handtücher im Verwöhn-/Wellnessbereich oder 2 Badetücher/ Handtücher zusätzlich im Bad/Zimmer, Föhn im Zimmer, Bademantel im Zimmer oder auf Wunsch)

- ✓ in allen Alpine Wellness-Zimmern (1/3 aller Zimmer) Badesandalen

- ✓ mindestens ein Hallenbad und/oder einen beheizten Außenpool und/oder einen Whirlpool

✓ mindestens eine zeitgemäße, gut erhaltene und gepflegte Sauna

✓ Sauna-Aufgussmittel in der Aufguss-Sauna

✓ Verfügbarkeit der Alpine Wellness-Einrichtungen an 7 Tagen pro Woche

✓ tägliche Öffnungszeit mindestens 5 Stunden

✓ Sauberkeitsprüfung der Wellness-Anlagen mind. 2mal täglich (schriftliche Hygienepläne inkl. Kontroll-Durchführungsnachweise und interne schriftliche Regelung der Verantwortlichkeit = Arbeitsanweisung oder Pflichtenheft)

✓ mindestens 2 Alpine Wellness-spezifische Einrichtungen (z.B. Holz-Blocksauna mit Fenster & Blick auf die Berge, Kräuterdampfbad, Brechelbad; Steinbad mit Steinen aus der Region, Holzbadewanne für Anwendungen, etc.)

✓ mindestens 6 Tage pro Woche 4 Alpine Wellness-spezifische Anwendungen und/oder Programme im Bereich „alpines Verwöhnen" täglich (z.B. Entspannungsmassage mit Ölen/Cremen aus der Region wie z.B. Steinöl, Ziegenbutter, Kräuteröl etc., Kräutersalz-Peeling, Almblumen-Heubad etc. / Programme sind z.B. Gipfelmeditation, Nach innen Wandern etc.

Ablauf:

✓ Alpinspezifisches Wissen wird dokumentiert (z.B.regionale Besonderheiten, Wirkung von alpinspezifischen Heilmitteln, Wissen um Mythen und Sagen der Region, Brauchtum & Tradition, alpine Ausflugsziele, alpine Ernährung etc.)
✓ Schulungskonzept für Mitarbeiterinnen und Unternehmerinnen
✓ Mind. 3 Entwicklungsziele (die detailliert vorgegeben sind) für 1 bis 3 Jahre sind definiert
✓ Herkunft der regionalen Produkte wird mittels Bezugsquellennachweis nachgewiesen (stichprobenartige Überprüfung der Lieferscheine) und gegenüber dem Gast deklariert.

Die Bewertung der einzelnen Kriterien (Lage, Ambiente, Architektur, Angebot, Ernährung etc.) erfolgt mittels Punktevergabe und bei jeder Voraussetzung können 0 (=zufriedenstellend), 3 (=überdurchschnittlich gut) oder 5 (=einzigartig, hervorragend)

erreicht werden. Spezialisierung wie z.B. Alpine Fitness oder Alpine Gesundheit werden mit Zusatzpunkten bewertet.

<u>Die Alpine Wellness Gütezeichen im Einzelnen:</u>

Alpiner Charakter

Quelle: <u>http://www.alpinewellness.com/2009</u>

Maximalpunkte 25

Alpiner Charakter ist vorhanden und wird gepflegt. Der freie Zugang zur Natur, die Berge „zum Angreifen", besonders idyllische Ruhelage sowie die Verwendung naturbelassener Produkte aus heimischer Landwirtschaft in Küche und Keller sind Voraussetzung.

Alpines Verwöhnen

Quelle: http://www.alpinewellness.com/2009

Maximalpunkte 26

In den Bereichen Erholung und Entspannung soll außergewöhnliches geboten werden. Bei Wellness- und Beautyanwendungen und in der Küche wird gezielt auf die heilsame und wohltuende Kraft der regionalen Naturprodukte gesetzt. (z.B. Heu-Sauna mit Blick auf die Alpen, reinigende Molke- und duftende Kräuterbäder oder eine Wanderung bei Sonnenaufgang, vitalisierende Massage mit dem Tiroler Steinöl etc.)

Alpine Fitness

Quelle: <u>http://www.alpinewellness.com/2009</u>

Maximalpunkte 45

Gesundheit und Fitness werden durch geprüfte Fitness-Spezialisten gefördert (z.B. geführte Mountainbike-Tour, Gipfelaufstieg, alpines

Walking etc.) Beratung und Betreuung über spezifische Programme und regelmäßige Fitness-Checks.

Alpine Gesundheit

Quelle:http://www.alpinewellness.com/2009

Maximalpunkte nicht bekannt

Geprüfte Gesundheits-Spezialisten der Alpinen Wellness Betriebe kombinieren die Heilkräfte der Natur mit medizinischen Heilmethoden. Prävention und Gesundheitsförderung stehen dabei im Mittelpunkt. Gesundheitsnutzen im Vordergrund.

Kosten:

Stand Oktober 2008:
Zwischen Euro 250,-- bis 1.100,--

Gültigkeit:

EU weit anerkannt, wird derzeit vergeben in Österreich, Bayern, Schweiz und Südtirol (jeweils im Alpenraum).

Wer vergibt das Gütesiegel?

Der Verein Alpine Wellness.

Verein Alpine Wellness Österreich
c/o Salzburger Land Tourismus GesmbH.
Hr. Mag. Andreas Winkelhofer

Wiener Bundesstraße 23
A-5300 Hallwang bei Salzburg
Tel. +43 (0)662 6688-30
info@alpinewellness.at

Kontaktstellen in den Partnerländern:

Bayern Tourismus Marketing GmbH
Sybille Wiedenmann Tel: +49 (0)89-21 23 970 wiedenmann@bayern.info

Schweiz Tourismus Catherine Zimpfer Tel.: +41 (0)1 288 12 67
catherine.zimpfer@switzerland.com

Südtirol Marketing Gesellschaft K.A.G. Silke Hofer Tel: +39 (0)471-99 98 88
silke.hofer@suedtirol.info

Quellen: Website www.alpinewellness.com (2009),
Interview Hr. Herbert Ebner (Ebner's Waldhof, Fuschl/Obmann Verein Alpine
Wellness)

3.3.3. Detailergebnis RELAX GUIDE

<u>Relax Guide (Lilien)</u>

Quelle: http://www. relax-guide.com/2009

<u>Seit wann gibt es Relax Guide?</u>

Wurde 1999 gegründet. Lilien als Qualitätsgütesiegel

Welche Kriterien sind notwendig um das Gütesiegel zu erhalten?

<u>Der Weg zum Gütezeichen:</u>

<u>Voraussetzung</u>

Keine besonderen Voraussetzungen notwendig, ein Eintrag in den Relax Guide kann
mit kurzer Mitteilung an die Redaktion Relax Guide angefordert werden von jedem
Hotelbetrieb.

Bereits im Relax Guide eingetragene Betriebe werden von RELAX-Testern und Redakteuren einmal im Jahr besucht(anonym) und überprüft

Ablauf:

Nach einem von Relax Guide erstelltem Standardisierungsverfahren wird anonym überprüft. Es erfordert keine besonderen Voraussetzungen, es wird nach Relax Guide Vorgaben überprüft.

Gütezeichen Relax Guide im Einzelnen:

1 – 4 Lilien
9 bis 20 Punkte

Einteilung in vier Kategorien:
Kur, Gesundheitshotel, Wellness und Beauty
Beurteilung nach internen Wellness- oder Kururlaubskriterien.

Nach persönlichem Wohlfühlerlebnis unterteilt in „Natur & Lage", „Ambiente", „Ausstattung & Dienstleistungsqualität", „Locker & Easy", „Beratung & Verkauf", „Preis & Wert".

✓ Punkteminimum 9 Punkte (für Betriebe mit keinem oder kaum Wellnessange-
   bot – keine Lilie)
✓ 11 bis 12 Punkten (durchschnittliches Wellnesshotel oder Hotels ohne eigenen
   Wellnessbereich aber Anbindung an eine öffentliche Therme z.B. - keine Lilie)
✓ Maximal 20 Punkte (Betriebe mit Höchstleistungen)

Punkte	Lilien	Bewertung
20	vier	Höchstnote
19	vier	Spitzenbetrieb
18 und 17	drei	hervorragend
16 und 15	zwei	außergewöhnlich

14 und 13	eine	sehr gute Leistungen
12		guter Durchschnitt
11	keine	durchschnittlich
10		unterdurchschnittlich
9		unangenehm

Hotels mit mindestens einer Lilie erhalten eine Plakette (blaue RELAX Guide Spa Award-Plakette 13 x 14,5 cm mit aktueller Jahreszahl in doppelter Ausfertigung kostenlos zugesandt.

Wenn diese angebracht ist erfolgen weitere Zusatzleistungen (ebenfalls kostenlos) wie z.B. Verlinkung mit der Hotelwebsite, Weiterleitung von Buchungsanfragen an das Hotel etc.

Kosten:

Eintrag in den Relax Guide, sowie die anonyme Überprüfung ist für den Betrieb kostenlos. Der Relax Guide wird in Taschenbuchform in Buchhandlungen und über Internet zu einem Preis von Euro 17,90 verkauft. Im Guide sind auch Werbeeinschaltungen zu finden.

Gültigkeit:

Deutschland, Österreich, Bali, Lombok, Indien, Mauritius

Wer vergibt das Gütesiegel?

RELAX Guide & Magazin
Christian Werner
Josefstädter Straße 75-77 / 14
A 1080 Wien / Austria
Email: redaktion@relax-guide.com
Website: www.relax-guide.com

Quelle: http//www. relax-guide.com/2009

3.3.4. Detailergebnis WELLNESS STARS

Wellness Stars

Quelle: http://www.wellness-stars.de

Seit wann gibt es Wellness Stars?

2004, Weiterentwicklung und Erneuerung 2007

Welche Kriterien sind notwendig um das Gütesiegel zu erhalten?

Betriebe ab 3 Hotelsterne
(Erfüllung der offiziellen Richtlinien des deutschen Hotel- und Gaststättenverbandes für 3 Sterne)

Der Weg zum Gütezeichen:

Voraussetzung

Erfüllung Fragenkatalog mit ca. 500 detailliert festgelegten Kriterien
Bewertung aus der Sicht des Gastes
Hardware- und Softwarefaktoren

Gütezeichen der Wellness Stars im Einzelnen:

1 bis 5 Wellness Stars
3 Stars plus, 4 Stars plus

Ablauf:

Fragebögen und angekündigte Überprüfung

Kosten:

Ca. 1.300,-- Euro
(Stand 2008)

Gültigkeit:

Deutschland – Baden-Württemberg, Nordrhein-Westfalen und Bayern
Schweiz

Wer vergibt das Gütesiegel?

Herausgeber:
Tourismus Marketing GmbH Baden-Württemberg
Esslinger Straße 8
70182 Stuttgart
Tel.: +49 / (0)7 11 / 2 38 58-0
Fax: +49 / (0)7 11 / 2 38 58-98
E-Mail: info@tourismus-bw.de
www.tourismus-bw.de

Markenlizenz:
Heilbäder und Kurorte Marketing Baden-Württemberg GmbH
Esslinger Straße 8
70182 Stuttgart
Tel.: +49 / (0)7 11 / 89 24 80-00
Fax: +49 / (0)7 11 / 89 24 80-20
E-Mail: info@heilbaeder-bw.de
www.heilbaeder-bw.de

Quelle: http://www.wellness-stars.de

3.3.5. Detailergebnis MEDICAL WELLNESS

Medical Wellness

DEUTSCHER MEDICAL WELLNESS
VERBAND e.V.
Quelle: http://www.dmwv.de

<u>Seit wann gibt es Medical Wellness?</u>

2006

Welche Kriterien sind notwendig um das Gütesiegel zu erhalten?

- Fördermitgliedschaft im Verband und die uneingeschränkte Bereitschaft zur Teilnahme am Zertifizierungsprogramm nach den Prüfkriterien des Verbandes und TÜV Rheinland Group.
- Integration eines Arztes in den Betrieb
- Im Unternehmen sollte ein Qualitätsmanagementsystem(Anforderungen DIN EN ISO 9001:2000) vorhanden sein.
- 4 Hotelsterne
- Spezifische Anforderung detaillierter Medical Wellness Kriterien

<u>Der Weg zum Gütezeichen:</u>

<u>Voraussetzung</u>

- ein Bereich unter ärztlicher Leitung
- Teil des Behandlungsangebotes im Medical Spa
- Mindestens ein Arzt mit relevanter Fachrichtung
- Arzt muss den Schwerpunkt seiner beruflichen Tätigkeit im Hotel ausüben
- mindestens ein Therapeut (z.B. Physiotherapie) mit einschlägiger Ausbildung Vollzeit im Hotel
- für die Zeiten der Abwesenheit des Arztes muss ein ärztlicher Bereitschafts-dienst verfügbar sein
- Wechsel in medizinische Fachrichtungen außerhalb des Hotels muss sicher-gestellt sein.
- Schriftlicher Abschlussbericht muss vorliegen
- Anwendung komplementärmedizinischer Therapien Offenlegung und Be-schreibung der Wirkungsbasis der Anwendung

- Anwendungen im Medical Spa–Bereich nach standardisierten Untersuchungsbögen und Therapieplänen
- Untersuchungs- und Behandlungsräume moderne Ausstattung, medizinische Kompetenz ohne Klinikatmosphäre
- Erfüllung der Voraussetzungen
- Dokumentation der Ergebnisse
- Fortsetzung des Erlernten (Ernährungsplan, Bewegungsplan, gesunder Lebensstil, Verweis auf Internet-Seiten)
- Arzt stellt Eingangscheck sicher
- Leistungsdiagnostik der Gäste vor Bewegungs- und Fitnessprogramm
- auf Wunsch schriftliche Auswertung der Leistung/Leistungsveränderung mit Empfehlungen für den Gast
- Erreichung von mindestens 70% der möglichen Punkte

Gütezeichen der Medical Wellness im Einzelnen:

DEUTSCHER MEDICAL WELLNESS
VERBAND

Quelle: http://www.dmwv.de

Plakette wie oben, ohne Abstufungen.

Ablauf:

- ✓ Voraudit (optional) - Vorbeurteilung durch Auditoren des TÜV Rheinland
- ✓ Beratung (optional)- Ergebnisauswertung des Voraudit
- ✓ Dokumentationsprüfung - offizieller Zertifizierungsprozess nach genauen Kriterien und Auflagen
- ✓ Zertifizierungsaudit – Bewertung der Wirksamkeit durch Auditoren
- ✓ Zertifikatserteilung – bei Erfüllung der Kriterien
- ✓ Überwachungsaudits – jährliche Überprüfungen
- ✓ Re-Zertifizierung – nach drei Jahren (zur Verbesserung)

Kosten:

Voraudit für Mitglieder des DMWV: € 1.500,--
Voraudit für Nichtmitglieder € 1.750,--
Beratungsleistungen individuell

Mitglieder des DMWV e.V. zahlen für die Zertifizierung 2.750,-- Euro im ersten Jahr
in den folgenden zwei Jahren jeweils 1.500,-- Euro für die Überwachungsaudits
Nichtmitglieder zahlen zusätzlich zu den o.g. Kosten jährlich 2.000,-- Euro
Alles zzgl. MwSt. und Reisekosten
Stand: 2008

Gültigkeit:

Deutschland, Rumänien, Slowakei, Spanien, Tschechien und Ungarn.

Wer vergibt das Gütesiegel?

Deutscher Medical Wellness Verband e.V.
Eichenstr. 3b
12435 Berlin
Telefon: 0 30 - 81 87 33 10
Fax: 0 30 - 81 87 33 49
Mail: kontakt@dmwv.de

Quelle: http://www.dmwv.de

3.3.6. Detailergebnis VENUS

Venus (Venusmuschel)

Quelle: http://www.insauna.com, Beispiel Gütesiegel Marienbad Westerwald

Seit wann gibt es Venusmuscheln?

2002

Internetportal in dem Sauna, Freizeiteinrichtungen, Gourmetangebote, Wellness & Beautyangebote bewertet werden und Werbung der Einrichtungen verlinkt sind.

Welche Kriterien sind notwendig um das Gütesiegel zu erhalten?

Partner Wohlfühlführer, Mailanmeldung des Betriebes und dies muss mit dem Logo der Venus auf der betriebseigenen Homepage zu sehen sein. Bewertung erfolgt dann durch User nach vorgegebenem Fragenkatalog im Internet.

Der Weg zum Gütezeichen:
Voraussetzung

Internet muss vorhanden sein und der Betrieb muss Partner des Wohlfühlführers sein, sonst keine Kriterien erkennbar.

Gütezeichen der Venusmuschel im Einzelnen:

In diesem Portal werden Erlebnisparks, Saunaanlagen, Wellnessanlagen etc. bewertet.

Für Wellness gibt es das Wohlfühlsiegel in den Abstufungen:
Wohlfühlvenus, Landesvenus, Erlebnisvenus, Traumvenus, Weltvenus

Beispiel Wohlfühlsiegel:

Quelle: http://www.insauna.com, Beispiel Gütesiegel Marienbad Westerwald

Ablauf:

✓ User testen Wohlfühlangebote und Leistungen und bewerten per Mail Ihre Eindrücke
✓ Außergewöhnliche Leistungen und Alleinstellungsmerkmale werden mit den spezifischen Gütesiegeln ausgezeichnet
✓ Zusätzliche Überprüfungen anonymer Tester

5-7   ausgewertete Venuspunkte =Wohlfühlvensus
8-11   ausgewertete Venuspunkte =Landesvenus

12-15	ausgewertete Venuspunkte = Erlebnisvenus
16-18	ausgewertete Venuspunkte = Europavenus
19-22	ausgewertete Venuspunkte = Traumvenus
23-24	ausgewertete Venuspunkte = Weltvenus

Kosten:

- Fotos und die Beschreibung des Betriebes per Mail, Gestaltung der Präsentation durch den Betreiber der Website
- Listung der Angebote und Wohlfühleinrichtungen
- Webmaster der die Präsentation auf Wunsch aktualisiert
- Laufzeit 1 Jahr
- Automatische Verlängerung wenn nicht rechtzeitig gekündigt wird
- Mailrechnung
- Verlinkung des Logos auf der Homepage des Betriebes
- Kosten für Grundeintrag € 475.--
- Eintrag mit redaktioneller Präsentation € 750.--
- Eintrag für Netzwerkpartner € 950.--

Gültigkeit:

weltweit

Wer vergibt das Gütesiegel?

online SAUNA+FREIZEITFÜHRER
Georg Danter
office@insauna.com - www.insauna.com - www.sauna-show.de -
www.webintest.com

Quelle: http://www.insauna.com

3.3.7. Detailergebnis WELLNESS IM KURORT

Wellness im Kurort

Quelle: http://www.wellness-im-kurort.info

<u>Seit wann gibt es Wellness im Kurort?</u>

2004

Welche Kriterien sind notwendig um das Gütesiegel zu erhalten?

Erfüllung der 10 Qualitätskriterien des Deutschen Heilbäderverbandes zu Wellness im Kurort. Es werden Kurorte zertifiziert. Im Internet wird der Kurort ausgewählt und man kommt direkt zu den Angeboten und zu den Homepages der Partnerhotels.

<u>Der Weg zum Gütezeichen:</u>

<u>Voraussetzung:</u> - <u>Die 10 Qualitätskriterien:</u>

- ✓ Ganzheitliche medizinische und therapeutische Kompetenz
- ✓ Staatlich anerkannte Qualitätsmerkmale: Natürliche Heilmittel des Bodens, des Meeres, des Klimas sowie der Physiotherapie nach Sebastian Kneipp
- ✓ Bewährte Konzepte der Bäderkultur
- ✓ Hohe Dienstleistungs- und Servicequalität
- ✓ Infrastruktur der Kurorte als Gesundheitszentren des Tourismus
- ✓ Höchstmaß an persönlichen Gestaltungsmöglichkeiten
- ✓ Kulturelles Angebot in einem anspruchsvollen Kurambiente
- ✓ Reizvolle Landschaft und Umgebung
- ✓ Angebote für soziale Kontakte und Kommunikation
- ✓ Positives Leben und Erleben, Sinnlichkeit und Genuss, Lebensfreude und Lifestyle

Diese sind noch ganz detailliert beschrieben und einzuhalten.

Gütezeichen der Wellness im Kurort im Einzelnen:

Quelle: http://www.wellness-im-kurort.info

Plakette ohne Abstufung.

Ablauf:

Überprüfungen durch die Prüfgruppe des Deutschen Heilbäderverbandes e.V. nach o.g. 10 Qualitätskriterien.

Kosten:

Die Lizenzgebühren für die erste zu zertifizierende Wellness-Pauschale eines Ortes beträgt 500,- €.
Jede weitere Zertifizierung kostet 50,- €.

Gültigkeit:

Deutschland

Wer vergibt das Gütesiegel?

Deutscher Heilbäderverband e.V.
Schumannstr. 111
53113 Bonn
Fon: 0228/20120-0
Fax: 0228/20120-41
Internet: www.deutscher-heilbaederverband.de
E-Mail: info@dhv-bonn.de
Quelle: http://www.wellness-im-kurort.info

3.3.8. Detailergebnis DEUTSCHER WELLNESSVERBAND

Deutscher Wellnessverband

Quelle: http://www.wellnessverband.de/

<u>Seit wann gibt es den deutschen Wellnessverband?</u>

1990, wurde kontinuierlich weiter entwickelt.

Welche Kriterien sind notwendig um das Gütesiegel zu erhalten?

- ✓ Mindestens 3 Hotelsterne
- ✓ Mitgliedschaft beim deutschen Wellnessverband
- ✓ Diverse spezifische Voraussetzungen (wie z.B. ruhige Lage, schöne Natur etc.)

<u>Der Weg zum Gütezeichen:</u>

<u>Voraussetzung</u>

Erfüllung von ca. 750 vorgegebenen Kriterien (Basiszertifikat ca. 600 Kriterien, Premiumzertifikat ca. 1.500 Kriterien)

Gütezeichen Dt. Wellnessverband im Einzelnen:

 Basis-Prüfsiegel Hotels, Urlaubsclubs, Kliniken, Bäder u. Thermen, Thermen Hotels, Spa's und Day Spa's

Premium-Prüfsiegel Hotels, Urlaubsclubs, Kliniken, Bäder u. Thermen, Thermen Hotels, Spa's und Day Spa's

 Premium-Prüfsiegel Hotels, Urlaubsclubs, Kliniken, Bäder u. Thermen, Thermen Hotels, Spa's und Day Spa's

 Basis-Prüfsiegel Hotels und Kliniken

Quelle: http://www.wellnessverband.de/pdf/zertifizierte_liste_2009.pdf

Basis-Prüfsiegel bescheinigt verbindlichen Standard:

Klare Ausrichtung auf Wellness-Kunden
attraktiver Wellness-Bereich mit aktiven und passiven Angeboten
qualifizierte fachliche Betreuung
schmackhafte Vitalküche
gutes Preis-Leistungs-Verhältnis

Das Premium-Prüfsiegel zeichnet exklusive Wellness-Anbieter aus:
Anonyme Überprüfung
Fachkompetenz, Information und Service

Premium-Prüfsiegel wird in zwei Abstufungen verliehen:
SEHR GUT: Erfüllung von 75 – 89% der Prüfkriterien
EXZELLENT: Erfüllung von 90 – 100% der Prüfkriterien

Medical Wellness Prüfsiegel:

Grundlage ist das Basis-Prüfsiegel
Weitere spezifische Kriterien müssen erfüllt werden

Ablauf:

Überprüfung 1 x jährlich
Nach 2 Jahren folgt Neuantrag
Selbstauskunft
Anonyme Tester
Externe Tester

Kosten:

Prüfung: Euro 700,--
Mystery Check: Euro 2.000,--

Mitgliedsbeitrag:

Aufnahmegebühr:	100,00	Euro
bis 5 Mitarbeiter:	750,00	Euro
6 – 25 Mitarbeiter:	1.500,00	Euro
26 – 50 Mitarbeiter:	2.000,00	Euro
über 50 Mitarbeiter:	2.500,00	Euro

sowie frei verhandelbar
Stand 2009

Gültigkeit:

Deutschland, Österreich, Schweiz, Südtirol, Ungarn, Polen, Türkei, Spanien, Griechenland.

Wer vergibt das Gütesiegel?
Deutsche Wellness Verband e.V.
Neusser Straße 35
40219 Düsseldorf
Telefon: +49 211 168 20 90
Telefax: +49 211 168 20 95

Mail: info@wellnessverband.de
Homepage: www.wellnessverband.de
Quelle: http://www.wellnessverband.de

3.3.9. Detailergebnis WELL VITAL

Well Vital

Quelle: http://www.bayern.by.de

<u>Seit wann gibt es WellVital?</u>

2002

Welche Kriterien sind notwendig um das Gütesiegel zu erhalten?
Hotelbetriebe und Einrichtungen die spezifische Kriterien erfüllen
(z.B. vegetarisches Gericht im Angebot, ausgebildete Mitarbeiter, Pool mindestens
40 m², Tageslicht im Spa etc.)

<u>Der Weg zum Gütezeichen:</u>

<u>Voraussetzung</u>

- ✓ Hotel muss klassifiziert sein nach Hotelsternen (wieviele ist nicht relevant)
- ✓ Erfüllung spezifischer Kriterien
- ✓ Selbsteinschätzung
- ✓ Mitglied beim Tourismusverband Bayern

Gütezeichen WellVital im Einzelnen:

Quelle: http://www.bayern.by.de

Die Gütesiegel sind differenziert nach Themen:

- ✓ WellVital-Aktiv (Bewegung und Aktivität)
- ✓ WellVital-Relax (Entspannung und Erholung)
- ✓ WellVital-Schlank (Ernährung und Entschlackung)
- ✓ WellVital-Mental (Mentale Stärke und Lebenshilfe)
- ✓ WellVital-Beauty (Schönheits- und Körperpflege)
- ✓ WellVital-Kur (Linderung und Heilung)
- ✓ WellVital-Spezial (Spezielle Nischen)

Ablauf:

- ✓ Ausfüllen Fragebogen (Erfüllung spezifischer Kriterien je Hotelsternen und nach Gütesiegel verschieden)
- ✓ Überprüfung und Betriebsbegehung durch einen Berater

- ✓ Bindung an einen 3-jährigen Vertrag
- ✓ Erfüllung der Qualitätskriterien und Angebotsgestaltung

Kosten:

Konnten nicht herausgefunden werden.

Gültigkeit:

Bayern

Wer vergibt das Gütesiegel?

BAYERN TOURISMUS Marketing GmbH
Leopoldstraße 146
80804 München
Telefon: +49 (0) 89 212397-0
Telefax: +49 (0) 89 212397-99
E-Mail: tourismus@bayern.info
Internet: www.bayern.by
Quelle: www.bayern.by

3.3.10. Detailergebnis WELLNESSBAUM

Wellnessbaum

Quelle: http://www.w-h-d.de/de/home

Seit wann gibt es den Wellnessbaum?

1997

Welche Kriterien sind notwendig um das Gütesiegel zu erhalten?

- ✓ Mindestens 4 Hotelsterne
- ✓ Mitglied bei Wellnesshotel Deutschland
- ✓ Spezifische Kriterien (wie z.B. ruhige Lage, Vitalküche etc.)

Der Weg zum Gütezeichen:
Voraussetzung

- ✓ ruhige Lage
- ✓ attraktive SPA und Wellness-Angebote
- ✓ 4-5 Sterne-Niveau des Hotels
- ✓ Vital-Küche auf Gourmet-Niveau

- ✓ freundliches Personal
- ✓ Kultur- und Erlebnisangebote
- ✓ Umweltbewusstes Hotelmanagement
- ✓ Vertragliche Verpflichtung des Hotels zur fortlaufenden Qualitätsprüfung und Qualitätssicherung in allen Bereichen
- ✓ Rauchfreie Zimmer und mindestens ein komplett rauchfreies Restaurant

Gütezeichen Wellnessbaum im Einzelnen:

 Quelle: http://www.w-h-d.de/de/home

Wellnessbaum, keine Abstufung

Ablauf:

- 1 x jährlich Überprüfung nach spezifischen Kriterien durch TÜV Deutschland
- Mystery Checks

Kosten:

Mitgliedsbeitrag nach Hotelgröße gestaffelt.
Genauer Betrag konnte nicht eruiert werden.

Gültigkeit:

Deutschland, Österreich, Schweiz und Südtirol.

Wer vergibt das Gütesiegel?

Wellness-Hotels-Deutschland GmbH
Haroldstraße 14
40213 Düsseldorf
Telefon : +49 211 679 69 79
Telefax : +49 211 679 69 68
E-Mail : post@w-h-d.de
Internet : http://www.w-h-d.de

Quelle: www.w-h-d.de

3.3.11. Detailergebnis WELLNESS & SPA SCE

Wellness & Spa SCE

Quelle: http://www.wellness-audits.eu

Seit wann gibt es Wellness & Spa SCE?

2008
– hat sich entwickelt aus „Wellness & SPA Deutschland", das 2007 gegründet wurde (diese hatten die Prüfsiegel Quality Select, Premium Select und Leading select). „Wellness & Spa Deutschland" gibt es in der Form nicht mehr. Wellness & SPA SCE ist daraus geworden und es haben sich Österreich, Schweiz und Südtirol mit Deutschland zusammengeschlossen.

Welche Kriterien sind notwendig um das Gütesiegel zu erhalten?

> Betriebe ab 4 Sterne Superior
> Erfüllung von ca. 850 Kriterien

Der Weg zum Gütezeichen:
Voraussetzung

- ✓ Spezifische Anforderungen wie z.B.:
- ✓ Attraktive Einrichtung und Größe Wellnessbereich
- ✓ Wohlfühlambiente
- ✓ Qualifiziertes Personal
- ✓ Verfügbarkeit der Wellnessanlage und Anwendungen
- ✓ Differenzierte Wellnessangebote
- ✓ Preis-Leistung
- ✓ Wellnessambiente

- ✓ Ausgewählte Angebote bei Wellnessanwendungen
- ✓ Zusatzkriterien bei Medical

<u>Gütezeichen Wellness & SPA SCE im Einzelnen:</u>

Quelle: http://www.wellness-audits.eu

<u>Ablauf:</u>

- ✓ Antragsstellung beim Europäischen Prüfinstitut Wellness & Spa SCE
- ✓ Vorprüfung
- ✓ Audit – Mystery Check (3 – 5 Tage vor Ort, Überprüfung der ca. 850 Kriterien)
- ✓ Zertifizierung in Leading Spa (100 – 95% erreichte Punkte)
- ✓ Premium Spa (94 – 90% erreichte Punkte)
- ✓ oder Quality Spa (89 – 80 % erreichte Punkte) je nach erreichten Punkten.
- ✓ 80% erreichte Punkte heißt noch nicht zertifizierungsreif.
- ✓ Vergabe eines Prüfsiegels mit Rundstempel eines öffentlich bestellten und vereidigten Sachverständigen.
- ✓ Gültigkeit 2 Jahre

<u>Kosten:</u>

Vorprüfung	250,-- Euro
Auditierung	1.750,-- Euro
Auswertung einschließlich Plakette	450,-- Euro
Gesamtkosten Erstzertifizierung	2.450,-- Euro
Re-Zertifizierung nach 2 Jahren	1.750,-- Euro

Zuzüglich Reisekosten, zuzüglich Unterkunfts- und Aufenthaltskosten

<u>Gültigkeit:</u>

Deutschland, Österreich, Schweiz, Südtirol.

Wer vergibt das Gütesiegel?

Europäisches Prüfinstitut Wellness & SPA SCE
Eichenscheidstraße 7
D-34537 Bad Wildungen
Tel.: ++49 05621 969625
Fax: ++49 05621 969391
Mail: info@wellness-audits.eu
Internet: www.wellness-audits.eu
Quelle: http://www.wellness-audits.eu

3.3.12. Detailergebnis BISA SPA

BISA SPA

Quelle:
http://translate.google.at/translate?hl=de&sl=en&u=http://www.internationalspa.org/bisa&ei=wGb7SfntOsOKsAb6_qm5BA&s&=t
ranslate&resnum=1&ct=result&prev=/search%3Fq%3Dinternationalspa.org/bisa%26hl%3Dde%26sa%3DG

Seit wann gibt es BISA?

2002 wurde in Japan gegründet.

Welche Kriterien sind notwendig um das Gütesiegel zu erhalten?

Betrieb muss Spa haben

Der Weg zum Gütezeichen:

Voraussetzung

Spezifische Kriterien

Gütezeichen BISA im Einzelnen:

Wellen, Abstufung durch die Anzahl der Wellen

Ablauf:

Fragebögen und Mystery Check

Kosten:

Ca. 1.300,-- Euro (ab 300,-- englische Pfund aufwärts) Stand 2008

Gültigkeit:

Japan, Großbritannien, Spanien, Norwegen, Deutschland.

Wer vergibt das Gütesiegel?

British International Spa Association
Winchet Hill,
Goudhurst, Kent TN 17 1 JY
Vereinigtes Königreich
+44 (0) 1580 212954
spahouse@spaassociation.org.uk
www.spaassociation.org.uk   www.bisawaves.com

Quellen:
www.internationalspa.org/bisa, www.spaassociation.org.uk, www.bisawaves.com,
http://translate.google.at/translate?hl=de&sl=en&u= http://www.internatio-
nalspa.org/bisa&ei=wGb7SfntOsOKsAb6_qm5BA&s&=
translate&resnum=1&ct=result&prev=/search%3Fq%3Dinternationalspa.org/
bisa%26hl%3Dde%26sa%3DG

3.3.13. Detailergebnis PREMIUM SPA

Premium Spa

Quelle: http://www.premiumsparesorts.com/

Seit wann gibt es Premium Spa?

2006

Welche Kriterien sind notwendig um das Gütesiegel zu erhalten?

Erstklassige, qualitativ hochwertige Spa's
Durchgängig führend in Qualität und Dienstleistung

Der Weg zum Gütezeichen:
Voraussetzung

- ✓ Luxusbetrieb
- ✓ Qualität Dienstleistung, Komfort erstklassig
- ✓ Spabereich mindestens 2.500 m²
- ✓ Zimmergröße ab 35 m²
- ✓ Küche exzellent
- ✓ Durchgängig luxuriös
- ✓ Hotelkooperation

Gütezeichen Premium Spa im Einzelnen:

Premium Spa Siegel ohne Abstufung

Themenbereiche:

Premium Inklusive, Premium Nature, Premium Activity, Premium Family, Premium Feeling and Honeymoon, Premium Specials

Ablauf:

Mitglied in der Hotelkooperation, Details nicht bekannt.

Kosten:

Konnten nicht eruiert werden.

Gültigkeit:

Österreich, Bayern, Polen und weitere Länder in Planung.

Wer vergibt das Gütesiegel?

Premium Spa Marketing KEG
Premium Spa Resorts, Obermieming 141e, 6414 Mieming
Telefon: +49 8990405675
Telefax: +49 5264 61054
E-Mail: mm@premiumsparesorts.com
Internet: www.premiumsparesorts.com
Quelle: http://www.premiumsparesorts.com/

3.3.14. Detailergebnis LEADING SPA

Leading Spa

Quelle: http://www.lhw.com/

Seit wann gibt es Leading Spa?

Gründung 1928 in USA als Leading Hotels of the world, Hauptsitz in New York, derzeit in 80 Ländern mit ca. 20 regionalen Büros, seit Ende 1980 in Europa, 2004 erfolgte die Markenerweiterung zu Leading Spa.

Welche Kriterien sind notwendig um das Gütesiegel zu erhalten?

    5 Hotelsterne

Der Weg zum Gütezeichen:
Voraussetzung

Qualitätsversprechen nach einem Fragenkatalog mit ca. 1.500 Kriterien

Gütezeichen Leading Spa im Einzelnen:

Quelle: http://www.lhw.com/

Gütesiegel ohne Abstufung.
Zusammenschluss führender Luxushotels

Ablauf:

Erfüllung Qualitätskriterien (5 Hotelsterne, Qualitätskatalog mit den 1.500 Kriterien)
Überprüfung Mystery Check

Kosten:

Konnten nicht eruiert werden.

Gültigkeit:

weltweit

Wer vergibt das Gütesiegel?

Hauptsitz New York
Büro in Deutschland:
The Leading Hotels of the World, Ltd.
Berliner Str. 44
60311 Frankfurt am Main
Telefon: +49 (0)69/13885-100
Fax: +49 (0)69/13885-308
Mail: Frankfurt@lhw-offices.com
Internet: : http://www.lhw.com/

Quelle: http://www.lhw.com/

3.3.15. Detailergebnis MEDICAL SPA + KNEIPP FÜR MICH

Medical Spa + Kneipp für mich

Quelle: http://www.kneipp.de/de/service/kneipp_fuer_michr.html

Seit wann gibt es „Medical Wellness + Kneipp® für mich"?

2007

Welche Kriterien sind notwendig um das Gütesiegel zu erhalten?

4 Hotelsterne
Voraussetzung es wird Kneipp (5 Säulen) gelebt und angeboten

Der Weg zum Gütezeichen:
Voraussetzung

- ✓ 4 Hotelsterne
- ✓ Kneipp Angebote nach den 5 Säulen (ganzheitlich)
- ✓ medizinisch begleitete Maßnahmen zur ganzheitlichen Förderung der Gesundheit und des individuellen Wohlbefindens
- ✓ medizinisch sinnvolle Wellnessangebote zur Prävention
- ✓ anerkannte Naturheilverfahren
- ✓ Motivation zu einem eigenverantwortlichen, gesundheitsbewussten Lebensstil
- ✓ spezialisierte und qualifizierte Betrieben, Gesundheitszentren und Hotels

Gütezeichen „Medical Wellness + Kneipp® für mich" im Einzelnen:

Quelle: http://www.kneipp.de/de/service/kneipp_fuer_michr.html

Gütesiegel ohne Abstufung.

Ablauf:

Erstprüfung durch Europäisches Gesundheitszentrum für Naturheilverfahren Sebastian Kneipp Institut nach speziellen Richtlinien und Vorgaben (basierend auf ISO 9001/2000).
Gültigkeit der Plakette 2 Jahre.

Nach einem Jahr wird ein Mystery Check (externe Beauftragte) durchgeführt und es wird auch laufend jährlich überprüft.

Kosten:

Konnten nicht eruiert werden.

Gültigkeit:

Deutschland

Wer vergibt das Gütesiegel?

Europäisches Gesundheitszentrum
für Naturheilverfahren,, Sebastian Kneipp Institut GmbH
Kneippstr. 2 · 86825 Bad Wörishofen
Tel.: 0 82 47 - 96 295-0
Fax: 96 295-18
Mail: info(at)kneipp.de

Internet: www.kneipp.de
Quelle: http://www.kneipp.de/

3.3.16. Detailergebnis CERTIFIED WELLNESS HOTEL & SPA

Certified Wellness Hotel Resort & Spa

Quelle: http://www.tuv.com/de/certified_wellness/

Seit wann gibt es Certified Wellness Hotel Resort & Spa?

Konnte nicht eruiert werden. Es besteht seit 2008 eine Kooperation mit Best Health Austria.

Welche Kriterien sind notwendig um das Gütesiegel zu erhalten?

4 Hotelsterne
Landschaftlich reizvolle und ruhige Umgebung
Speziell gesunde Küche
Attraktiver Wellnessbereich

Der Weg zum Gütezeichen:
Voraussetzung

- ✓ Erfüllung von ca. 300 spezifischen Kriterien
- ✓ Hardware inkl. Technik und Wasserqualität
- ✓ Software, Personalqualifikation etc.
- ✓ Managementberatung
- ✓ Hygienekonzept, Überprüfung aus Kundensicht und vieles mehr

Gütezeichen Certified Wellness Hotel Resort & Spa im Einzelnen:

Quelle: http://www.tuv.com/de/certified_wellness/

Gütesiegel ohne Abstufung.
An der Unterseite kommt eine ID Nummer nach der Prüfung.

Ablauf:

Überprüfung durch TÜV, Mystery Check – gibt sich danach zu erkennen, Beratung und Hilfe zur Erfüllung der Kriterien.
Bei Erfüllung Zertifikat, das 3 Jahre gültig ist.
Überprüfungen folgen jährlich.

Kosten:

Konnten nicht eruiert werden.

Gültigkeit:

Deutschland, Österreich. Weitere Länder in Arbeit, z.B. in Bali gibt es ein Hotel mit Zertifikat „Certified Wellness Hotel Resort & Spa".

Wer vergibt das Gütesiegel?

TÜV Rheinland Holding Aktiengesellschaft
Am Grauen Stein
51105 Köln
Tel. +49 (0) 221 / 806 - 0
Fax +49 (0) 221 / 806 - 114
E-Mail: internet@de.tuv.com
Internet: http://www.tuv.com/de/
Quelle: http://www.tuv.com/de/certified_wellness/

3.3.17. Sonstige

Sonstige

Es gibt noch sehr viele Zusammenschlüsse, Dachverbände, Marken, Vereine, die ebenfalls Gütesiegel und Marken auf den Markt gebracht haben. Es geht hier mit Hilfe spezifischer Kriterien, hauptsächlich um die Vermarktung gemeinsamer Angebote. (z.B. „Schlank & Schön", „Allergie Alpin", „Balance Hotels", „Feng Shui Hotels", „Romantikhotels" etc.)

4. Marktforschung HOTEL

4.1. Zusammenfassung – Marktforschung Hotel

Hotelbetreiber sind der Meinung folgende Punkte sollten im SPA mindestens vorhanden sein:

- ✓ Eigene Spa-Rezeption
- ✓ Schwimmbad außen mit einer Größe von mehr als 5 x 10 m und einer Wassertemperatur von 27 bis 30 Grad
- ✓ Schwimmbad innen mit einer Größe von mehr als 5 x 10 m und einer Wassertemperatur von 27 bis 30 Grad
- ✓ Whirlpool
- ✓ Mindestens 2 bis 3 Saunen
- ✓ Dampfbad
- ✓ Infrarot
- ✓ Kneippbecken
- ✓ Mindestens 3 bis 5 Therapieräume
- ✓ Kosmetik- / Beautyabteilung
- ✓ Gymnastikraum
- ✓ Fitnessraum mit Geräten
- ✓ Mindestens 2 bis 3 Ruheräume
- ✓ Mindestens 1 Liege pro 2 Hotelgäste
- ✓ Freiluftbereich
- ✓ Tageslicht im gesamten SPA- und Behandlungsbereich
- ✓ Geschultes Fachpersonal
- ✓ Anwendungsangebot 31 bis 40 Anwendungen

Hotelsterne halten die Hoteliers für eine sinnvolle Orientierungshilfe für Qualität und stufen sie als zeitgemäß ein.
Die Kriterien und Überprüfungen bei der Kategorisierung halten sie für nicht mehr ausreichend.
Speziell im 4-Sterne Bereich sehen sie Handlungsbedarf.

Die Qualität eines Wellness-/SPA ist klar zu erkennen.

Erkennbar ist die Qualität im SPA aus Sicht der Hoteliers an der fachlichen Kompetenz der Mitarbeiter, an der Sauberkeit, Ausstattung SPA, Atmosphäre, Angebot und an der Atmosphäre.

Hotelbetreiber wünschen sich ein einheitliches allgemein gültiges Gütesiegel für SPA.

Sie erwarten sich davon

- ✓ transparente Qualität,
- ✓ Verbesserung der Marketingsituation,
- ✓ regelmäßige Qualitätskontrollen,
- ✓ Vergleich zum Mitbewerber,
- ✓ einheitliche Kriterien und
- ✓ klare Aussagen.

Die Zertifizierung könnte mit anonymer Überprüfung in Kombination mit den Hotelsternen stattfinden. Auch eine Überprüfung mit Voranmeldung und folgender Beratung ist denkbar.

Für eine komplett neue Marke findet sich keine Begeisterung bei den Hoteliers.
Die Zertifizierung zu einem neuen einheitlichen allgemein gültigen Gütesiegel sollte
    öffentliche Prüfanstalt / Fachverband / Privater Anbieter in Zusammenarbeit
durchführen.

Eine Überprüfung darf maximal 1 – 2 Tage dauern und nach fixer Pauschale abgerechnet werden. Die Kosten für die Überprüfung inklusive Gütezeichen sollten Euro 1.000,-- nicht übersteigen.
Bei Nichterfüllung der Kriterien wünschen sich Hotelbetreiber Beratung und Betreuung, einen Auflagenkatalog und neuen Termin.

Bei einer Überprüfung ist es unumgänglich folgende Punkte einzubeziehen:

- ✓ Hardware (Architektur, Bauliches, Ambiente, Größe)
- ✓ Anzahl und Größe der Wasserwelten allgemein
- ✓ Anzahl und Größe der Pools
- ✓ Größe SPA im Verhältnis zu Hotelbetten
- ✓ Anzahl und Größe der Saunen
- ✓ Anzahl und Größe Dampfbad

- ✓ Größe Ruheräume im Verhältnis zu den Hotelbetten
- ✓ Ausstattung und Alter der Einrichtungen und Geräte
- ✓ Software (Personal, Angebot)
- ✓ Qualifikation Mitarbeiter
- ✓ Service (Freundlichkeit, Beratung)
- ✓ Äußeres Erscheinungsbild der Mitarbeiter
- ✓ Angebot und Qualität der Behandlungen
- ✓ Besonderheiten (individuelle Angebot, spezielle Küche etc.)
- ✓ Hygiene, Sauberkeit

   Bei Überprüfungen soll gleichermaßen auf Hardware und Software geachtet werden.

4.2. Schlussfolgerung und Empfehlung

Die Hotelbetreiber haben klare Vorstellungen was ein SPA minimum zu beinhalten hat. Hotelbetreiber haben die Zeit erkannt und wissen, dass es nicht genügt irgendwo eine Sauna und einen Pool anzubieten und dann Wellness oder SPA drauf zu schreiben. Sie wissen genau was im SPA vorhanden sein muss um diesen Namen zu verdienen.

Sie sind der Meinung Qualität im SPA ist erkennbar. Für den Hotelbetreiber ja, denn er weiß was er anbietet. Für den Kunden ist es schwieriger, denn er kann dies erst nach dem ersten Aufenthalt feststellen. Da könnte es für manche Hotels zu spät sein.

Der Wunsch nach einem einheitlichen allgemein gültigen Gütesiegel ist bei Hotelbetreibern stark vorhanden um transparentere Qualität zu liefern und ihre Marketingsituation zu verbessern.
Die Forderung ist berechtigt, denn es ist sehr schwierig für ein Wellnesshotel seine Qualität transparent zu machen.

Mit einem einheitlichen Gütezeichen, klaren aussagekräftigen Kriterien kann der Hotelier sein Angebot besser vermarkten, gezielt die Gästewünsche erfüllen und Wellness/SPA bekommt eine ganz neue Qualität!

4.3. Detailergebnisse

4.3.1. Vorgangsweise (Hotel)

- ✓ Erstellung der Fragebögen (Basis zur Erstellung waren die Expertengespräche)
- ✓ Heraussuchen von Hotels ab 4 Sterne über Internet, herausfinden der Besitzer oder Geschäftsführer
- ✓ Erstkontakt per Mail mit persönlicher Anrede des Zuständigen (Hotelbesitzer oder Geschäftsführer)
- ✓ Es wurden 189 Hotels angeschrieben
- ✓ Im ersten Kontaktmail: Vorstellung meiner Person, Ausbildungsstand und Zweck der Befragung, mit der Bitte einen Fragebogen senden zu dürfen und danach Terminvereinbarung zur telefonischen Befragung
- ✓ Durchführung der Befragung telefonisch oder vereinzelt auch durch Selbstausfüllen und Zusendung per Fax (jedoch immer zuvor telefonischer persönlicher Kontakt und Erläuterung der Fragen)
- ✓ Zusätzliche Antworten wurden vermerkt und in die Auswertung des Fragebogens aufgenommen
- ✓ Es waren dies ausschließlich Fremdbefragungen, die auf das erste Kontaktmail geantwortet haben (wobei ca. 150 der Hotels ein zweites Mal angeschrieben wurden, da nach dem ersten keine Antwort kam)
- ✓ Insgesamt wurden 31 Befragungen durchgeführt
- ✓ Zur Statistik wurden 30 Befragungen durchgeführt, da ein Hotel dazu keine Angaben machte
- ✓ Hotelsterne-Kategorie der befragten Hotels:

21	4-Sterne Hotels
6	5-Sterne Hotels
3	4-Sterne-Superior Hotels
1	3-Sterne-Superior Hotel (Deutschland)

4.3.2. Fragenkatalog (Hotel)

Der Fragebogen zur Marktanalyse umfasst Fragen zu den Themenblöcken
- ✓ Was sollte ein Spa minimum beinhalten

- ✓ Hotelsterne

- ✓ Qualität im Wellness-/Spabereich

- ✓ Gütesiegel (Anforderungen und Erwartungen)

- ✓ Statistische Fragen

Insgesamt besteht der Fragebogen aus 53 Fragen, die mit „ja" oder „nein", einer vorgegebenen Auswahl, mehreren Antwortmöglichkeiten oder selbst formulierter Aussage beantwortet werden können.

Weitere 20 Fragen zur Statistik, wie z.B. Themenschwerpunkte, Anzahl der Zimmer etc.

Zusammen finden sich auf dem Fragebogen 73 Fragen die den Hotelbetreibern gestellt wurden.

Der gesamte Fragebogen findet sich im Anhang unter:

Fragebogen zur Marktanalyse HOTEL   **Anhang 1**

4.3.3. Erklärung Auswertung Marktforschung Tabelle (Hotel)

Auswertung der Fragebögen in Excel Tabellen:

Erstellung Tabellen in Excel:

- ✓ Eintrag auf anonymer Basis (Nummerierung am Original-Fragebogen und Übernahme der Zahl in die Tabelle – „Hotel 1 bis Hotel 31")
- ✓ Zu den Fragen stehen folgende Antwortmöglichkeiten zur Wahl:
  „Ja / Nein / Keine Angabe"
- ✓ Ein Teil der Antworten ermöglicht eine Auswahl unter mehreren Möglichkeiten
  (z.B. „Anzahl der Saunen 1, 1-3 oder mehrere" etc.)
- ✓ Bei einem Teil der Fragen gibt es die Möglichkeit mehrere Antworten anzu-kreuzen
  (z.B. „einheitliche Kriterien", Qualitätsversprechen", etc.)
- ✓ Ein weiterer kleiner Teil der Fragen bietet die Möglichkeit individuelle Antwor-ten zu formulieren.

- ✓ Jede Frage wird eingetragen und mit einem Wert 1 für Beantwortung und Wert 0 für keine Antwort zur jeweiligen Antwortmöglichkeit eingetragen.

<u>Die Auswertung in den Tabellen erfolgte:</u>

- ✓ Die eingetragenen Werte (0 oder 1) wurden addiert und stellen das Ergebnis dar.
- ✓ Summen wurden jeweils in der letzten Spalte der jeweiligen Tabelle gebildet und als „gesamt" bezeichnet.

<u>Erreichen der Prozentquote:</u>

- ✓ Die Basiszahl ist die <u>Anzahl der Befragungen</u> bei vorgegebenen Antworten, wo es nur <u>eine</u> Antwortmöglichkeit gibt.

- ✓ Bei <u>mehreren</u> Möglichkeiten zur Beantwortung wurde jeweils die <u>Summe aller Antworten</u> als Basiszahl genommen, um das Ergebnis in Prozent ausrechnen zu können.

- ✓ Bei Antwortmöglichkeiten die mit <u>einer</u> Antwortauswahl zu beantworten sind, z.B. „Ja/Nein/Keine Angabe", wurde das addierte Ergebnis (Summe aller Antworten) durch die Basiszahl(Summe der <u>Befragten</u>) dividiert um zu dem Prozentergebnis zu kommen.

- ✓ Bei <u>mehreren</u> Antwortmöglichkeiten wurde das addierte Ergebnis aller Antworten genommen zum jeweiligen Thema (Summe der Antworten) durch die Basiszahl (Summe aller Antworten zu dem Thema) dividiert um zum Prozentergebnis zu kommen. Genauso wurde vorgegangen bei individuellen Antwortmöglichkeiten, die gesamte Anzahl der Antworten wurde als Basiszahl genommen um zu der Prozentauswertung zu kommen.

4.3.4. GESAMTERGEBNIS AUSWERTUNG

Gesamtergebnis Marktanalyse HOTEL
Auswertung aller Hotelbefragungen und Ergebnis in %.

Gesamt Hotel Excel Auswertungstabelle

Was sollte ein Spa minimum beinhalten?

1. Frage:
Eigener Emp-
fang/Sparezeption:

JA   81%

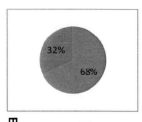

Frage / Antwort	H1	H2	H3	Gesamt	Basiszahl	Prozent
ja	6	8	11	25	31	80,65%
nein	3	3	0	6	31	19,35%
						100,00%

2. Frage:
Schwimmbad außen:

JA   68%

Frage / Antwort	H1	H2	H3	Gesamt	Basiszahl	Prozent
ja	6	6	9	21	31	67,74%
nein	3	5	2	10	31	32,26%
						100,00%

3. Frage:
Wenn ja, Größe mini-
mum?

Mehr als 5 x 10 m
52%

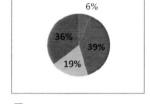

Frage / Antwort	H1	H2	H3	Gesamt	Basiszahl	Prozent
Bis 5 x 10 m	2	4	2	8	31	25,81%
Mehr als 5 x 10 m	7	2	7	16	31	51,61%
keine Angabe	0	5	2	7	31	22,58%
						100,00%

4. Frage:
Temperatur:

27 - 30 Grad   39%

Frage / Antwort	H1	H2	H3	Gesamt	Basiszahl	Prozent
Bis 26 Grad	1	1	0	2	31	6,45%
27 bis 30 Grad	2	3	7	12	31	38,71%
Mehr als 30 Grad	2	2	2	6	31	19,35%
keine Angabe	4	5	2	11	31	35,48%
						100,00%

Zusatzantworten: 6 der
31 Befragten gaben zusätzlich an, die Wassertemperatur im Aussenpool ist
abhängig von der Jahreszeit.
Der unten angeführten
Auswertung liegt eine
Befragtenanzahl von 6
zugrunde.

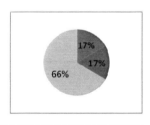

	H1	H2	H3	Gesamt	Basiszahl	Prozent
Sommer bis 26 Grad	1	0	0	1	6	16,67%
Winter 27 bis 30 Grad	1	0	0	1	6	16,67%
Winter mehr als 30 Grad	2	0	2	4	6	66,67%
						100,00%

5. Frage:
Schwimmbad innen:

JA   90%

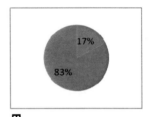

Frage / Antwort	H1	H2	H3	Gesamt	Basiszahl	Prozent
Ja	8	10	10	28	31	90,32%
Nein	1	1	1	3	31	9,68%
						100,00%

6. Frage:
Wenn ja, Größe mini-
mum?

**Grundlage sind 29 Antwor-
ten**
Mehr als 5 x 10 m
83%

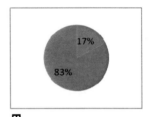

Frage / Antwort	H1	H2	H3	Gesamt	Basiszahl	Prozent
Bis 5 x 10 m	1	2	2	5	29	17,24%
Mehr als 5 x 10 m	8	8	8	24	29	82,76%
						100,00%

7. Frage:
Temperatur

27 bis 30 Grad   66%

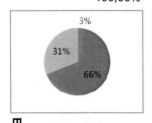

Frage / Antwort	H1	H2	H3	Gesamt	Basiszahl	Prozent
Bis 26 Grad	1	0	0	1	29	3,45%
27 bis 30 Grad	6	7	6	19	29	65,52%
Mehr als 30 Grad	2	3	4	9	29	31,03%
						100,00%

8. Frage:
Whirlpool

JA   77%

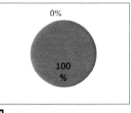

Frage / Antwort	H1	H2	H3	Gesamt	Basiszahl	Prozent
Ja	7	7	10	24	31	77,42%
Nein	2	4	1	7	31	22,58%
						100,00%

Für einen Befragten ist
wichtig eine Unterwas-
ser-
massagewanne für
Anwendungen

Unterwassermassagewanne	0	1	0	1	1

9. Frage:
Sauna

JA   100%

0%

100
%

Frage / Antwort	H1	H2	H3	Gesamt	Basiszahl	Prozent
Ja	9	11	11	31	31	100,00%
Nein	0	0	0	0	31	0,00%
						100,00%

10. Frage:
Anzahl Saunen:

2 bis 3   49%
mehr als 3   29%

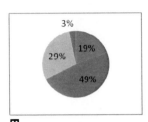

Frage / Antwort	H1	H2	H3	Gesamt	Basiszahl	Prozent
1	2	2	2	6	31	19,35%
2 bis 3	4	5	6	15	31	48,39%
Mehr als 3	2	4	3	9	31	29,03%
je nach Größe des Betriebes	1	0	0	1	31	3,23%
						100,00%

10. Frage:
Dampfbad

JA   97%

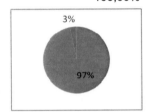

Frage / Antwort	H1	H2	H3	Gesamt	Basiszahl	Prozent
Ja	8	11	11	30	31	96,77%
Nein	1	0	0	1	31	3,23%
						100,00%

11. Frage:
Infrarot

JA   65%

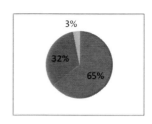

Frage / Antwort	H1	H2	H3	Gesamt	Basiszahl	Prozent
Ja	3	9	8	20	31	64,52%
Nein	5	2	3	10	31	32,26%
keine Angabe	1	0	0	1	31	3,23%
						100,00%

12. Frage:
Kneippbecken

JA   77%

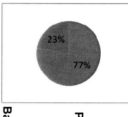

Frage / Antwort	H1	H2	H3	Gesamt	Basiszahl	Prozent
Ja	6	10	8	24	31	77,42%
Nein	3	1	3	7	31	22,58%
						100,00%

13. Frage:
Aromaduschen

JA   55%

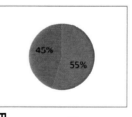

Frage / Antwort	H1	H2	H3	Gesamt	Basiszahl	Prozent
Ja	5	4	8	17	31	54,84%
Nein	4	7	3	14	31	45,16%
						100,00%

14. Frage:
Therapieräume

3 bis 5   49%

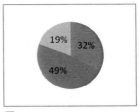

Frage / Antwort	H1	H2	H3	Gesamt	Basiszahl	Prozent
1 – 2	6	2	2	10	31	32,26%
3 – 5	2	6	7	15	31	48,39%
Mehr als 5	1	3	2	6	31	19,35%
						100,00%

15. Frage:
Kosmetik-
/Beautyabteilung

JA   94%

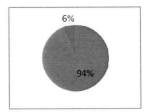

Frage / Antwort	H1	H2	H3	Gesamt	Basiszahl	Prozent
Ja	7	11	11	29	31	93,55%
Nein	2	0	0	2	31	6,45%
						100,00%

16. Frage:
Gymnastikraum

JA   87%

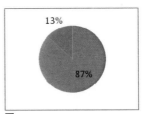

Frage / Antwort	H1	H2	H3	Gesamt	Basiszahl	Prozent
Ja	6	11	10	27	31	87,10%
Nein	3	0	1	4	31	12,90%
						100,00%

17. Frage:
Fitnessraum mit Geräten

JA   84%

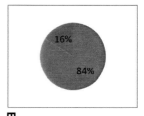

Frage / Antwort	H1	H2	H3	Gesamt	Basiszahl	Prozent
Ja	6	11	9	26	31	83,87%
Nein	3	0	2	5	31	16,13%
						100,00%

18. Frage:
Ruheräume

2 bis 3   48%

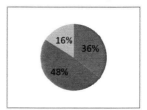

Frage / Antwort	H1	H2	H3	Gesamt	Basiszahl	Prozent
1	4	4	3	11	31	35,48%
2 bis 3	4	4	7	15	31	48,39%
Mehr als 3	1	3	1	5	31	16,13%
						100,00%

19. Frage:
Ruheliegen

Pro 2 Hotelgäste 1 Liege: 61%

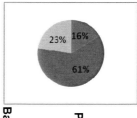

Frage / Antwort	H1	H2	H3	Gesamt	Basiszahl	Prozent
Pro Hotelgast 1 Liege	0	3	2	5	31	16,13%
Pro 2 Hotelgäste 1 Liege	5	6	8	19	31	61,29%
Weniger	4	2	1	7	31	22,58%
						100,00%

20. Frage:
Freiluftbereich

JA   94%

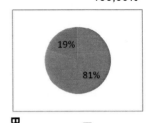

Frage / Antwort	H1	H2	H3	Gesamt	Basiszahl	Prozent
Ja	9	9	11	29	31	93,55%
Nein	0	2	0	2	31	6,45%
						100,00%

21. Frage:
Tageslicht im gesamten
Spa und Behandlungs-
bereich

JA   81%

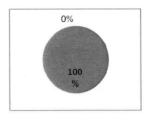

Frage / Antwort	H1	H2	H3	Gesamt	Basiszahl	Prozent
Ja	7	9	9	25	31	80,65%
Nein	2	2	2	6	31	19,35%
						100,00%

22. Frage:
Geschultes Fachperso-
nal

JA   100%

Frage / Antwort	H1	H2	H3	Gesamt	Basiszahl	Prozent
Ja	9	11	11	31	31	100,00%
Nein	0	0	0	0	31	0,00%
						100,00%

23. Frage:
Anwendungsangebot

31 bis 40   26%

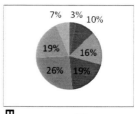

Frage / Antwort	H1	H2	H3	Gesamt	Basiszahl	Prozent
1 bis 5	1	0	0	1	31	3,23%
6 bis 10	2	1	0	3	31	9,68%
11 bis 20	2	1	2	5	31	16,13%
21 bis 30	0	3	3	6	31	19,35%
31 bis 40	2	3	3	8	31	25,81%
mehr als 40	0	3	3	6	31	19,35%
keine Angabe	2	0	0	2	31	6,45%
						100,00%

Seit über 30 Jahren gibt es die Bewertung der Hotelsterne mit klar festgelegten Richtlinien. Sind Ihrer Meinung nach die Hotelsterne:

24. Frage:
Zeitgemäß

JA   71%

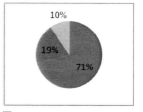

Frage / Antwort	H1	H2	H3	Gesamt	Basiszahl	Prozent
Ja	4	9	9	22	31	70,97%
Nein	3	1	2	6	31	19,35%
keine Angabe	2	1	0	3	31	9,68%
						100,00%

25. Frage:
Eine sinnvolle Orientie-
rungshilfe für Qualität

JA   71%

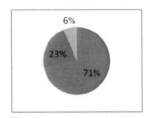

Frage / Antwort	H1	H2	H3	Gesamt	Basiszahl	Prozent
Ja	4	9	9	22	31	70,97%
Nein	3	2	2	7	31	22,58%
keine Angabe	2	0	0	2	31	6,45%
						100,00%

26. Frage:
Die Kriterien und
Überprüfungen ausrei-
chend

JA   48%

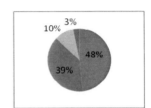

Frage / Antwort	H1	H2	H3	Gesamt	Basiszahl	Prozent
Ja	3	7	5	15	31	48,39%
nein	4	3	5	12	31	38,71%
keine Angabe	1	1	1	3	31	9,68%
bei 5 Sterne ja	1	0	0	1	31	3,23%
						100,00%

Zusatzantwort 4 Be-
fragte:
Problem 4 Sterne-
Bereich:
13%
Dazu nicht befragt: 87%

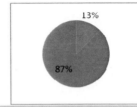

Problem liegt im 4 Sterne Segment	1	0	3	4	31	12,90%
nicht befragt:						87,10%
						100,00%

27. Frage:
Ist es möglich die
Qualität eines Well-
ness- / Spabereiches
klar zu erkennen?
JA 71%

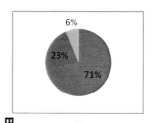

Frage / Antwort	H1	H2	H3	Gesamt	Basiszahl	Prozent
Ja	7	5	10	22	31	70,97%
nein	1	6	0	7	31	22,58%
keine Angabe	1	0	1	2	31	6,45%
						100,00%

28. Frage:
Bei ja, woran:
Basiszahl für die Auswertung ist 53 =
gesamte Anzahl der Antworten der 31
Befragten - Begründung: es waren hier
mehrere Angaben möglich.
Mitarbeiter 17%

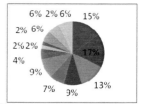

	H1	H2	H3	Gesamt	Basiszahl	Prozent
Sauberkeit	4	1	3	8	53	15,09%
fachliche Kompetenz der Mitarbeiter	3	0	6	9	53	16,98%
Ausstattung SPA	4	1	2	7	53	13,21%
Atmosphäre	3	0	2	5	53	9,43%
Geschultes Personal	1	0	3	4	53	7,55%
Angebot	2	2	1	5	53	9,43%
Aufmerksamkeit	2	0	0	2	53	3,77%
Erfahrung	0	1	0	1	53	1,89%
Spezialisierung	0	1	0	1	53	1,89%
Platzaufteilung	0	1	0	1	53	1,89%
am Gütesiegel Best Health	0	1	2	3	53	5,66%
Versprechen einhalten	0	1	2	3	53	5,66%
Gästebewertungen Internet	0	0	1	1	53	1,89%
keine Meinung	1	1	1	3	53	5,66%
	20	10	23	53		100,00%

29. Frage:
Wollen Sie als Spa Betreiber ein einheitliches allgemein gültiges Gütesiegel?

JA   68%

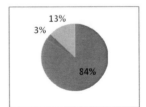

Frage / Antwort	H1	H2	H3	Gesamt	Basiszahl	Prozent
Ja	6	10	5	21	31	67,74%
Nein	2	1	5	8	31	25,81%
keine Angabe	1	0	1	2	31	6,45%
						100,00%

Welche Punkte sollte ein einheitliches Gütesiegel enthalten, welche Aussagen soll ein solches Gütesiegel enthalten?

Was soll überprüft werden:

30. Frage:
Hardware (Architektur, Bauliches, Ambiente, Größe etc.)

JA   84%

Frage / Antwort	H1	H2	H3	Gesamt	Basiszahl	Prozent
Ja	7	9	10	26	31	83,87%
Nein	0	1	0	1	31	3,23%
keine Angabe	2	1	1	4	31	12,90%
						100,00%

31. Frage:
Größe und Anzahl
Wasserwelten allge-
mein

JA   64%

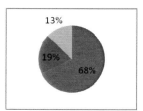

Frage / Antwort	H1	H2	H3	Gesamt	Basiszahl	Prozent
Ja	5	9	6	20	31	64,52%
Nein	2	1	4	7	31	22,58%
keine Angabe	2	1	1	4	31	12,90%
						100,00%

32. Frage:
Größe und Anzahl
Pools

JA   68%

Frage / Antwort	H1	H2	H3	Gesamt	Basiszahl	Prozent
Ja	5	9	7	21	31	67,74%
Nein	2	1	3	6	31	19,35%
keine Angabe	2	1	1	4	31	12,90%
						100,00%

33. Frage:
Größe Spa im Verhält-
nis zu Hotelbetten

JA   84%

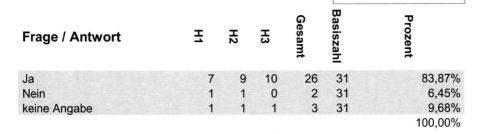

Frage / Antwort	H1	H2	H3	Gesamt	Basiszahl	Prozent
Ja	7	10	9	26	31	83,87%
Nein	1	0	1	2	31	6,45%
keine Angabe	1	1	1	3	31	9,68%
						100,00%

34. Frage:
Größe und Anzahl
Saunen

JA   84%

Frage / Antwort	H1	H2	H3	Gesamt	Basiszahl	Prozent
Ja	7	9	10	26	31	83,87%
Nein	1	1	0	2	31	6,45%
keine Angabe	1	1	1	3	31	9,68%
						100,00%

35. Frage:
Größe und Anzahl
Dampfbad

JA   80%

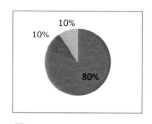

Frage / Antwort	H1	H2	H3	Gesamt	Basiszahl	Prozent
Ja	6	9	10	25	31	80,65%
Nein	2	1	0	3	31	9,68%
keine Angabe	1	1	1	3	31	9,68%
						100,00%

36. Frage:
Größe Ruheräume im
Verhältnis zu Hotelbet-
ten

JA   84%

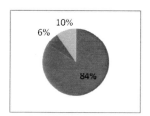

Frage / Antwort	H1	H2	H3	Gesamt	Basiszahl	Prozent
Ja	8	9	9	26	31	83,87%
Nein	0	1	1	2	31	6,45%
keine Angabe	1	1	1	3	31	9,68%
						100,00%

37. Frage:
Ausstattung und Alter
der Einrichtungen und
Geräte

JA   87%

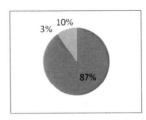

Frage / Antwort	H1	H2	H3	Gesamt	Basiszahl	Prozent
Ja	8	9	10	27	31	87,10%
Nein	0	1	0	1	31	3,23%
keine Angabe	1	1	1	3	31	9,68%
						100,00%

Sonstiges:
Zusatzantwort 2 Befragte:
Spezielle Angebote
  =je 3,23 %

Nicht befragt: 94%

Spezielle Angebote im SPA (Saftbar, Obstkorb, Hand-tuchservice)	1	0	0	1	31	3,23%
regionaltypische Angebote	0	1	0	1	31	3,23%
						6,45%
						93,55%
						100%

38. Frage:
Software (Personal,
Angebot etc.)

JA   94%

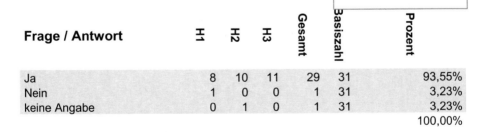

Frage / Antwort	H1	H2	H3	Gesamt	Basiszahl	Prozent
Ja	8	10	11	29	31	93,55%
Nein	1	0	0	1	31	3,23%
keine Angabe	0	1	0	1	31	3,23%
						100,00%

39. Frage:
Qualifikation und
Ausbildung der Mitar-
beiter

JA 94%

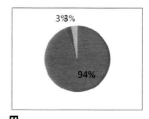

Frage / Antwort	H1	H2	H3	Gesamt	Basiszahl	Prozent
Ja	8	10	11	29	31	93,55%
Nein	1	0	0	1	31	3,23%
keine Angabe	0	1	0	1	31	3,23%
						100,00%

40. Frage:
Service (Beratung,
Freundlichkeit)

JA 90%

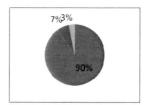

Frage / Antwort	H1	H2	H3	Gesamt	Basiszahl	Prozent
Ja	9	8	11	28	31	90,32%
Nein	0	2	0	2	31	6,45%
keine Angabe	0	1	0	1	31	3,23%
						100,00%

41. Frage:
Äußeres Erschei-
nungsbild der Mitarbei-
ter

JA   97%

Frage / Antwort	H1	H2	H3	Gesamt	Basiszahl	Prozent
Ja	9	10	11	30	31	96,77%
Nein	0	0	0	0	31	0,00%
keine Angabe	0	1	0	1	31	3,23%
						100,00%

42. Frage:
Angebot und Qualität
der Behandlungen

JA   94%

Frage / Antwort	H1	H2	H3	Gesamt	Basiszahl	Prozent
Ja	8	10	11	29	31	93,55%
Nein	1	0	0	1	31	3,23%
keine Angabe	0	1	0	1	31	3,23%
						100,00%

43. Frage:
Besonderheiten, individuelle Angebote, spezielle Küche (gesunde Ernährung) etc.
JA   74%

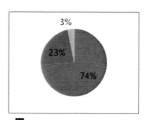

Frage / Antwort	H1	H2	H3	Gesamt	Basiszahl	Prozent
Ja	6	10	7	23	31	74,19%
Nein	3	0	4	7	31	22,58%
keine Angabe	0	1	0	1	31	3,23%
						100,00%

44. Frage:
Hygiene, Sauberkeit

JA   97%

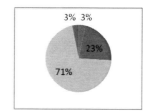

Frage / Antwort	H1	H2	H3	Gesamt	Basiszahl	Prozent
Ja	9	10	11	30	31	96,77%
Nein	0	0	0	0	31	0,00%
keine Angabe	0	1	0	1	31	3,23%
						100,00%

45. Frage:
Auf was soll mehr Augenmerk liegen bei einer Überprüfung:

Beides (Hardware und Software gleich):   71%

Frage / Antwort	H1	H2	H3	Gesamt	Basiszahl	Prozent
Hardware	0	1	0	1	31	3,23%
Software	2	2	3	7	31	22,58%
Beides gleich	7	7	8	22	31	70,97%

keine Angabe			0	1	0	1	31		3,23%
									100,00%

46. Frage:
Welche Erwartungen/Vorstellungen haben Sie von einem einheitlichen Gütesiegel?

Transparente Qualität   22%

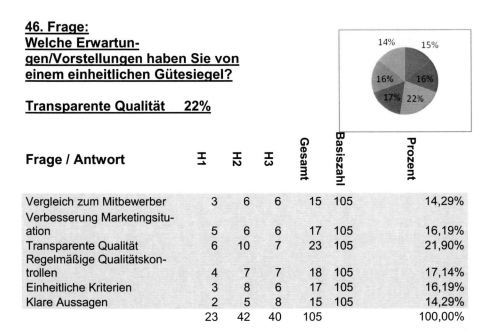

Frage / Antwort	H1	H2	H3	Gesamt	Basiszahl	Prozent
Vergleich zum Mitbewerber	3	6	6	15	105	14,29%
Verbesserung Marketingsituation	5	6	6	17	105	16,19%
Transparente Qualität	6	10	7	23	105	21,90%
Regelmäßige Qualitätskontrollen	4	7	7	18	105	17,14%
Einheitliche Kriterien	3	8	6	17	105	16,19%
Klare Aussagen	2	5	8	15	105	14,29%
	23	42	40	105		100,00%

Die folgenden Zusatzantworten wurden zwar im Fragebogen mit aufgenommen, sind jedoch nicht relevant bei der Auswertung. Es sind dies Zusatzmeinungen die ohne Befragung abgegeben wurden.

Interessant ist in diesem Zusammenhang, dass ein Teil der Hoteliers der Meinung sind, dass ein Gütesiegel für Gäste interessant ist.

Sonstiges / Zusatzantworten 6
Befragte:
siehe unten

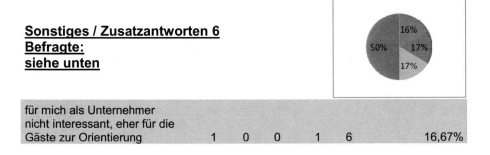

für mich als Unternehmer nicht interessant, eher für die Gäste zur Orientierung	1	0	0	1	6	16,67%

Frage / Antwort	H1	H2	H3	Gesamt	Basiszahl	Prozent
bessere Vergleichbarkeit für den Gast	0	1	0	1	6	16,67%
dass man als kleines Spa-Hotel eine Chance bekommt	0	0	1	1	6	16,67%
keine Angabe	1	1	1	3	6	50,00%
	2	2	2	6		100,00%

47. Frage:
Wie könnte so ein einheitliches Gütesiegel aussehen und wer könnte die Zertifizierung durchführen?

Mystery Check extern   29%

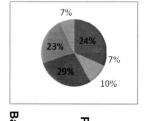

Frage / Antwort	H1	H2	H3	Gesamt	Basiszahl	Prozent
Überprüfung und Zertifizierung in Kombination mit den Hotelsternen	4	8	5	17	70	24,29%
Zertifizierung über Kundenbewertungen im Internet	1	1	3	5	70	7,14%
Zertifizierung über Kundenbewertung / Fragebogen für jeden Gast / Auswertung über unabhängiges Institut	1	1	5	7	70	10,00%
Anonyme Überprüfung (Mystery Check) externer Beauftragter	5	7	8	20	70	28,57%
Überprüfung mit Voranmeldung und folgender Beratung	4	7	5	16	70	22,86%
Zertifizierung durch neue Institution mit komplett neuer Marke	2	1	2	5	70	7,14%
	17	25	28	70		100,00%

Sonstiges:
Ein Befragter gab als zusätzliche Antwort an, dass der Kunde heute nicht das Kriterium ist, zu individuell - ohne danach befragt worden zu sein. Diese interessante Meinung ist für die Auswertung ebenfalls nicht relevant.

keine Angabe	1	1	1	3	31	9,68%
Kunde ist nicht Kriterium heute, zu individuell	0	1	0	1	31	3,23%
nicht befragt						87,10%
						100,00%

48. Frage:
Wie könnte eine neue Marke aussehen?
Zur neuen Marke machten 97% keine Angabe, nur 1 Befragter machte unten angeführten Vorschlag

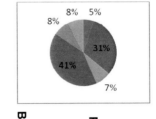

Balken/Sonnen wie bei Holidaycheck	0	0	1	1	31	3,23%
						96,77%
						100,00%

49. Frage:
Wer könnte die Zertifizierung durchführen?
Basiszahl 39, es waren mehrere Antworten möglich!

Kombination Öffentlich-Fachverband-Privat   41%

Frage / Antwort	H1	H2	H3	Gesamt	Basiszahl	Prozent
Öffentliche Prüfanstalt (wie z.B. Land)	0	1	1	2	39	5,13%
Fachverband (wie z.B. Wirtschaftskammer)	2	4	6	12	39	30,77%
Private Anbieter	0	1	2	3	39	7,69%

Kombination Öffent-lich/Fachverband/Privat	5	6	5	16	39	41,03%
Kunde (Fragebogen an jeden Gast und Auswertung über unabhängiges Institut)	0	0	3	3	39	7,69%
Internetplattform (Gästebewertung)	0	1	2	3	39	7,69%
	7	13	19	39		100,00%

Sonstiges / Von den 31 Befragten machten 8 keine Angabe zu oben genannter Frage!

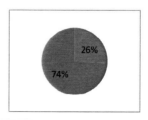

keine Angabe	3	2	3	8	31	25,81%
						74,19%
						100,00%

50. Frage:
Dauer der Überprüfung:
1 bis 2 Tage   55%

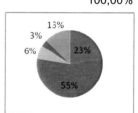

Frage / Antwort	H1	H2	H3	Gesamt	Basiszahl	Prozent
Bis 1 Tag	4	3	0	7	31	22,58%
1 – 2 Tage	2	7	8	17	31	54,84%
Mehr als 2 Tage	1	0	1	2	31	6,45%
Laufende Überprüfungen	1	0	0	1	31	3,23%
keine Angabe	1	1	2	4	31	12,90%
						100,00%

51. Frage:
Nichterfüllung der
Kriterien:

Beratung u. Betreuung
50%

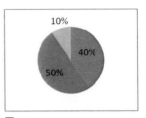

Frage / Antwort	H1	H2	H3	Gesamt	Basiszahl	Prozent
Auflagenkatalog und neuerlicher Termin	3	6	8	17	42	40,48%
Beratung und Betreuung	8	7	6	21	42	50,00%
keine Angabe	1	1	2	4	42	9,52%
	12	14	16	42		100,00%

52. Frage:
Was darf eine solche
Überprüfung kosten?

Fixe Pauschale   77%

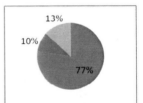

Frage / Antwort	H1	H2	H3	Gesamt	Basiszahl	Prozent
Fixe Pauschale	7	9	8	24	31	77,42%
Nach tatsächlich geleisteter Arbeitszeit nach Stundensatz	1	1	1	3	31	9,68%
keine Angabe	1	1	2	4	31	12,90%
						100,00%

53. Frage:
Kosten für eine Über-
prüfung 1 Tag inklusive
Gütesiegel:
bis 500,--   39%
500 bis 1.000,--   32%

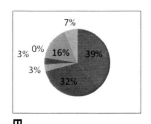

Frage / Antwort	H1	H2	H3	Gesamt	Basiszahl	Prozent
Bis Euro 500,--	3	5	4	12	31	38,71%
Euro 500,-- bis 1.000,--	3	4	3	10	31	32,26%
Euro 1.000,-- bis 1.500,--	0	1	0	1	31	3,23%
Euro 1.500,-- bis 2.000,--	0	0	1	1	31	3,23%
Mehr als Euro 2.000,--	0	0	0	0	31	0,00%
keine Angabe	2	1	2	5	31	16,13%
gar nichts	1	0	1	2	31	6,45%
						100,00%

4.4. Gesamtergebnis Hotelsterne - Hotel

Es stellt sich heraus, dass die Hotelbetreiber positiv eingestellt sind zu den Hotelsternen als Orientierungshilfe für Qualität. Sie sind der Meinung die Kategorisierung
mittels Hotelsternen hat auch heute noch ihre Berechtigung. Ausreichende Kriterien
und ausreichende Überprüfungen sind scheinbar nicht mehr eindeutig gegeben.
Handlungsbedarf besteht im 4-Sterne Segment, es sind bereits Ansätze vorhanden
indem 4-Sterne-Superior eingeführt wurde.
4-Sterne-Superior und 5-Sterne Hotels unterliegen einem Mystery Check Test und
die Überprüfungskriterien sind bereits überarbeitet und erneuert.

Hotelsterne Österreich / Quelle: www.hotelsterne.at/index.php

4.4.1. Einzelergebnis Hotelsterne - Hotel

Hotelsterne sind für den größten Teil der Hoteliers zeitgemäß und eine sinnvolle Orientierungshilfe für Qualität, dies zeigt das Umfrageergebnis, eine Quote von 71% bei 31 Befragten.

Die Kriterien und Überprüfungen reichen für 39% der Befragten NICHT aus!

Nur 48% sind der Meinung dass die Überprüfungen und Kriterien ausreichend sind und das bezieht sich am ehesten auf die 5-Sterne-Hotels.

Vier Befragte gaben an im 4-Sterne Bereich liegt die Problematik.

Befragungsergebnis:

Sind Ihrer Meinung nach die Hotelsterne:

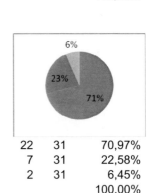

zeitgemäß

JA   71%

Ja	4	9	9	22	31	70,97%
Nein	3	1	2	6	31	19,35%
keine Angabe	2	1	0	3	31	9,68%
						100,00%

Hotelsterne als sinnvolle Orientierungshilfe für Qualität

JA   71%

Ja	4	9	9	22	31	70,97%
Nein	3	2	2	7	31	22,58%
keine Angabe	2	0	0	2	31	6,45%
						100,00%

Die Kriterien und Über-
prüfungen bei den Hotel-
sternen ausreichend

JA   48%

Ja	3	7	5	15	31	48,39%
nein	4	3	5	12	31	38,71%
keine Angabe	1	1	1	3	31	9,68%
bei 5 Sterne ja	1	0	0	1	31	3,23%
						100,00%

Zusatzantwort 4 Befragte:
Problem 4 Sterne-
Bereich:
13%
Dazu nicht befragt: 87%

Problem liegt im 4 Sterne Segment	1	0	3	4	31	12,90%
nicht befragt:						87,10%
						100,00%

4.5. Gesamtergebnis Mindestanforderung SPA (Hotel)

Ein Minimum im Spa ist für den größten Teil der befragten Hotelbetreiber:

- ✓ Eigener SPA-Empfang/Rezeption
- ✓ Schwimmbad innen
- ✓ Whirlpool
- ✓ Sauna
- ✓ Dampfbad
- ✓ Kneippbecken
- ✓ Kosmetik-/Beautyabteilung

- ✓ Gymnastikraum
- ✓ Fitnessraum mit Geräten
- ✓ Freiluftbereich
- ✓ Tageslicht im gesamten Spa- und Behandlungsbereich
- ✓ Geschultes Fachpersonal
- ✓ Anwendungsangebote

Ganz deutlich ist die Meinung zur Sauna und zum geschulten Fachpersonal, hier sind sich alle Hoteliers einig, das ist ein MINIMUM! Zur Anzahl der Saunen bestehen sehr geteilte Meinungen. Die Antworten sind unterschiedlich und reichen von 1 bis mehr als 5 Saunen als Minimum.

Außenschwimmbad ist eher eine Mindestanforderung, jedoch bei Größe und Wassertemperatur teilen sich die Meinungen.

Schwimmbad innen, Mindestgröße von mehr als 5 x 10 m, Wassertemperatur 27 bis 30 Grad gibt die überwiegende Mehrheit als „minimum" im SPA an.

Anzahl der Therapieräume Meinungen von „1 – 2 Räume" , „3 – 5 Räume" , „mehr als 5 Räume", keine überwiegende Mehrheit zu einer Antwort zu erkennen.

Ganz ähnlich bei der Anzahl der Ruheräume, von „1 Ruheraum", „2 – 3 Ruheräume" und „mehr als 3 Ruheräume".

„Pro 2 Hotelgäste eine Ruheliege" als „minimum" im SPA.

Anwendungsangebot keine eindeutige Meinung, von 1 bis mehr als 40 Anwendungen wurde alles angegeben. Eine geringe Tendenz zu 31 bis 40 Anwendungen lässt sich erkennen.

4.5.1. Einzelergebnis Mindestanforderung SPA (Hotel)

Ein Minimum im Spa ist:

- Eigener SPA-Empfang/Rezeption
- Schwimmbad innen
- Whirlpool
- Sauna
- Dampfbad
- Kneippbecken
- Kosmetik-/Beautyabteilung
- Gymnastikraum

- Fitnessraum mit Geräten
- Freiluftbereich
- Tageslicht im gesamten Spa- und Behandlungsbereich
- Geschultes Fachpersonal
- Anwendungsangebote

Diese Anforderungen sind für jeweils über 70% der Befragten ein „minimum" im SPA-/Wellnessbereich.

Es ist zu bemerken, dass bei Sauna und geschultem Fachpersonal die Quote jeweils bei 100% liegt! Ohne Sauna und ohne geschultes Fachpersonal ist für die Hotelbetreiber ein SPA nicht denkbar.
Immerhin 60% aller Befragten gaben an, dass ein Schwimmbad außen und eine Infrarot Kabine ebenfalls vorhanden sein muss.

Das Schwimmbad außen mit einer Größe von mehr als 5 x 10 m betrachten 52% der Befragten als Mindeststandard und die Temperatur des Wassers zwischen 27 und 30 Grad ist für 39% optimal.

Als Zusatzantwort wurde noch angegeben, dass die Wassertemperatur des Außenpools den Jahreszeiten (Sommer/Winter) angepasst werden soll und hier verschiedene Temperaturbereiche angeboten werden sollten. Im Sommer kühler und im Winter wärmer sollte beachtet werden.

Ein Schwimmbad innen mit einer Mindestgröße von mehr als 5 x 10 m und einem Temperaturbereich des Wassers von 27 bis 30 Grad bezeichnet eine überwiegende Mehrheit als „minimum" im SPA.

Eindeutige Aussage „JA" zur Sauna im SPA, lediglich bei der Anzahl der Saunen ist keine eindeutige Tendenz zu verzeichnen. Die Meinungen gehen von „1 Sauna genügt" bis zu „mehr als 3 Saunen sind notwendig". Der größte Teil gab an 2 – 3 Saunen sind optimal und ein „minimum" im SPA (jedoch auch hier knapp unter 50%).

Aromaduschen als „minimum" im SPA sind sich knapp über 55% der befragten Hoteliers einig.

Auch bei der Anzahl der Therapieräume gehen die Meinungen von „1 – 2 Räume" über „3 – 5 Räume" hin zu „mehr als 5 Räume". Auch hier wieder die „goldene Mitte" von der Mehrheit angegeben: 3 bis 5 Räume bezeichnen knapp unter 50% der Befragten als „minimum".

Bei der Anzahl der Ruheräume stellt sich ein ähnliches Bild dar. Die Aussagen schwanken von „1 Ruheraum", „2 – 3 Ruheräume" und „mehr als 3 Ruheräume". Hier ebenfalls wieder knapp unter 50% der Befragten empfinden 2 – 3 Ruheräume als „minimum" im SPA.

„Pro 2 Hotelgäste eine Ruheliege" finden 60% in Ordnung und 22% geben an „weniger" ist genug. Für jeden Hotelgast eine Ruheliege als „minimum" im SPA können sich immerhin noch 21% der Hoteliers vorstellen.

Zur Anzahl der Anwendungen, dem Anwendungsangebot lässt sich keine eindeutige Meinung erkennen. Von 1 bis mehr als 40 Anwendungen ist alles möglich in den Augen der Hoteliers. 26% der Befragten gaben an ein Anwendungsangebot von 31 bis 40 Anwendungen ist ein „minimum".

4.6. Gesamtergebnis Gütesiegel (Hotel)

Fast 70% aller befragten Hotelbetreiber wünscht sich ein einheitlich allgemein gültiges Gütesiegel für SPA/Wellness.
Hier ist eindeutiger Bedarf gegeben, der Wunsch nach einheitlichen Kriterien ist sehr groß!
Dieses Ergebnis ist interessant, da über 70% der Meinung sind, dass es schon heute möglich ist die **Qualität eines Wellness-/SPA-Bereichs** klar zu erkennen und zwar an folgenden Kriterien:

- ✓ Fachliche Kompetenz der Mitarbeiter
- ✓ Sauberkeit
- ✓ Ausstattung im SPA
- ✓ Angebot
- ✓ Atmosphäre
- ✓ Geschultes Personal
- ✓ Am Gütesiegel „Best Health"
- ✓ Versprechen einhalten
- ✓ Aufmerksamkeit

- ✓ Erfahrung
- ✓ Spezialisierung
- ✓ Platzaufteilung
- ✓ Gästebewertungen Internet

Diese Antworten wurden frei gewählt und selbst formuliert von den Befragten angegeben, die Frage lautete nur „Woran erkennt man die Qualität eines Wellness-/SPA-Bereichs?".
Es gaben 31 Befragte dazu 53 Antworten, diese 53 Antworten sind als Basiszahl für die Auswertung herangezogen worden.

4.6.1. Einzelergebnis Gütesiegel (Hotel)

Fast 70% aller befragten Hotelbetreiber möchte ein einheitliches allgemein gültiges Gütesiegel für Wellness-/SPA.
Verschwindend gering unter 30% diejenigen die nicht dafür sind und der Rest machte zu dieser Frage keine Angabe.

<u>Das Ergebnis im Detail:</u>

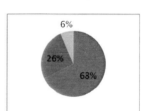

Wollen Sie als Spa Betreiber ein einheitliches allgemein gültiges Gütesiegel?

JA   68%

Ja	6	10	5	21	31	67,74%
Nein	2	1	5	8	31	25,81%
keine Angabe	1	0	1	2	31	6,45%
						100,00%

4.7. Gesamtergebnis Gütesiegel in Kombination Hotelsterne (Hotel)

Kein eindeutiges Ergebnis zu Gütesiegel in Kombination mit den Hotelsternen.

Wie ein einheitliches Gütesiegel für SPA aussehen könnte und wer die Zertifizierung durchführen könnte, gibt es keine eindeutige Tendenz.

Bei dieser Frage waren Mehrfachnennungen möglich und es gab dazu von den 31 befragten Hoteliers 70 Antworten.

Diese wurden als Basiszahl zur Auswertung herangezogen. Wobei anzumerken ist, dass 8 Befragte dazu keine Angabe machten.

Am ehesten vorstellbar ist für die Hoteliers eine anonyme Überprüfung (Mystery Check) externer Beauftragter (knapp unter 30%).

Als nächste Möglichkeit könnte eine Überprüfung und Zertifizierung in Kombination mit den Hotelsternen für knapp 25% in Betracht gezogen werden.

Etwas über 20% sind der Meinung eine Überprüfung mit Voranmeldung und folgender Beratung ist ideal.

Ein eindeutiges Gesamtergebnis Überprüfung in Kombination mit Hotelsternen lässt sich hier nicht erkennen.

4.7.1. Einzelergebnis Gütesiegel in Kombination Hotelsterne (Hotel)

Eine Überprüfung Wellness-/SPA in Kombination mit den Hotelsternen ist für die Hoteliers nicht vorstellbar.

Ein geringer Prozentsatz, unter 30%, kann sich das vorstellen.

Ergebnis im Detail:

Wie könnte so ein einheitliches Gütesiegel aussehen und wer könnte die Zertifizierung durchführen?

Mystery Check extern   29%

Überprüfung und Zertifizierung in Kombination mit den Hotelsternen	4	8	5	17	70	24,29%
Zertifizierung über Kundenbewertungen im Internet	1	1	3	5	70	7,14%
Zertifizierung über Kundenbewertung / Fragebogen für jeden Gast / Auswertung über unabhängiges Institut	1	1	5	7	70	10,00%
Anonyme Überprüfung (Mystery Check) externer Beauftragter	5	7	8	20	70	28,57%
Überprüfung mit Voranmeldung und folgender Beratung	4	7	5	16	70	22,86%
Zertifizierung durch neue Institution mit komplett neuer Marke	2	1	2	5	70	7,14%

4.8. Gesamtergebnis Erwartungen Gütesiegel (Hotel)

Zur Frage „wer könnte die Zertifizierung für Wellness-/SPA durchführen?" standen folgende Auswahlmöglichkeiten zur Wahl:
- ✓ Öffentliche Prüfanstalt (wie z.B. Land)
- ✓ Fachverband (wie z.B. Wirtschaftskammer)

- ✓ Private Anbieter
- ✓ Kombination Öffentlich/Fachverband/Privat
- ✓ Kunde (Fragebogen an jeden Gast und Auswertung über unabhängiges Institut)
- ✓ Internetplattform (Gästebewertung)

In diesem Ergebnis wurden von 31 Befragten 39 Antworten gegeben, 8 Befragte machten keine Angabe. Es waren Mehrfachnennungen möglich und als Basiszahl wurden die 39 Antworten zur Ergebnisfindung herangezogen.

Es lässt sich eine deutliche Tendenz zu

„Öffentlich/Fachverband/Privat" als Kombination

erkennen (knapp über 40% aller Antworten).

Eine Zertifizierung über den Fachverband können sich weitere 30% vorstellen.

Verschwindend gering die Auswahl der weiteren Möglichkeiten wie Internetplattform, Fragebogen an Gäste, Öffentliche Prüfanstalt oder Private Anbieter (je unter 10%).

Eindeutige Erwartungen haben die Hoteliers nicht von einem einheitlichen allgemein gültigen Gütesiegel für SPA.

Am ehesten erwarten sie sich eine transparente Qualität.

4.8.1. Einzelergebnis Erwartungen Gütesiegel (Hotel)

Knapp 70% aller Hotelbetreiber wollen ein einheitliches allgemein gültiges Gütesiegel.
Sie verbinden damit folgende Erwartungen:

- ✓ Transparente Qualität
- ✓ Verbesserung der Marketingsituation
- ✓ Einheitliche Kriterien
- ✓ Klare Aussagen

✓ Vergleich zum Mitbewerber

✓ Regelmäßige Qualitätskontrollen

Transparente Qualität mit einem Ergebnis von 22% liegt knapp an erster Stelle bei den Erwartungen.

Ansonsten gleichmäßige Verteilung der Antworten.

Zusatzantworten bezüglich Erwartungen an ein einheitliches Gütesiegel:

✓ Ein Befragter gab an, für ihn als Unternehmer ist das nicht interessant, wohl aber für die Gäste.

✓ Zwei der Befragten sind der Meinung ein einheitliches Gütesiegel gibt dem Gast bessere Vergleichbarkeit.

✓ Ein Befragter erwartet sich von einem einheitlichen Gütesiegel auch als kleines SPA-Hotel eine Chance zu bekommen.

✓ Drei Befragte machten keine Angabe zu Erwartungen Gütesiegel einheitlich

4.9. Gesamtergebnis - Durchführung Gütesiegel (HOTEL)

Bei einer Zertifizierung zu einem einheitlichen allgemein gültigen Gütesiegel sollten folgende Punkte im Kriterienkatalog enthalten sein (Ergebnis Befragung 31 Hotelbetreiber):

✓ Hardware (Architektur, Bauliches, Ambiente, Größe…)

✓ Größe und Anzahl der Wasserwelten allgemein

✓ Größe und Anzahl der Pools

✓ Größe SPA im Verhältnis zu den Hotelbetten

✓ Größe und Anzahl der Saunen

✓ Größe und Anzahl Dampfbad

✓ Größe der Ruheräume im Verhältnis zu den Hotelbetten

✓ Ausstattung und Alter der Einrichtungen und Geräte

✓ Software (Personal, Angebot…)

✓ Qualifikation und Ausbildung der Mitarbeiter

✓ Service (Freundlichkeit, Beratung)

✓ Äußeres Erscheinungsbild der Mitarbeiter

✓ Angebot und Qualität der Behandlungen

✓ Besonderheiten – individuelle Angebote, spezielle Küche etc.

✓ Hygiene, Sauberkeit

Bei diesen Kriterien liegt die Ergebnisquote jeweils bei über 60%.

Eine Überprüfung können sich die Hotelbetreiber am ehesten über Mystery Check vorstellen mit externen Beauftragten.

Als nächste Möglichkeit wird eine Überprüfung in Kombination mit der Hotelsternen angegeben.

Lediglich ein Befragter hatte eine Idee zu einer neuen Marke. Er könnte sich vorstellen Balken oder Sonnen in einem System wie bei der Internet-Hotelbewertung „Holidaycheck".

Eine Kombination „Öffentlich/Fachverband/Privat" als Zertifikat-Herausgeber und Überprüfer ist für mehr als 40% der Hoteliers denkbar.

Etwas über 30% können sich eine Zertifizierung zu einem neuen einheitlichen Gütesiegel über den Fachverband (Wirtschaftskammer) vorstellen.

4.9.1. Einzelergebnis - Durchführung Gütesiegel (HOTEL)

Bei einer Zertifizierung zu einem einheitlichen allgemein gültigen Gütesiegel sollten folgende Punkte im Kriterienkatalog enthalten sein:

Was soll überprüft werden:

Hardware (Architektur, Bauliches, Ambiente, Größe etc.)

JA   84%

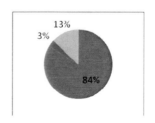

Ja	83,87%
Nein	3,23%
keine Angabe	12,90%
	100,00%

Größe und Anzahl Wasserwelten allgemein

JA   64%

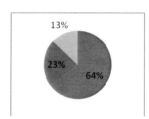

Ja	64,52%
Nein	22,58%
keine Angabe	12,90%
	100,00%

Größe und Anzahl Pools

JA   68%

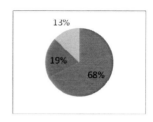

Ja	67,74%
Nein	19,35%
keine Angabe	12,90%
	100,00%

Größe Spa im Verhältnis zu Hotelbetten

JA   84%

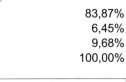

Ja	83,87%
Nein	6,45%
keine Angabe	9,68%
	100,00%

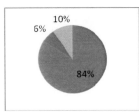

Größe und Anzahl Saunen

JA   84%

Ja	83,87%
Nein	6,45%
keine Angabe	9,68%

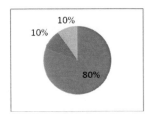

Größe und Anzahl Dampfbad

JA   80%

Ja	80,65%
Nein	9,68%
keine Angabe	9,68%
	100,00%

Größe Ruheräume im Verhältnis zu Hotelbetten

JA   84%

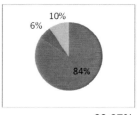

Ja	83,87%
Nein	6,45%
keine Angabe	9,68%
	100,00%

37. Frage:
Ausstattung und Alter der Einrichtungen und Geräte

JA   87%

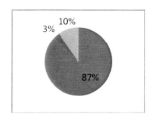

Ja	87,10%
Nein	3,23%
keine Angabe	9,68%
	100,00%

Sonstiges:
Zusatzantwort 2 Befragte:
Spezielle Angebote
=je 3,23 %

Nicht befragt: 94%

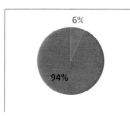

Spezielle Angebote im SPA
(Saftbar, Obstkorb, Handtuch-
service)

	3,23%
regionaltypische Angebote	3,23%
	6,45%
	93,55%
	100%

Software (Personal, Angebot etc.)

JA   94%

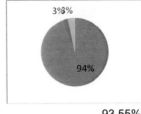

Ja	93,55%
Nein	3,23%
keine Angabe	3,23%
	100,00%

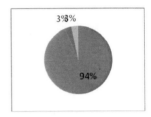

Qualifikation und Ausbildung der Mitarbeiter

JA   94%

Ja	93,55%
Nein	3,23%
keine Angabe	3,23%
	100,00%

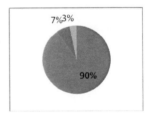

Service (Beratung, Freundlichkeit)

JA   90%

Ja	90,32%
Nein	6,45%
keine Angabe	3,23%
	100,00%

Äußeres Erscheinungs-
bild der Mitarbeiter

JA   97%

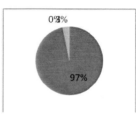

Ja	96,77%
Nein	0,00%
keine Angabe	3,23%
	100,00%

Angebot und Qualität der
Behandlungen

JA   94%

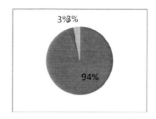

Ja	93,55%
Nein	3,23%
keine Angabe	3,23%
	100,00%

Besonderheiten, indivi-
duelle Angebote, speziel-
le Küche (gesunde
Ernährung) etc.
JA   74%

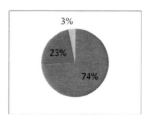

Ja	74,19%
Nein	22,58%
keine Angabe	3,23%
	100,00%

Hygiene, Sauberkeit

JA   97%

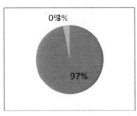

Ja	96,77%
Nein	0,00%
keine Angabe	3,23%
	100,00%

Auf was soll mehr Augenmerk liegen bei einer Überprüfung:

Beides (Hardware und Software gleich):   71%

Hardware	3,23%
Software	22,58%
Beides gleich	70,97%
keine Angabe	3,23%
	100,00%

Gleichermaßen auf Hardware und Software sollen die Überprüfungen ausgerichtet sein. Software – Überprüfung spielt ebenfalls eine große Rolle.

Als nächste Möglichkeit wird eine Überprüfung in Kombination mit der Hotelsternen angegeben. Detailergebnisse wie folgt:

Wie könnte so ein einheitliches Gütesiegel aussehen und wer könnte die Zertifizierung durchführen?

Mystery Check extern   29%

Überprüfung und Zertifizierung in Kombination mit den Hotelsternen	24,29%
Zertifizierung über Kundenbewertungen im Internet	7,14%
Zertifizierung über Kundenbewertung / Fragebogen für jeden Gast / Auswertung über unabhängiges Institut	10,00%
Anonyme Überprüfung (Mystery Check) externer Beauftragter	28,57%
Überprüfung mit Voranmeldung und folgender Beratung	22,86%
Zertifizierung durch neue Institution mit komplett neuer Marke	7,14%

| 17 | 25 | 28 | 70 | 100,00% |

Sonstiges / Zusatzantwort:
Ein Befragter gab als zusätzliche Antwort an, dass der Kunde
heute nicht das Kriterium ist, zu individuell - ohne danach
befragt worden zu sein. Diese interessante Meinung ist für die
Auswertung ebenfalls nicht relevant.

keine Angabe	9,68%
Kunde ist nicht Kriterium heute,	
zu individuell	3,23%
nicht befragt	87,10%
	100,00%

Wie könnte eine neue Marke ausse-
hen?
Zur neuen Marke machten 97%
keine Angabe, nur 1 Befragter
machte unten angeführten Vor-
schlag

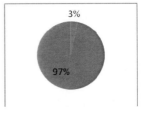

Balken/Sonnen wie bei Holidaycheck

	3,23%
	96,77%
	100,00%

Wer könnte die Zertifizierung durchführen?
Basiszahl 39, es waren mehrere Antworten möglich!

Kombination Öffent-lich/Fachverband/Privat   41%

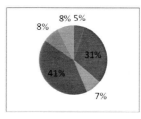

Öffentliche Prüfanstalt (wie z.B. Land)	5,13%
Fachverband (wie z.B. Wirt-schaftskammer)	30,77%
Private Anbieter	7,69%
Kombination Öffent-lich/Fachverband/Privat	41,03%
Kunde (Fragebogen an jeden Gast und Auswertung über unabhängiges Institut)	7,69%
Internetplattform (Gästebewer-tung)	7,69%
	100,00%

Sonstiges / Von den 31 Befragten machten 8 keine Angabe zu oben genannter Frage!

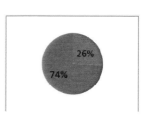

keine Angabe	3	2	3	8	31	25,81%
						74,19%
						100,00%

4.10. Gesamtergebnis Kosten Gütesiegel (Hotel)

Eine Überprüfung soll nach fixer Pauschale verrechnet werden.

Die Kosten dafür werden mit bis zu Euro 500,-- von knapp unter 40% der Befragten angegeben.

Kostenpunkt zwischen Euro 500,-- und 1.000,-- können sich knapp über 30% aller Befragten vorstellen.

Eine Überprüfung darf 1 bis 2 Tage dauern ist die Meinung von über 50% aller Befragten.

Bei Nichterfüllung der Kriterien wünschen sich die Hälfte der befragten Hoteliers Beratung und Betreuung.

4.10.1. Einzelergebnis Kosten Gütesiegel (Hotel)

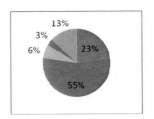

Dauer der Überprüfung:
1 bis 2 Tage   55%

Bis 1 Tag	22,58%
1 – 2 Tage	54,84%
Mehr als 2 Tage	6,45%
Laufende Überprüfungen	3,23%
keine Angabe	12,90%
	100,00%

Nichterfüllung der Kriterien:

Beratung u. Betreuung 50%

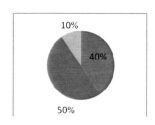

Auflagenkatalog und neuerlicher Termin   40,48%
Beratung und Betreuung   50,00%
keine Angabe   9,52%
100,00%

Was darf eine solche Überprüfung kosten?

Fixe Pauschale   77%

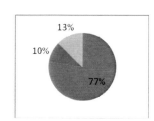

Fixe Pauschale   77,42%

Nach tatsächlich geleisteter Arbeitszeit nach Stundensatz   9,68%
keine Angabe   12,90%
100,00%

Kosten für eine Überprüfung 1 Tag inklusive Gütesiegel:
bis 500,--   39%
500 bis 1.000,--   32%

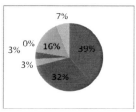

Bis Euro 500,--   38,71%
Euro 500,-- bis 1.000,--   32,26%
Euro 1.000,-- bis 1.500,--   3,23%
Euro 1.500,-- bis 2.000,--   3,23%
Mehr als Euro 2.000,--   0,00%
keine Angabe   16,13%
gar nichts   6,45%
100,00%

5. Marktforschung HOTEL STATISTIK

5.1. Zusammenfassung (Hotel Statistik)

Themenschwerpunkte sind beliebt in den Hotels, gerne spezialisieren sie sich auf Wellness. Wellness in Kombination mit Romantik, Kur, Ernährung, Ruhe und Natur, Familie ist ein erkennbarer Trend.

Über durchschnittlich 50 bis 100 Zimmer im Hotel verfügt der Großteil der befragten Hoteliers.

Der Wellnessbereich beträgt bei den meisten Hotels über 1.000 m², teilweise über 2.000 m².

Die Anzahl der Behandlungsräume im Spa liegt durchschnittlich bei 6 bis 10 Räumen.

Die gesamte Wellnessanlage ist meist zwischen 1.000 und 2.000 m² groß und größer.

Die reine Spa Thermalfläche (Sauna, Dampfbad, Laconium) ist in der Größenordnung bis 500 m².

Der Beauty- und Spabehandlungbereich ist meist ebenfalls bis 500 m² groß.

Im Vergleich zu der gesamten Wellnessanlage teilt sich die Gesamtfläche in ¼ der Fläche Spa-Thermalfläche (Sauna, Dampfbad, Laconium etc.) ¼ der Fläche Beauty- und Behandlungsbereich und die restliche Fläche nehmen Pools, Duschen, Ruheräume etc. ein.

Die Mitarbeiteranzahl ist sehr unterschiedlich, reicht von 1 Mitarbeiter bis über 10 Mitarbeiter. Ausschließlich externe Mitarbeiter beschäftigt ein befragter Hotelier.
In 18 der befragten Betriebe gibt es einen Spa Manager.

Es werden durchschnittlich 11 bis über 50 Behandlungen pro Tag in den Betrieben durchgeführt.
Die durchschnittlichen Kosten für eine Spa Behandlung liegen bei Euro 21,-- bis Euro 60,--.

Als Profitcenter führen fast die Hälfte der Hotelbetreiber ihren Spa.

Ein großer Teil des Umsatzes kommt über den Verkauf von Behandlungen zustande.

Day Spa Gäste, Spa Members gibt es in den Hotels zwar, der Anteil ist jedoch verschwindend gering.

Der Verkauf von Spa Produkten ist ebenfalls verschwindend gering.

Der Umsatz des Spa wird hauptsächlich über die Hotelgäste bewerkstelligt. Tagesgäste gibt es in den wenigsten Hotels.

Personalkosten im Spa nehmen im Vergleich zu den Gesamtpersonalkosten im Hotel höchstens bis maximal 20% ein. Ein ganz geringer Anteil gibt mehr als 40% Personalkosten im Vergleich zu den Gesamtpersonalkosten im Hotel an.

Die Tendenz zu Umbau, Erweiterung, Erneuerung ist stark vorhanden. Bei sehr vielen bereits in absehbarer Zeit, wie z.B. die nächsten 6 Monate oder etwas später.

5.2. Schlussfolgerung und Empfehlung (Hotel – Statistik)

Es zeigt sich, dass der Themenschwerpunkt „Wellness" sehr beliebt ist.

Viele Kombinationen sind daraus auch entstanden wie z.B. „Sport&Wellness", „Wellness&Kur", Wellness&Ruhe&Natur", „Sport&Wellness&Business&Familie", „Familie&Sport&Wellness&Gourmet" und viele mehr.

Die Frage ist, ob bei zu vielen Kombinationen noch eine Spezialisierung zu erwarten ist, was hier dann gelebt ist und wo wir das „Besondere" wirklich finden.
Sind es die Bedürfnisse der Zielgruppen die das jeweilige Hotel ansprechen will?
Diese Fragen beantworten eindeutig die Kunden, die zu Stammkunden werden oder nach dem ersten Aufenthalt nach etwas anderem suchen.

Die Wellnessbereiche stellen sich als sehr großzügig heraus. Im Vergleich zur durchschnittlichen Zimmeranzahl mit 50 bis 100 werden Wellnessbereich von 1.000 bis über 2.000 m² geboten.

Bei den Behandlungsräumen mit einem Durchschnitt von 6 bis 10 Räumen ist ein gutes Angebot gegeben.

Bis 500 m² Saunabereich, Dampfbad, Laconium und nochmal die gleiche Fläche für Beauty- und Behandlungsräume ergibt eine gute Aufteilung des gesamten Spabereiches.

Die Mitarbeiteranzahl von 1 bis mehr als 10 Mitarbeiter ist sehr breit gefächert und hier müsste man genauer darauf eingehen welche Qualifikationen geboten werden und in welchen Bereichen diese eingesetzt werden. Die Anzahl alleine ergibt kein wirkliches Ergebnis zu einer Schlussfolgerung.

Mehr als die Hälfte der befragten Hoteliers beschäftigen bereits einen Spa Manager.

Bei der Durchführung der Behandlungen von 1 bis über 50 mit keiner klaren Tendenz zu einer definitiven Anzahl lassen ebenfalls keine Schlüsse auf die Auslastung zu. Hier müsste noch genauer und detaillierter darauf eingegangen werden.

Da der Spa bei fast 50% als Profitcenter geführt wird lässt sich schon ein neuer Trend erkennen. Wellness und Spa ist nicht mehr das Zusatzangebot, damit mehr Hotelbetten verkauft werden. Zukünftig wird mehr Augenmerk darauf liegen den Spa auch profitabel zu führen. Mit Hilfe eines guten Spa Manager ist das sehr realistisch.

Die Preise für Behandlungen sind durchschnittlich im unteren Bereich bei Euro 21,-- bis 60,-- angegeben. Hier könnte noch aufgeholt werden durch Spezialisierung.

Behandlungen nehmen den eindeutig größten Teil des Umsatzes im Spa ein, Eintritte, Tagesgäste, Mitglieder verschwindend gering bewegen sich hier die Umsätze.

Der Umsatz bei Spa Produktverkauf ist von 0 bis 10% nicht erhebend.
Interessant wäre hier weshalb die Umsätze in diesem Bereich nicht höher sind.
Der Umsatz im Spa wird zum größten Teil über die Hotelgäste abgedeckt.
Es ist nicht verwunderlich, denn wie schon oben erwähnt gibt es nur eine verschwindend geringe Anzahl von Tagesgästen und Mitgliedern.

47% der befragten Hoteliers geben an gar keine Tagesgäste und Mitglieder in ihrem Spa zu verzeichnen.

Möglicherweise ist diese Haltung gewollt, denn viele Hotelgäste fühlen sich durch Tagesgäste gestört.

Nicht jede Wellness-Anlage ist baulich und von der Ausstattung her geeignet Tagesgäste aufzunehmen.

Es ist zu bedenken, dass beim Betrieb mit Tagesgästen an die gesamte Hardware (Duschen, Umkleiden, Eingänge etc.) andere Anforderungen gestellt sind.

Auch im Softwarebereich (Einsatz des Personals) stellen sich andere Anforderungen wenn zusätzlich zu Hotelgästen Tagesgäste den Spa nutzen.

Im Ergebnis liegen die Personalkosten im Spa im Vergleich gesamtes Hotel im unteren Bereich.

Sehr viele Wellness-Anlagen werden in nächster Zukunft erweitert, erneuert oder umgebaut.

Diese Haltung zeigt, dass die Hotelbetreiber innovativ handeln, sich mit Wellness identifizieren und den Kunden einiges bieten wollen.

Meine Empfehlung und mein Apell an die Hotelbetreiber, bei all den guten Gedanken und Taten eine schöne, neue, perfekte Hardware zu bieten bitte auf die Software (das Personal) nicht vergessen!

Denn es hilft die modernste, größte, schönste Spa-Anlage gar nichts, wenn beim Personal gespart wird, das Personal zu wenig qualifiziert ist – der Kunde will sich wohlfühlen und da gehört alles zusammen.

Kundenwünsche zu erforschen und „echtes" Wohlfühlerlebnis im Wellness/SPA anzubieten!

Nach dem Motto:

Körper, Geist und Seele

5.3. Detailergebnisse

5.3.1. Vorgangsweise (Hotel Statistik)

- ✓ Erstellung der Fragebögen
- ✓ Heraussuchen von Hotels ab 4 Sterne über Internet, herausfinden der Besitzer oder Geschäftsführer
- ✓ Erstkontakt per Mail mit persönlicher Anrede des Zuständigen (Hotelbesitzer oder Geschäftsführer)
- ✓ Es wurden 189 Hotels angeschrieben
- ✓ Im ersten Kontaktmail: Vorstellung meiner Person, Ausbildungsstand und Zweck der Befragung, mit der Bitte einen Fragebogen senden zu dürfen und danach Terminvereinbarung zur telefonischen Befragung
- ✓ Durchführung der Befragung telefonisch oder vereinzelt auch durch Selbstausfüllen und Zusendung per Fax (jedoch immer zuvor telefonischer persönlicher Kontakt und Erläuterung der Fragen)
- ✓ Zusätzliche Antworten wurden vermerkt und in die Auswertung des Fragebogens aufgenommen
- ✓ Es waren dies ausschließlich Fremdbefragungen, die auf das erste Kontaktmail geantwortet haben (wobei ca. 150 der Hotels ein zweites Mal angeschrieben wurden, da nach dem ersten keine Antwort kam)
- ✓ Insgesamt wurden 30 Befragungen zur Statistik durchgeführt

5.3.2. Fragenkatalog (Hotel)

Der Fragebogen zur Statistik umfasst Fragen zu den Themenblöcken
- ✓ Themenschwerpunkt im Hotel
- ✓ Größe Hotel, Anzahl Zimmer
- ✓ Größe Wellness-/Spabereich, Räume, Flächeneinteilung
- ✓ Spa Personal
- ✓ Behandlungsangebot
- ✓ Umsatz Hotel-/Tagesgäste/Produkte
- ✓ Planung Umbau, Erweiterung, Erneuerung

Die Fragen sind als „zur Statistik" im Fragenbogen „Marktforschung Hotel" gekenn-
zeichnet und am Ende des Fragebogens zu finden.
Insgesamt sind es 21 Fragen zur Statistik.

Der gesamte Fragebogen findet sich im Anhang unter:

Fragebogen zur Marktanalyse HOTEL   Anhang 1

5.3.3. Erklärung Auswertung Marktforschung Tabelle (Hotel-Statistik)

Auswertung der Fragebögen in Excel Tabellen:

Erstellung Tabellen in Excel:

- ✓ Eintrag auf anonymer Basis (Nummerierung am Original-Fragebogen und Übernahme der Zahl in die Tabelle – „Hotel 1 bis Hotel 30")
- ✓ Zu den Fragen stehen folgende Antwortmöglichkeiten zur Wahl: „Ja / Nein / Keine Angabe"
- ✓ Ein Teil der Antworten ermöglicht eine Auswahl unter mehreren Möglichkeiten
- ✓ Bei einem Teil der Fragen gibt es die Möglichkeit mehrere Antworten anzu-kreuzen
- ✓ Ein weiterer kleiner Teil der Fragen bietet die Möglichkeit individuelle Antwor-ten zu formulieren.
- ✓ Jede Frage wird eingetragen und mit einem Wert 1 für Beantwortung und Wert 0 für keine Antwort zur jeweiligen Antwortmöglichkeit eingetragen.

Die Auswertung in den Tabellen erfolgte:

- ✓ Die eingetragenen Werte (0 oder 1) wurden addiert und stellen das Ergebnis dar.
- ✓ Summen wurden jeweils in der letzten Spalte der jeweiligen Tabelle gebildet und als „gesamt" bezeichnet.

Erreichen der Prozentquote:

- ✓ Die Basiszahl ist die Anzahl der Befragungen bei vorgegebenen Antworten, wo es nur eine Antwortmöglichkeit gibt.

- ✓ Bei <u>mehreren</u> Möglichkeiten zur Beantwortung wurde jeweils die <u>Summe aller Antworten</u> als Basiszahl genommen, um das Ergebnis in Prozent ausrechnen zu können.
- ✓ Bei Antwortmöglichkeiten die mit <u>einer</u> Antwortauswahl zu beantworten sind, z.B. „Ja/Nein/Keine Angabe", wurde das addierte Ergebnis (Summe aller Antworten) durch die Basiszahl(Summe der <u>Befragten</u>) dividiert um zu dem Prozentergebnis zu kommen.
- ✓ Bei <u>mehreren</u> Antwortmöglichkeiten wurde das addierte Ergebnis aller Antworten genommen zum jeweiligen Thema (Summe der Antworten) durch die Basiszahl (Summe aller Antworten zu dem Thema) dividiert um zum Prozentergebnis zu kommen. Genauso wurde vorgegangen bei individuellen Antwortmöglichkeiten, die gesamte Anzahl der Antworten wurde als Basiszahl genommen um zu der Prozentauswertung zu kommen.

5.3.4. GESAMTERGEBNIS AUSWERTUNG

Gesamtergebnis Statistik HOTEL

Auswertung aller Hotelbefragungen zur Statistik und Ergebnis in %.

Auf folgenden Seiten ist das Gesamtergebnis zur Statistik im Detail erfasst.

Erklärung:
StH1 = Summe der Befragungen aus Tabelle Hotel_Statistik1 bis Hotel_Statistik 8,
Gesamt = Summer aller Antworten zu jeweiliger Frage,
Basiszahl = Summe aller Befragungen

1. Frage:
   Gibt es in Ihrem Betrieb einen
   Themenschwerpunkt, eine
   Spezialisierung (wie z.B.
   „Kinder", „Sport", „Wellness",
   „Familie" etc.)?

   JA   83%

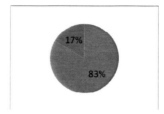

Frage	StH 1	StH2	StH3	StH4	StH5	StH6	StH7	StH8	Gesamt	Basiszahl	Prozent
Ja	3	4	2	3	3	4	4	2	25	30	83,33%
Nein	1	0	2	1	1	0	0	0	5	30	16,67%
											100,00%

2. Frage:
Wenn ja, welches Thema?

Wellness   24%

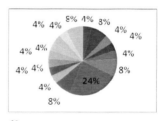

Frage	StH 1	StH2	StH3	StH4	StH5	StH6	StH7	StH8	Gesamt	Basiszahl	Prozent
Gourmet & Relaxhotel	1	0	0	0	0	0	0	0	1	25	4,00%
Sport & Wellness	1	0	0	0	0	0	1	0	2	25	8,00%
Pärchen ab 30 plus, kuscheln im Grünen	1	0	0	0	0	0	0	0	1	25	4,00%
Sport&Wellness&Business&Familie	0	1	0	0	0	0	0	0	1	25	4,00%
Wellness&Gourmet&Sport&Freizeitakt.	0	1	0	0	0	0	0	0	1	25	4,00%
Wellness & Kur	0	1	0	0	0	0	1	0	2	25	8,00%
Wellness	0	1	0	1	0	1	2	1	6	25	24,00%
Bio	0	0	1	0	0	1	0	0	2	25	8,00%
Wellness&Ruhe&Natur	0	0	1	0	0	0	0	0	1	25	4,00%
Familie&Sport&Wellness&Gourmet	0	0	0	1	0	0	0	0	1	25	4,00%
Familie & Wellness	0	0	0	1	0	0	0	0	1	25	4,00%
Bewegung ist Leben	0	0	0	0	1	0	0	0	1	25	4,00%
Prävention & Gewichtsreduktion	0	0	0	0	1	0	0	0	1	25	4,00%
Bioküche/Ernährung/Medical Wellness	0	0	0	0	1	0	0	0	1	25	4,00%
Wellness&Golf&Tennis&Seminar	0	0	0	0	0	1	0	0	1	25	4,00%
Wellness&Romantik	0	0	0	0	0	1	0	1	2	25	8,00%
											100,00%

3. Frage:
Wieviele Zimmer hat das Hotel?

50 bis 100 Zimmer   43%

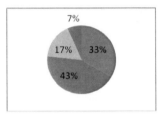

Frage	StH 1	StH2	StH3	StH4	StH5	StH6	StH7	StH8	Gesamt	Basiszahl	Prozent
Anzahl Zimmer											
bis 50 Zimmer	0	1	2	1	3	3	0	0	10	30	33,33%
50 bis 100 Zimmer	4	2	2	2	0	1	2	0	13	30	43,33%
101 bis 200 Zimmer	0	1	0	0	0	0	2	2	5	30	16,67%
mehr als 200 Zimmer	0	0	0	1	1	0	0	0	2	30	6,67%
											100,00%

4. Frage:
Wieviele m² hat der Wellnessbereich?

1001 bis 2000 m²   33%
über 2000 m²   30%

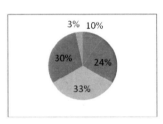

Frage	StH 1	StH2	StH3	StH4	StH5	StH6	StH7	StH8	Gesamt	Basiszahl	Prozent
Anzahl m²											
bis 500 m²	0	1	1	0	1	0	0	0	3	30	10,00%
500 bis 1000 m²	1	0	2	1	0	3	0	0	7	30	23,33%
1001 bis 2000 m²	2	1	1	1	2	0	2	1	10	30	33,33%
über 2000 m²	1	2	0	2	1	1	2	0	9	30	30,00%
keine Angabe	0	0	0	0	0	0	0	1	1	30	3,33%
											100,00%

5. Frage:
Wieviele Behandlungsräume gibt es (Räume für Anwendungen wie z.B. Massagen, Beauty-Kosmetik, etc.)?

6 bis 10   47%

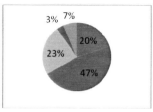

Frage	StH 1	StH2	StH3	StH4	StH5	StH6	StH7	StH8	Gesamt	Basiszahl	Prozent
Anzahl Räume											
1 bis 5	1	2	1	0	0	2	0	0	6	30	20,00%
6 bis 10	2	2	3	2	1	1	1	2	14	30	46,67%
10 bis 20	1	0	0	1	1	1	3	0	7	30	23,33%
20 bis 30	0	0	0	0	1	0	0	0	1	30	3,33%
mehr als 30	0	0	0	1	1	0	0	0	2	30	6,67%
											100,00%

6. Frage:
Wie ist die Flächeneinteilung im Wellnessbereich – die Spa Fläche (Thermalbereich wie Sauna, Dampfbad, Laconium etc. – jedoch ohne Ruheräume, Duschen, Pools etc.) zu den Spa Behandlungsbereichen (Beauty, Massage etc.) im Vergleich zur Gesamtanlage?

1001 bis 2000 m²   33 %

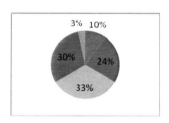

Frage	StH 1	StH2	StH3	StH4	StH5	StH6	StH7	StH8	Gesamt	Basiszahl	Prozent
Anzahl m² Gesamtanlage Wellness											
bis 500 m²	0	1	1	0	1	0	0	0	3	30	10,00%
501 bis 1000 m²	1	0	2	1	0	3	0	0	7	30	23,33%
1001 bis 2000 m²	2	1	1	1	2	0	2	1	10	30	33,33%
über 2000 m²	1	2	0	2	1	1	2	0	9	30	30,00%
keine Angabe	0	0	0	0	0	0	0	1	1	30	3,33%
											100,00%

7. Frage:
Anzahl m² Spa Fläche Thermal
(Sauna, Dampfbad, Laconium)

bis 500 m²   47%

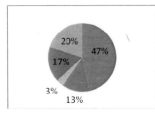

Frage	StH 1	StH2	StH3	StH4	StH5	StH6	StH7	StH8	Gesamt	Basiszahl	Prozent
bis 500 m²	3	2	1	0	2	4	2	0	14	30	46,67%
501 bis 1000 m²	0	0	3	0	0	0	0	1	4	30	13,33%
1001 bis 1500 m²	0	0	0	1	0	0	0	0	1	30	3,33%
über 1500 m²	0	1	0	2	1	0	1	0	5	30	16,67%
keine Angabe	1	1	0	1	1	0	1	1	6	30	20,00%
											100,00%

8. Frage:
Anzahl m² Beauty- und Spa
Behandlungsbereich

bis 500 m²   57%

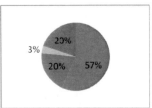

Frage	StH 1	StH2	StH3	StH4	StH5	StH6	StH7	StH8	Gesamt	Basiszahl	Prozent
bis 500 m²	2	3	4	2	2	4	0	0	17	30	56,67%
501 bis 1000 m²	1	0	0	0	1	0	3	1	6	30	20,00%
über 1000 m²	0	0	0	1	0	0	0	0	1	30	3,33%
keine Angabe	1	1	0	1	1	0	1	1	6	30	20,00%
											100,00%

9. Frage:
Wieviele Spa Mitarbeiter gibt es?

1 bis 5 Mitarbeiter   37%
mehr als 10 Mitarbeiter   33%

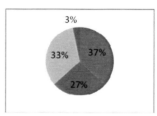

Frage	StH 1	StH2	StH3	StH4	StH5	StH6	StH7	StH8	Gesamt	Basiszahl	Prozent
Anzahl Mitarbeiter											
1 bis 5 MA	1	3	3	1	0	2	0	1	11	30	36,67%
6 bis 10 MA	2	1	1	1	2	1	0	0	8	30	26,67%
mehr als 10 MA	0	0	0	2	2	1	4	1	10	30	33,33%
ausschließlich externe Spa Mitarbeiter	1	0	0	0	0	0	0	0	1	30	3,33%
											100,00%

10. Frage:
Gibt es einen Spa Manager?

JA   60%

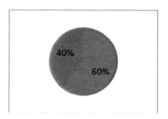

Frage	StH 1	StH2	StH3	StH4	StH5	StH6	StH7	StH8	Gesamt	Basiszahl	Prozent
Ja	3	1	2	2	2	3	3	2	18	30	60,00%
Nein	1	3	2	2	2	1	1	0	12	30	40,00%
											100,00%

11. Frage:
Wieviele Behandlungen werden pro Tag im Schnitt durchgeführt?

11 bis 20   20%
über 50   20%

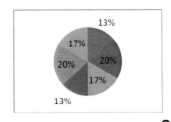

Frage	StH 1	StH2	StH3	StH4	StH5	StH6	StH7	StH8	Gesamt	Basiszahl	Prozent
Anzahl der Behandlungen/Tag											
1 bis 10	1	0	1	0	1	1	0	0	4	30	13,33%
11 bis 20	2	3	0	0	0	0	0	1	6	30	20,00%
21 bis 30	0	0	1	2	0	0	2	0	5	30	16,67%
31 bis 50	1	0	1	0	0	2	0	0	4	30	13,33%
über 50	0	0	0	1	2	0	2	1	6	30	20,00%
keine Angabe	0	1	1	1	1	1	0	0	5	30	16,67%
											100,00%

12. Frage:
Wird der Spa als Profitcenter geführt?

JA   47%
NEIN   40%

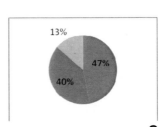

Frage	StH 1	StH2	StH3	StH4	StH5	StH6	StH7	StH8	Gesamt	Basiszahl	Prozent
Ja	1	0	2	4	2	1	3	1	14	30	46,67%
Nein	2	3	1	0	1	3	1	1	12	30	40,00%
keine Angabe	1	1	1	0	1	0		0	4	30	13,33%
											100,00%

13. Frage:
Was kostet im Durchschnitt eine Spa Behandlung?

Euro 41,-- bis 60,--   44%
Euro 21,-- bis 40,--   33%

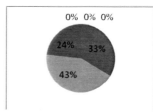

Frage	StH 1	StH2	StH3	StH4	StH5	StH6	StH7	StH8	Gesamt	Basiszahl	Prozent
Bis Euro 20,--	0	0	0	0	0	0	0	0	0	30	0,00%
Euro 21,-- bis 40,--	1	3	2	1	2	0	1	0	10	30	33,33%
Euro 41,-- bis 60,--	2	1	2	3	1	2	1	1	13	30	43,33%
Euro 61,-- bis 80,--	1	0	0	0	1	2	2	1	7	30	23,33%
Euro 81,-- bis 100,--	0	0	0	0	0	0	0	0	0	30	0,00%
Über Euro 100,--	0	0	0	0	0	0	0	0	0	30	0,00%
											100,00%

Zusatzantworten:

Massage Euro 21,-- bis 60,--	1	0	0	0	0	0	0	0	1	30	3,33%
Kosmetik Euro 81,-- bis 100,--	1	0	0	0	0	0	0	0	1	30	3,33%

14. Frage:
Wie verteilt sich der Umsatz in % des Spa zwischen Verkauf von Behandlungen (Massagen, Packungen, Beautybehandlung) zu Eintritte/Member Fee's von Day Spa Gästen/Spa Members und zum Verkauf von Spa Produkten?

Bei 70% der Befragten ergibt sich ein Umsatz aus dem Verkauf von Behandlungen im Vergleich zum Gesamtumsatz Spa zwischen 50 und 100%.

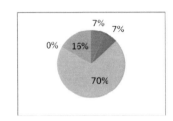

Frage	StH 1	StH2	StH3	StH4	StH5	StH6	StH7	StH8	Gesamt	Basiszahl	Prozent
Prozentanzahl Verkauf Behandlungen											
bis 30 %	0	0	1	0	0	0	0	1	2	30	6,67%
30 bis 50%	0	0	0	0	0	1	1	0	2	30	6,67%
50 bis 100 %	2	4	2	3	4	3	2	1	21	30	70,00%
100%	0	0	0	0	0	0	0	0	0	30	0,00%
keine Angabe	2	0	1	1	0	0	1	0	5	30	16,67%
											100,00%

15. Frage:
Prozentanzahl Eintritte/Member Fee's Day Spa Gäste/Spa Members

Bei 43% der Befragten ergibt sich 0% Umsatz von Tagesgästen im Vergleich zum Gesamtumsatz SPA. Bei 27% der Befragten kommen bis 30% des Gesamtumsatzes von Tagesgästen.

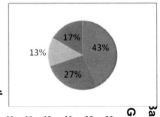

Frage	StH 1	StH2	StH3	StH4	StH5	StH6	StH7	StH8	Gesamt	Basiszahl	Prozent
0%	2	3	2	1	2	1	2	0	13	30	43,33%
bis 30 %	0	1	1	2	1	1	0	2	8	30	26,67%
31 bis 100 %	0	0	0	0	1	2	1	0	4	30	13,33%
keine Angabe	2	0	1	1	0	0	1	0	5	30	16,67%
											100,00%

16. Frage:
Prozentanzahl Verkauf Spa Produkte

**60% der Befragten erwirtschaften
0 bis 10% des Gesamtumsatzes SPA
aus dem Verkauf von Spa-Produkten.**

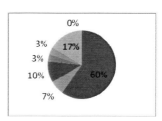

Frage	StH 1	StH2	StH3	StH4	StH5	StH6	StH7	StH8	Gesamt	Basiszahl	Prozent
0%	0	0	0	0	0	0	0	0	0	30	0,00%
0 bis 10%	1	3	1	3	3	4	1	2	18	30	60,00%
11 bis 20%	1	0	0	0	0	0	1	0	2	30	6,67%
21 bis 30 %	0	1	0	0	1	0	1	0	3	30	10,00%
31 bis 50%	0	0	1	0	0	0	0	0	1	30	3,33%
51 bis 100 %	0	0	1	0	0	0	0	0	1	30	3,33%
keine Angabe	2	0	1	1	0	0	1	0	5	30	16,67%

100,00%

17. Frage:
Wie verteilt sich der Umsatz des Spa auf die Spa Gäste?

**Prozentanzahl Hotelgäste: bei 47%
der Befragten kommt der Umsatz
zur Gänze von Hotelgästen.**

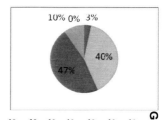

Frage	StH 1	StH2	StH3	StH4	StH5	StH6	StH7	StH8	Gesamt	Basiszahl	Prozent
Prozentanzahl Hotelgäste											
bis 30 %	0	0	0	0	0	0	0	0	0	30	0,00%
30 bis 50%	0	0	0	1	0	0	0	0	1	30	3,33%
50 bis 100 %	0	2	1	1	2	3	1	2	12	30	40,00%
100%	2	2	3	1	2	1	3	0	14	30	46,67%
keine Angabe	2	0	0	1	0	0	0	0	3	30	10,00%

100,00%

18. Frage:
Prozentanzahl Day Spa Gäste/
Members

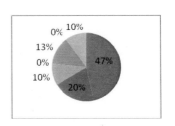

Der Umsatz im Spa kommt bei 47%
nicht von Tagesgästen, sondern
ausschließlich von Hotelgästen.
Bei 20% der Befragten bringen Tages-
gäste einen Umsatz im Spa bis zu
10% und bei 13% der Befragten
kommt ein Umsatz von 30 - 50%
von Tagesgästen.

Frage	StH 1	StH2	StH3	StH4	StH5	StH6	StH7	StH8	Gesamt	Basiszahl	Prozent
0%	2	2	3	1	2	1	3	0	14	30	46,67%
1 bis 10%	0	1	1	1	1	1	0	1	6	30	20,00%
11 bis 20%	0	0	0	0	1	1	0	1	3	30	10,00%
21 bis 30 %	0	0	0	0	0	0	0	0	0	30	0,00%
31 bis 50%	0	1	0	1	0	1	1	0	4	30	13,33%
51 bis 100 %	0	0	0	0	0	0	0	0	0	30	0,00%
keine Angabe	2	0	0	1	0	0	0	0	3	30	10,00%
											100,00%

19. Frage:
Wie verhalten sich die Spa Personal-
kosten in Prozent zu den Gesamt-
personalkosten im Hotel?

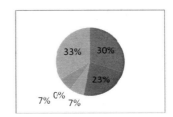

Bei 30% der Befragten belaufen
sich die Personalkosten SPA
im Vergleich zu Gesamtkosten
Personal bis 10%.

Frage	StH 1	StH2	StH3	StH4	StH5	StH6	StH7	StH8	Gesamt	Basiszahl	Prozent
Prozentanzahl Spa Personal											
bis 10 %	0	2	1	1	1	1	1	2	9	30	30,00%
11 bis 20%	0	0	1	0	2	2	2	0	7	30	23,33%
21 bis 30%	0	1	0	0	0	0	1	0	2	30	6,67%
31 bis 40 %	0	0	0	0	0	0	0	0	0	30	0,00%
41 bis 50%	0	1	0	1	0	0	0	0	2	30	6,67%
keine Angabe	4	0	2	2	1	1	0	0	10	30	33,33%
											100,00%

20. Frage:
Ist es geplant die Wellnessanlage zu erweitern/erneuern/umzubauen?

JA   63%

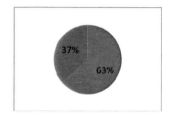

Frage	StH 1	StH2	StH3	StH4	StH5	StH6	StH7	StH8	Gesamt	Basiszahl	Prozent
Ja	2	3	3	3	1	2	4	1	19	30	63,33%
Nein	2	1	1	1	3	2	0	1	11	30	36,67%
											100,00%

21. Frage:
Wann:

Innerhalb der nächsten 18 Monate:
37%

Frage	StH 1	StH2	StH3	StH4	StH5	StH6	StH7	StH8	Gesamt	Basiszahl	Prozent
Innerhalb der nächsten 6 Monate	0	0	1	1	0	0	1	1	4	19	21,05%
Innerhalb der nächsten 12 Monate	1	1	1	0	0	1	1	0	5	19	26,32%
Innerhalb der nächsten 18 Monate	0	2	1	1	0	1	2	0	7	19	36,84%
Später	1	0	0	1	1	0	0	0	3	19	15,79%
											100,00%

5.4. Gesamtergebnis Themenschwerpunkt und Hotelgröße (Statistik)

Fast alle Hotels haben Themenschwerpunkte in ihrem Betrieb.
Eine Spezialisierung zu einem Thema gaben 83% aller Befragten an.
Der überwiegende Teil spezialisiert sich auf

Wellness (24%)

der Rest sehr unterschiedlich auf

Wellness&Romantik
Bio, Wellness&Kur
Sport&Wellness usw.

Es überwiegt eindeutig das Thema Wellness.
43 % der Hotels sind mit 50 bis 100 Zimmern ausgestattet, 33% bis 50 Zimmer, über 100 Zimmer der Rest der Befragten.

5.4.1. Gesamtergebnis Themenschwerpunkt und Hotelgröße (Statistik)

Gibt es in Ihrem Betrieb einen Themenschwerpunkt, eine Spezialisierung (wie z.B. „Kinder", „Sport", „Wellness", „Familie" etc.)?

JA   83%

Ja	83,33%
Nein	16,67%
	100,00%

Wenn ja, welches Thema?

Wellness   24%

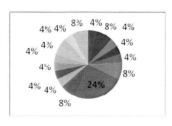

Gourmet & Relaxhotel	4,00%
Sport & Wellness	8,00%
Pärchen ab 30 plus, kuscheln im Grünen	4,00%
Sport&Wellness&Business&Familie	4,00%
Wellness&Gourmet&Sport&Freizeitaktivitäten	4,00%
Wellness & Kur	8,00%
Wellness	24,00%
Bio	8,00%
Wellness&Ruhe&Natur	4,00%
Familie&Sport&Wellness&Gourmet	4,00%
Familie & Wellness	4,00%
Bewegung ist Leben	4,00%
Prävention & Gewichtsreduktion	4,00%
Bioküche/Ernährung/Medical Wellness	4,00%
Wellness&Golf&Tennis &Seminar	4,00%
Wellness&Romantik	8,00%
	100,00%

5.5. Gesamtergebnis Spa Bereich (Hotel Statistik)

Die Größe des Wellnessbereiches der befragten Hoteliers bewegt sich zwischen 1.000 und über 2.000 m² (je ca. 30%).

Der kleinere Teil der Hoteliers gab an einen Wellnessbereich unter 500 m² dabei zu haben (10%).

6 bis 10 Behandlungsräume (Anwendungen Massage, Beauty etc.) verzeichnen wir beim größten Teil der befragten Hoteliers (47%).

Die Flächenteilung (Spa Fläche = Thermalbereich wie z.B. Sauna, Dampfbad – ohne Ruheräume, Duschen, Pools) zu den Spa Behandlungsbereichen im Vergleich zur Gesamtanlage über 1.000 bis 2.000 m² gab der größte Teil der Befragten an (33%).

Anzahl der Spa Fläche Thermal (Sauna, Dampfbad etc.) bis 500 m² überwiegende Mehrheit (47%).

Beauty- und Spa-Behandlungsbereich bis 500 m² überwiegende Mehrheit (57%).

Bei der Mitarbeiteranzahl teilt sich das Ergebnis in 1 – 5 Mitarbeiter bei 37% und mehr als 10 Mitarbeiter bei 33% der befragten Hoteliers.

60% der Befragten beschäftigen einen Spa Manager.

Die Anzahl der Behandlungen pro Tag ist sehr unterschiedlich, es geht von 1 bis über 50 Behandlungen, keine klare Mehrheit zu erkennen.

Kostenpunkt einer Spa Behandlung im Durchschnitt ca. Euro 41,-- bis 60,-- und Euro 21,-- bis 40,--. Über Euro 60,-- Durchschnittspreis geben noch über 20% der Befragten an. Unter Euro 20,-- durchschnittlich werden Spa Behandlungen nicht angeboten.

Bei fast der Hälfte der Befragten wird der Spa als Profitcenter geführt und bei 40% wird der Spa nicht als Profitcenter geführt, 13% machten dazu keine Angabe.

Umsatzverteilung des Spa zwischen Verkauf von Behandlungen zu Eintritten/ Member Fee's von Day-Spa-Gästen/Members setzt sich wie folgt zusammen:

Prozentanzahl Verkauf von Behandlungen

70% der befragten Hoteliers sehen ihren Umsatz zwischen 50 und 100% aus Verkauf von Behandlungen.

Prozentanzahl Eintritte/Member Fee's Day-Spa-Gäste/Members

Der Großteil (43% machen mit Eintritten/Day Spa Gästen und Members KEINEN Umsatz (43% der Befragten geben an 0%).

Spa Produkte verkaufen sich bei 60% der Befragten eher nicht so gut, hier wird ein Umsatz im Vergleich zum Gesamtumsatz des Spa mit 0 bis 10% angegeben.

Der Großteil der Hoteliers gibt an, dass 100% des Umsatzes im Spa von Hotelgästen produziert wird (47% der Befragten).

Die meisten Hotels haben KEINE Day-Spa-Gäste und keine Members (47% der Befragten).

Spa Personalkosten betragen im Vergleich zu den Gesamtkosten im Hotel ca. 10% beim Großteil der befragten Hoteliers (30%).

5.5.1. Einzelergebnis Spa Bereich (Hotel Statistik)

Wieviele m² hat der Wellnessbereich?

1001 bis 2000 m²   33%
über 2000 m²   30%

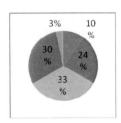

Anzahl m²

bis 500 m²	10,00%
500 bis 1000 m²	23,33%
1001 bis 2000 m²	33,33%
über 2000 m²	30,00%
keine Angabe	3,33%
	100,00%

Wieviele Behandlungsräume gibt es (Räume für Anwendungen wie z.B. Massagen, Beauty-Kosmetik, etc.)?

6 bis 10   47%

Anzahl Räume

1 bis 5	20,00%
6 bis 10	46,67%
10 bis 20	23,33%
20 bis 30	3,33%
mehr als 30	6,67%
	100,00%

Wie ist die Flächeneinteilung im Wellnessbereich – die Spa Fläche (Thermalbereich wie Sauna, Dampfbad, Laconium etc. – jedoch ohne Ruheräume, Duschen, Pools etc.) zu den Spa Behandlungsbereichen (Beauty, Massage etc.) im Vergleich zur Gesamtanlage?

1001 bis 2000 m²   33 %

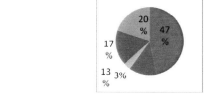

Anzahl m² Gesamtanlage Wellness

bis 500 m²	10,00%
501 bis 1000 m²	23,33%
1001 bis 2000 m²	33,33%
über 2000 m²	30,00%
keine Angabe	3,33%
	100,00%

Anzahl m² Spa Fläche Thermal (Sauna, Dampfbad, Laconium)

bis 500 m²   47%

bis 500 m²	46,67%
501 bis 1000 m²	13,33%
1001 bis 1500 m²	3,33%
über 1500 m²	16,67%
keine Angabe	20,00%
	100,00%

Anzahl m² Beauty- und Spa

Behandlungsbereichbis 500 m²   57%

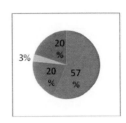

bis 500 m²	56,67%
501 bis 1000 m²	20,00%
über 1000 m²	3,33%
keine Angabe	20,00%
	100,00%

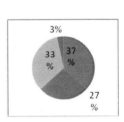

Wieviele Spa Mitarbeiter gibt es?

1 bis 5 Mitarbeiter   37%
mehr als 10 Mitarbeiter   33%

Anzahl Mitarbeiter

1 bis 5 MA	36,67%
6 bis 10 MA	26,67%
mehr als 10 MA	33,33%
ausschließlich externe Spa Mitarbeiter	3,33%
	100,00%

Gibt es einen Spa Manager?

JA   60%

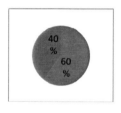

Ja   60,00%
Nein   40,00%
                                                           100,00%

Wieviele Behandlungen werden
pro Tag im Schnitt durchgeführt?

11 bis 20   20%
über 50   20%

Anzahl der Behandlungen/Tag

1 bis 10   13,33%

11 bis 20   20,00%

21 bis 30   16,67%

31 bis 50   13,33%

über 50   20,00%

keine Angabe   16,67%

                                                           100,00%

Wird der Spa als Profitcenter geführt?

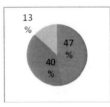

JA   47%
NEIN   40%

Ja	46,67%
Nein	40,00%
keine Angabe	13,33%
	100,00%

Was kostet im Durchschnitt eine Spa-Behandlung?Euro 41,-- bis 60,--   44%Euro 21,-- bis 40,--   33%

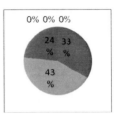

Bis Euro 20,--	0,00%
Euro 21,-- bis 40,--	33,33%
Euro 41,-- bis 60,--	43,33%
Euro 61,-- bis 80,--	23,33%
Euro 81,-- bis 100,--	0,00%
Über Euro 100,--	0,00%
	100,00%

Zusatzantworten:

Massage Euro 21,-- bis 60,--	3,33%
Kosmetik Euro 81,-- bis 100,--	3,33%

Wie verteilt sich der Umsatz in % des Spa zwischen Verkauf von Behandlungen (Massagen, Packungen, Beautybehandlung) zu Eintritte/Member Fee's von Day Spa Gästen/ Spa Members und zum Verkauf von Spa Produkten?

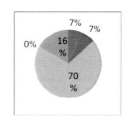

Bei 70% der Befragten Verkauf Behandlungen Zwischen 50 und 100% im Vergleich Gesamt-Umsatz.

Prozentanzahl Verkauf Behandlungen
bis 30 %   6,67%

30 bis 50%   6,67%

50 bis 100 %   70,00%
100%   0,00%

keine Angabe   16,67%
                                                                   100,00%

Prozentanzahl Eintritte/Member Fee's Day Spa Gäste/ Spa Members

Bei 43% der Befragten Umsatz Tagesgäste 0% Im Vergleich Gesamtumsatz.

0%   43,33%
bis 30 %   26,67%

31 bis 100 %   13,33%

keine Angabe   16,67%
                                                                   100,00%

Prozentanzahl Verkauf Spa Produkte:
Bei 60% der Befragten Umsatz Spa-Produkte
Zwischen 0 und 10% im Vergleich Gesamt-
Umsatz.

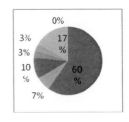

0%	0,00%
0 bis 10%	60,00%
11 bis 20%	6,67%
21 bis 30 %	10,00%
31 bis 50%	3,33%
51 bis 100 %	3,33%
keine Angabe	16,67%
	100,00%

Wie verteilt sich der Umsatz des Spa auf die
Spa Gäste?
Bei 47% der Befragten kommt der Umsatz
zur Gänze von Hotelgästen.

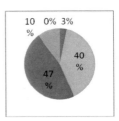

Prozentanzahl Hotelgäste

bis 30 %	0,00%
30 bis 50%	3,33%
50 bis 100 %	40,00%
100%	46,67%
keine Angabe	10,00%
	100,00%

Prozentanzahl Day Spa Gäste/Members

Bei 47% der Befragten kommt 0% des Umsatzes im Vergleich zum Gesamtumsatz von Tagesgästen

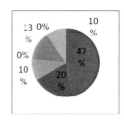

0%	46,67%
1 bis 10%	20,00%
11 bis 20%	10,00%
21 bis 30 %	0,00%
31 bis 50%	13,33%
51 bis 100 %	0,00%
keine Angabe	10,00%
	100,00%

Wie verhalten sich die Spa Personalkosten in Prozent zu den Gesamtpersonalkosten im Hotel?

Bei 30% der Befragten belaufen sich die SPA-Personalkosten bis 10% im Vergleich zu den Gesamtpersonalkosten.

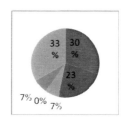

Prozentanzahl Spa Personal

bis 10 %	30,00%
11 bis 20%	23,33%
21 bis 30%	6,67%
31 bis 40 %	0,00%
41 bis 50%	6,67%
keine Angabe	33,33%
	100,00%

5.6. Gesamtergebnis Umbau, Erneuerung, Erweiterung (Hotel Statistik)

63% der befragten Hoteliers haben vor ihre Wellnessanlage zu erweitern, zu erneuern oder umzubauen. Innerhalb der nächsten 18 Monate machen das 37% der Befragten und 26% innerhalb der nächsten 6 Monate.

5.6.1. Einzelergebnis Umbau, Erneuerung, Erweiterung (Hotel Statistik)

Ist es geplant die Wellnessanlage zu erweitern/erneuern/umzubauen?

JA   63%

Ja	63,33%
Nein	36,67%
	100,00%

Wann:

Innerhalb der nächsten 18 Monate: 37%

Innerhalb der nächsten 6 Monate	21,05%
Innerhalb der nächsten 12 Monate	26,32%
Innerhalb der nächsten 18 Monate	36,84%
Später	15,79%
	100,00%

6. Marktforschung Kunden

6.1. Zusammenfassung – Marktforschung Kunden

Ein SPA muss aus Kundensicht mindestens über

- ✓ Eigene Spa-Rezeption
- ✓ Schwimmbad außen mit einer Größe von mehr als 5 x 10 m und einer Wassertemperatur von 27 bis 30 Grad
- ✓ Schwimmbad innen mit einer Größe von mehr als 5 x 10 m und einer Wassertemperatur von 27 bis 30 Grad
- ✓ Whirlpool
- ✓ Mindestens 2 bis 3 Saunen
- ✓ Dampfbad
- ✓ Infrarot
- ✓ Kneippbecken
- ✓ Mindestens 3 bis 5 Therapieräume
- ✓ Kosmetik- / Beautyabteilung
- ✓ Gymnastikraum
- ✓ Fitnessraum mit Geräten
- ✓ Mindestens 2 bis 3 Ruheräume
- ✓ Mindestens 1 Liege pro Hotelgast
- ✓ Freiluftbereich
- ✓ Tageslicht im gesamten SPA- und Behandlungsbereich
- ✓ Geschultes Fachpersonal
- ✓ Anwendungsangebot 6 bis 10 Anwendungen

verfügen.

Hotelsterne halten die Kunden für eine sinnvolle Orientierungshilfe für Qualität und stufen sie als zeitgemäß ein. Die Kriterien und Überprüfungen bei der Kategorisierung halten sie für nicht mehr ausreichend.
Die Qualität eines Wellness-/SPA ist nicht klar zu erkennen (Quote knapp unter 60%).

Erkennbar ist aus Kundensicht die Qualität am SPA an der Sauberkeit, geschultes Fachpersonal, Angebot, Kundentreue, gleichbleibende Qualität, Kundenzufriedenheit, Ausstattung, Information, Atmosphäre und der Wasserqualität.

Kunden WOLLEN ein einheitliches allgemein gültiges Gütesiegel für SPA. Sie erwarten sich davon Qualitätskontrollen, einheitliche Kriterien und Qualitätsversprechen.

Die Zertifizierung könnte mit anonymer Überprüfung in Kombination mit den Hotelsternen stattfinden. Eine neue Marke für ein einheitliches Gütesiegel wäre ideal, in Form „Sonne" oder „Wellness-Sterne".
Als Verantwortlicher für ein neues Gütesiegel geht die Tendenz zu einer Kombination aus öffentlicher Prüfanstalt + Fachverband + Private Anbieter.

Bei einer Überprüfung ist es unumgänglich folgende Punkte einzubeziehen:

- ✓ Hardware (Architektur, Bauliches, Ambiente, Größe)
- ✓ Anzahl und Größe der Wasserwelten allgemein
- ✓ Anzahl und Größe der Pools
- ✓ Größe SPA im Verhältnis zu Hotelbetten
- ✓ Anzahl und Größe der Saunen
- ✓ Anzahl und Größe Dampfbad
- ✓ Größe Ruheräume im Verhältnis zu den Hotelbetten
- ✓ Ausstattung und Alter der Einrichtungen und Geräte
- ✓ Software (Personal, Angebot)
- ✓ Qualifikation Mitarbeiter
- ✓ Service (Freundlichkeit, Beratung)
- ✓ Äußeres Erscheinungsbild der Mitarbeiter
- ✓ Angebot und Qualität der Behandlungen
- ✓ Gesundheitlicher Nutzen der Angebote
- ✓ Besonderheiten (individuelle Angebot, spezielle Küche etc.)
- ✓ Hygiene, Sauberkeit

Bei Überprüfungen soll gleichermaßen auf Hardware und Software geachtet werden.

Wellnessurlaub ist beliebt und wird auch genutzt, das geeignete Hotel wird zumeist auf Empfehlung gebucht und nach Wellnessbereich ausgesucht.

Bisher wurden die Erwartungen größtenteils erfüllt.

Bei Unzufriedenheit ist der Wellnessbereich zu klein, die Einrichtung veraltet und es hat den Anschein einer Massenabfertigung.

6.2. Schlussfolgerung und Empfehlung

Es hat sich gezeigt, dass der Kunde genau weiß was er will und sich die Gästewünsche in vielerlei Hinsicht decken. Beantwortungsquoten von über 80% zu diversen Fragen sind eindeutige Aussagen.

Der Wunsch nach Erkennbarkeit der Qualität im SPA ist sehr groß. Qualitätsversprechen und Qualitätskontrollen sind ein MUSS im Wellnesstourismus. Es genügt nicht mehr eine tolle Hardware (Bauliches, Ambiente) anzubieten, die Software (Dienstleistung, Personal) gilt es zu beachten.

Der Kunde hat das Recht Qualität einzufordern. Der Gast entscheidet über den Erfolg im Wellnesstourismus! Es ist sehr wichtig die Zielgruppen und deren Wünsche und Forderungen zu kennen um im Wellnesstourismus erfolgreich zu sein.

Der Trend Wellnessurlaub wird sich noch weiter verstärken, da immer mehr Menschen kurze Erholungsphasen einplanen und die Wertigkeit der Gesundheit extrem hoch ist in der heutigen Zeit.

Wichtig ist, dass dieser Trend richtig genützt wird und Kunden zu „Wellness-Liebhabern" gemacht werden, das funktioniert jedoch nur wenn Qualität auch erkennbar und klar ersichtlich ist.

6.3. Detailergebnisse

6.3.1. Vorgangsweise (Kunden)

- ✓ Erstellung der Fragebögen (Basis zur Erstellung waren die Expertengespräche)
- ✓ Kontaktaufnahme mit den Kunden telefonisch, per Mail oder persönlich
- ✓ Terminvereinbarung
- ✓ Durchführung der Befragung persönlich, telefonisch oder vereinzelt auch durch Selbstausfüllen
- ✓ Zusätzliche Antworten wurden vermerkt und in die Auswertung des Fragebogens aufgenommen
- ✓ Fremdbefragungen im Life Style Club Holmes Place (an 2 verschiedenen Tagen)
- ✓ Insgesamt wurden 81 Befragungen durchgeführt
- ✓ Weibliche Befragte 74%, Männliche 26% der Gesamtanzahl
- ✓ Alter der Befragten zwischen 20 bis über 70 Jahre (1/3 davon im Alter zwischen 41 und 50 Jahren

6.3.2. Fragenkatalog Kunden

Der Fragebogen zur Marktanalyse umfasst Fragen zu den Themenblöcken

- ✓ Was sollte ein Spa minimum beinhalten
- ✓ Hotelsterne
- ✓ Qualität im Wellness-/Spabereich
- ✓ Gütesiegel (Anforderungen und Erwartungen)
- ✓ Statistische Fragen

Insgesamt besteht der Fragebogen aus 58 Fragen, die mit „ja" oder „nein", mit vorgegebener Auswahl, mehreren Antwortmöglichkeiten oder selbst formulierter Aussage beantwortet werden können.
Weitere 2 Fragen zur Statistik (Geschlecht und Alter).
Zusammen finden sich auf dem Fragebogen 60 Fragen die den Kunden gestellt wurden.

Der gesamte Fragebogen findet sich im Anhang unter:

Fragebogen zur Marktanalyse KUNDEN   Anhang 2

6.3.3. Erklärung Auswertung Marktforschung Tabelle (Kunden)

Auswertung der Fragebögen in Excel Tabellen:

Erstellung Tabellen in Excel:

- ✓ Eintrag auf anonymer Basis (Nummerierung am Original-Fragebogen und Übernahme der Zahl in die Tabelle – „Kunde 1 bis Kunde 81")
- ✓ Zu den Fragen stehen folgende Antwortmöglichkeiten zur Wahl:
  „Ja / Nein / Keine Angabe"
- ✓ Ein Teil der Antworten ermöglicht eine Auswahl unter mehreren Möglichkeiten (z.B. „Anzahl der Saunen 1, 1-3 oder mehrere" etc.)
- ✓ Bei einem Teil der Fragen gibt es die Möglichkeit mehrere Antworten anzu-kreuzen
  (z.B. „einheitliche Kriterien", Qualitätsversprechen", etc.)
- ✓ Ein weiterer kleiner Teil der Fragen bietet die Möglichkeit individuelle Antworten zu formulieren.

✓ Jede Frage wird eingetragen und mit einem Wert 1 für Beantwortung und Wert 0 für keine Antwort zur jeweiligen Antwortmöglichkeit eingetragen.

Die Auswertung in den Tabellen erfolgte:

✓ Die eingetragenen Werte (0 oder 1) wurden addiert und stellen das Ergebnis dar.
✓ Summen wurden jeweils in der letzten Spalte der jeweiligen Tabelle gebildet und als „gesamt" bezeichnet.

Erreichen der Prozentquote:

✓ Die Basiszahl ist die Anzahl der Befragungen bei vorgegebenen Antworten, wo es nur eine Antwortmöglichkeit gibt.
✓ Bei mehreren Möglichkeiten zur Beantwortung wurde jeweils die Summe aller Antworten als Basiszahl genommen, um das Ergebnis in Prozent ausrechnen zu können.
✓ Bei Antwortmöglichkeiten die mit einer Antwortauswahl zu beantworten sind, z.B. „Ja/Nein/Keine Angabe", wurde das addierte Ergebnis (Summe aller Antworten) durch die Basiszahl(Summe der Befragten) dividiert um zu dem Prozentergebnis zu kommen.
✓ Bei mehreren Antwortmöglichkeiten wurde das addierte Ergebnis aller Antworten genommen zum jeweiligen Thema (Summe der Antworten) durch die Basiszahl (Summe aller Antworten zu dem Thema) dividiert um zum Prozentergebnis zu kommen. Genauso wurde vorgegangen bei individuellen Antwortmöglichkeiten, die gesamte Anzahl der Antworten wurde als Basiszahl genommen um zu der Prozentauswertung zu kommen.

6.3.4. GESAMTERGEBNIS AUSWERTUNG

Gesamtergebnis Kunden

Auswertung aller Kundenbefragungen und Ergebnis in %.

Erklärung:
Anzahl aller Antworten zur jeweiligen Antwortmöglichkeit = GESAMT
Anzahl aller Befragungen/Antworten = BASISZAHL
Berechnung % = GESAMT / BASIZAHL
K1 = Summe der Befragungen aus Tabelle 1 (Kunden 1 bis 9),
K2 = Summe der Befragungen aus Tabelle 2 (Kunden 9 bis 18),
K3 = Summe der Befragungen aus Tabelle 3 (Kunden 19 bis 27),
K4 = Summe der Befragungen aus Tabelle 4 (Kunden 28 bis 36),
K5 = Summe der Befragungen aus Tabelle 5 (Kunden 37 bis 45),
K6 = Summe der Befragungen aus Tabelle 6 (Kunden 46 bis 54),
K7 = Summe der Befragungen aus Tabelle 7 (Kunden 55 bis 63),
K8 = Summe der Befragungen aus Tabelle 8 (Kunden 64 bis 72),
K9 = Summe der Befragungen aus Tabelle 9 (Kunden 73 bis 81),

Was sollte ein Spa minimum beinhalten?

1. Frage:
Eigener Empfang/
Spa-Rezeption

JA   88%

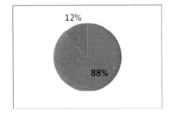

Frage	K1	K2	K3	K4	K5	K6	K7	K8	K9	Gesamt	Basiszahl	Prozent
Ja	8	10	7	8	8	7	6	8	9	71	81	87,65%
Nein	0	0	2	1	1	2	3	1	0	10	81	12,35%
												100,00%

2. Frage
Schwimmbad außen

JA   81%

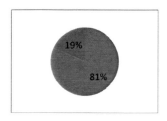

Frage	K1	K2	K3	K4	K5	K6	K7	K8	K9	Gesamt	Basiszahl	Prozent
Ja	8	10	7	6	6	9	4	9	7	66	81	81,48%
Nein	0	0	2	3	3	0	5	0	2	15	81	18,52%
												100,00%

3. Frage:
Wenn ja, Größe minimum?

Mehr als 5 x 10 m   74%

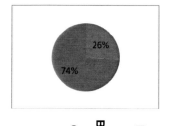

Frage	K1	K2	K3	K4	K5	K6	K7	K8	K9	Gesamt	Basiszahl	Prozent
Bis 5 x 10 m	2	2	4	2	3	4	2	1	1	21	81	25,93%
Mehr als 5 x 10 m	6	8	5	7	6	5	7	8	8	60	81	74,07%
												100,00%

4. Frage:
Temperatur

27 bis 30 Grad   65%

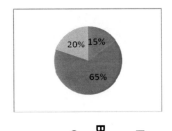

Frage	K1	K2	K3	K4	K5	K6	K7	K8	K9	Gesamt	Basiszahl	Prozent
Bis 26 Grad	1	2	1	1	1	1	2	1	2	12	81	14,81%
27 bis 30 Grad	5	6	6	8	5	5	7	7	4	53	81	65,43%
Mehr als 30 Grad	2	2	2	0	3	3	0	1	3	16	81	19,75%
												100,00%

5. Frage:
Schwimmbad innen

JA   96%

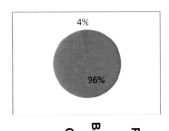

Frage	K1	K2	K3	K4	K5	K6	K7	K8	K9	Gesamt	Basiszahl	Prozent
Ja	8	9	9	8	8	9	9	9	9	78	81	96,30%
Nein	0	1	0	1	1	0	0	0	0	3	81	3,70%
												100,00%

6. Frage:
Wenn ja, Größe minimum?

Mehr als 5 x 10 m   72%

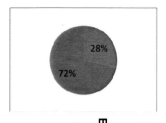

Frage	K1	K2	K3	K4	K5	K6	K7	K8	K9	Gesamt	Basiszahl	Prozent
Bis 5 x 10 m	3	2	5	2	2	2	3	2	2	23	81	28,40%
Mehr als 5 x 10 m	5	8	4	7	7	7	6	7	7	58	81	71,60%
												100,00%

7. Frage:
Temperatur:

27 bis 30 Grad   65%

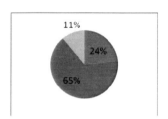

Frage	K1	K2	K3	K4	K5	K6	K7	K8	K9	Gesamt	Basiszahl	Prozent
Bis 26 Grad	2	3	1	2	1	4	2	2	2	19	81	23,46%
27 bis 30 Grad	5	5	8	6	5	4	7	7	6	53	81	65,43%
Mehr als 30 Grad	1	2	0	1	3	1	0	0	1	9	81	11,11%
												100,00%

8. Frage:
Whirlpool

JA   84%

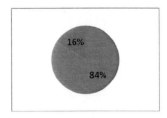

Frage	K1	K2	K3	K4	K5	K6	K7	K8	K9	Gesamt	Basiszahl	Prozent
Ja	7	9	8	6	8	8	8	6	8	68	81	83,95%
Nein	1	1	1	3	1	1	1	3	1	13	81	16,05%
												100,00%

9. Frage:
Sauna

JA   95%

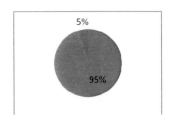

Frage	K1	K2	K3	K4	K5	K6	K7	K8	K9	Gesamt	Basiszahl	Prozent
Ja	7	10	8	8	9	9	8	9	9	77	81	95,06%
Nein	1	0	1	1	0	0	1	0	0	4	81	4,94%
												100,00%

10. Frage:
Anzahl Saunen:

2 bis 3   69%

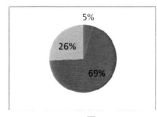

Frage	K1	K2	K3	K4	K5	K6	K7	K8	K9	Gesamt	Basiszahl	Prozent
1	0	0	0	2	0	1	1	0	0	4	81	4,94%
2 bis 3	6	6	7	4	5	6	8	8	6	56	81	69,14%
Mehr als 3	2	4	2	3	4	2	0	1	3	21	81	25,93%
												100,00%

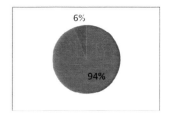

11. Frage:
Dampfbad

JA   94%

Frage	K1	K2	K3	K4	K5	K6	K7	K8	K9	Gesamt	Basiszahl	Prozent
Ja	7	10	9	7	8	9	9	8	9	76	81	93,83%
Nein	1	0	0	2	1	0	0	1	0	5	81	6,17%
												100,00%

12. Frage:
Infrarot

JA   72%

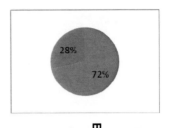

Frage	K1	K2	K3	K4	K5	K6	K7	K8	K9	Gesamt	Basiszahl	Prozent
Ja	6	9	9	7	6	8	1	5	7	58	81	71,60%
Nein	2	1	0	2	3	1	8	4	2	23	81	28,40%
												100,00%

13. Frage:
Kneippbecken

JA   68%

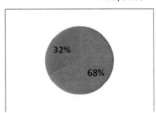

Frage	K1	K2	K3	K4	K5	K6	K7	K8	K9	Gesamt	Basiszahl	Prozent
Ja	7	8	6	4	3	8	5	7	7	55	81	67,90%
Nein	1	2	3	5	6	1	4	2	2	26	81	32,10%
												100,00%

14. Frage:
Aromaduschen

JA   52%
NEIN   48%

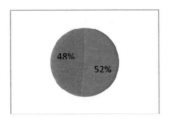

Frage	K1	K2	K3	K4	K5	K6	K7	K8	K9	Gesamt	Basiszahl	Prozent
Ja	6	6	5	3	4	6	3	4	5	42	81	51,85%
Nein	2	4	4	6	5	3	6	5	4	39	81	48,15%
												100,00%

15. Frage:
Therapieräume

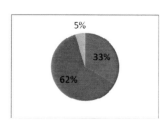

3 bis 5   62%
1 bis 2   33%

Frage	K1	K2	K3	K4	K5	K6	K7	K8	K9	Gesamt	Basiszahl	Prozent
1 – 2	1	1	4	4	3	4	6	1	3	27	81	33,33%
3 – 5	7	7	4	4	6	5	3	8	6	50	81	61,73%
Mehr als 5	0	2	1	1	0	0	0	0	0	4	81	4,94%
												100,00%

16. Frage:
Kosmetik-/Beautyabteilung

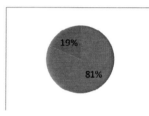

JA   81%

Frage	K1	K2	K3	K4	K5	K6	K7	K8	K9	Gesamt	Basiszahl	Prozent
Ja	8	9	8	8	5	7	5	8	8	66	81	81,48%
Nein	0	1	1	1	4	2	4	1	1	15	81	18,52%
												100,00%

17. Frage:
Gymnastikraum

JA   64%

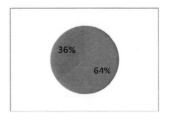

Frage	K1	K2	K3	K4	K5	K6	K7	K8	K9	Gesamt	Basiszahl	Prozent
Ja	6	9	7	3	4	5	5	5	8	52	81	64,20%
Nein	2	1	2	6	5	4	4	4	1	29	81	35,80%
												100,00%

18. Frage:
Fitnessraum mit Geräten

JA   73%

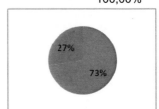

Frage	K1	K2	K3	K4	K5	K6	K7	K8	K9	Gesamt	Basiszahl	Prozent
Ja	4	8	8	6	4	7	7	7	8	59	81	72,84%
Nein	4	2	1	3	5	2	2	2	1	22	81	27,16%
												100,00%

19. Frage:
Ruheräume

2 bis 3   64%

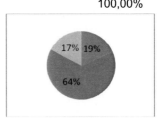

Frage	K1	K2	K3	K4	K5	K6	K7	K8	K9	Gesamt	Basiszahl	Prozent
1	1	1	1	2	1	1	4	3	1	15	81	18,52%
2 bis 3	5	7	5	6	5	6	5	6	7	52	81	64,20%
Mehr als 3	2	2	3	1	3	2	0	0	1	14	81	17,28%
												100,00%

20. Frage:
Ruheliegen

Pro Hotelgast 1 Liege   67%

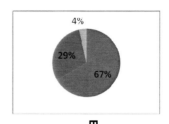

Frage	K1	K2	K3	K4	K5	K6	K7	K8	K9	Gesamt	Basiszahl	Prozent
Pro Hotelgast 1 Liege	6	7	8	6	4	8	3	7	5	54	81	66,67%
Pro 2 Hotelgäste 1 Liege	2	3	1	3	5	1	3	2	4	24	81	29,63%
Weniger	0	0	0	0	0	0	3	0	0	3	81	3,70%

100,00%

21. Frage:
Freiluftbereich

JA   93%

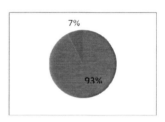

Frage	K1	K2	K3	K4	K5	K6	K7	K8	K9	Gesamt	Basiszahl	Prozent
Ja	8	10	9	8	9	8	7	8	8	75	81	92,59%
Nein	0	0	0	1	0	1	2	1	1	6	81	7,41%

100,00%

22. Frage:
Tageslicht im gesamten Spa und Behandlungsbereich

JA   78%

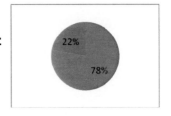

Frage	K1	K2	K3	K4	K5	K6	K7	K8	K9	Gesamt	Basiszahl	Prozent
Ja	6	9	7	9	6	6	6	7	7	63	81	77,78%
Nein	2	1	2	0	3	3	3	2	2	18	81	22,22%
												100,00%

23. Frage:
Geschultes Fachpersonal

JA   100%

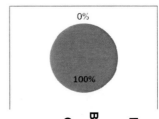

Frage	K1	K2	K3	K4	K5	K6	K7	K8	K9	Gesamt	Basiszahl	Prozent
Ja	8	10	9	9	9	9	9	9	9	81	81	100,00%
Nein	0	0	0	0	0	0	0	0	0	0	81	0,00%
												100,00%

24. Frage:
Anwendungsangebot

6 bis 10   39%

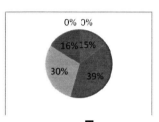

Frage	K1	K2	K3	K4	K5	K6	K7	K8	K9	Gesamt	Basiszahl	Prozent
1 bis 5	3	1	1	1	1	1	3	0	1	12	81	14,81%
6 bis 10	2	5	5	4	3	3	3	2	5	32	81	39,51%
11 bis 20	3	3	1	3	2	4	1	4	3	24	81	29,63%
21 bis 30	0	1	2	1	3	1	2	3	0	13	81	16,05%
31 bis 40	0	0	0	0	0	0	0	0	0	0	81	0,00%
mehr als 40	0	0	0	0	0	0	0	0	0	0	81	0,00%
												100,00%

Seit über 30 Jahren gibt es die Bewertung der Hotelsterne mit klar festgelegten Richtlinien.

Sind Ihrer Meinung nach die Hotelsterne:
25. Frage:
Zeitgemäß

JA   68%

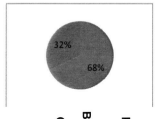

Frage	K1	K2	K3	K4	K5	K6	K7	K8	K9	Gesamt	Basiszahl	Prozent
Ja	7	7	4	8	3	5	9	6	6	55	81	67,90%
Nein	1	3	5	1	6	4	0	3	3	26	81	32,10%
												100,00%

26. Frage:
Eine sinnvolle Orientierungshilfe für Quali-
tät

JA   81%

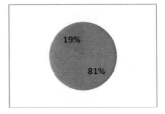

Frage	K1	K2	K3	K4	K5	K6	K7	K8	K9	Gesamt	Basiszahl	Prozent
Ja	6	9	8	8	8	5	9	7	6	66	81	81,48%
Nein	2	1	1	1	1	4	0	2	3	15	81	18,52%
												100,00%

27. Frage:
Die Kriterien und Überprüfungen
ausreichend

NEIN   57%

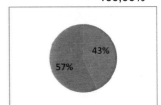

Frage	K1	K2	K3	K4	K5	K6	K7	K8	K9	Gesamt	Basiszahl	Prozent
Ja	1	6	2	6	2	4	6	4	4	35	81	43,21%
Nein	7	4	7	3	7	5	3	5	5	46	81	56,79%
												100,00%

28. Frage:
Ist es möglich die Qualität eines
Wellness- / Spabereiches klar zu erkennen?

NEIN   58%

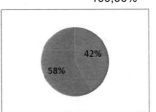

Frage	K1	K2	K3	K4	K5	K6	K7	K8	K9	Gesamt	Basiszahl	Prozent
Ja	4	2	3	2	4	4	7	4	4	34	81	41,98%
Nein	4	8	6	7	5	5	2	5	5	47	81	58,02%
												100,00%

29. Frage:
Bei ja, woran:

Sauberkeit   25%

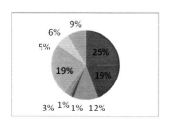

Basiszahl ist 79, die Summe der Antworten gesamt auf die Frage woran die Qualität im Spa erkennbar ist. Der Rest der 81 Befragten machte dazu keine Angabe.

Frage	K1	K2	K3	K4	K5	K6	K7	K8	K9	Gesamt	Basiszahl	Prozent
Sauberkeit	3	0	2	2	1	4	4	2	2	20	79	25,32%
Geschultes Fachpersonal	2	1	1	1	2	0	4	1	3	15	79	18,99%
Angebot	1	1	0	1	0	0	2	2	2	9	79	11,39%
Kundentreue	1	0	0	0	0	0	0	0	0	1	79	1,27%
gleichbleibende Qualität	1	0	0	0	0	0	0	0	0	1	79	1,27%
Kundenzufriedenheit	1	0	0	0	0	1	0	0	0	2	79	2,53%
Ausstattung	1	2	2	1	1	1	2	3	2	15	79	18,99%
Information	1	0	1	0	0	0	1	0	1	4	79	5,06%
Atmosphäre	0	0	2	1	0	0	0	2	0	5	79	6,33%
Wasserqualität	0	0	0	2	0	1	2	2	0	7	79	8,86%
	11	4	8	8	4	7	15	12	10	79		100,00%

30. Frage:
Wollen Sie als Kunde ein einheitliches allgemein gültiges Gütesiegel?

JA   90%

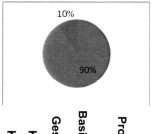

Frage	K1	K2	K3	K4	K5	K6	K7	K8	K9	Gesamt	Basiszahl	Prozent
Ja	7	10	9	7	8	7	9	9	7	73	81	90,12%
Nein	1	0	0	2	1	2	0	0	2	8	81	9,88%
												100,00%

31. Frage:
Basiszahl ist 243, die Summe
aller Antworten (mehrere Antworten möglich)
der 81 Befragten:

Was erwarten Sie sich von einem allgemein
gültigen Gütesiegel?

Qualitätskontrollen   27%

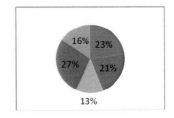

Frage	K1	K2	K3	K4	K5	K6	K7	K8	K9	Gesamt	Basiszahl	Prozent
Einheitliche Kriterien	5	7	2	6	5	6	9	7	8	55	243	22,63%
Qualitätsversprechen	4	5	6	5	5	7	8	7	5	52	243	21,40%
Leichtere Orientierung	3	2	4	2	3	5	6	3	4	32	243	13,17%
Regelmäßige Qualitätskontrollen	8	10	7	6	8	5	7	8	7	66	243	27,16%
Klare Aussagen	2	5	5	4	3	4	5	4	6	38	243	15,64%
	22	29	24	23	24	27	35	29	30	243		100,00%

32. Frage:
Basiszahl ist 161, die Summe aller Antworten (mehrere Antworten möglich) der 81 Befragten:

Wie könnte so ein einheitliches Gütesiegel aussehen und wer könnte die Zertifizierung durchführen?
Mystery Check   27%
Mit den Hotelsternen   25%

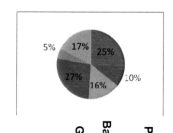

Frage	K1	K2	K3	K4	K5	K6	K7	K8	K9	Gesamt	Basiszahl	Prozent
Überprüfung und Zertifizierung in Kombination mit den Hotelsternen	2	8	3	5	5	6	3	4	5	41	161	25,47%
Zertifizierung über Kundenbewertungen im Internet	2	0	1	2	2	4	0	1	4	16	161	9,94%
Zertifizierung über Kundenbewertung / Fragebogen für jeden Gast / Auswertung über unabhängiges Institut	6	1	4	2	4	5	1	1	1	25	161	15,53%
Anonyme Überprüfung (Mystery Check)	4	5	4	4	4	5	6	4	7	43	161	26,71%
Überprüfung mit Voranmeldung und folgender Beratung	0	1	0	1	0	2	1	2	1	8	161	4,97%
Zertifizierung durch neue Institution mit komplett neuer Marke	2	1	4	2	3	4	5	5	2	28	161	17,39%
	16	16	16	16	18	26	16	17	20	161		100,00%

33. Frage:
Basiszahl ist 18, die Summe aller Antworten der 81 Befragten, die restlichen Befragten machten dazu keine Angabe.

Wie könnte eine neue Marke aussehen?

Sonne   28%
Wellnesssterne   17%

Frage	K1	K2	K3	K4	K5	K6	K7	K8	K9	Gesamt	Basiszahl	Prozent
Wasserstrahl	0	1	0	1	0	0	0	0	0	2	18	11,11%
Springbrunnen	0	1	0	0	0	0	0	0	0	1	18	5,56%
Blubberblasen	0	0	0	1	0	0	0	0	0	1	18	5,56%
Qualle	0	0	0	0	0	0	0	0	0	0	18	0,00%
Sonne	0	0	3	0	0	1	1	0	0	5	18	27,78%
Komet	0	0	1	0	0	0	0	0	0	1	18	5,56%
Saunahütten	0	0	0	0	1	0	0	0	0	1	18	5,56%
Sternenhimmel	0	0	0	0	1	0	0	0	0	1	18	5,56%
Wellnesssterne	0	0	0	0	1	0	1	1	0	3	18	16,67%
Rose	0	0	0	0	1	0	1	0	0	2	18	11,11%
Wellnesslinien Farbe hellblau beinhalten	0	0	0	0	0	0	0	0	1	1	18	5,56%
	0	2	4	2	4	1	3	1	1	18		100,00%

34. Frage:
Basiszahl ist 130, die Summe aller Antworten (mehrere Antworten möglich) der 81 Befragten:

Wer könnte Zertifizierung durchführen?

Kombination Öffentlich, Fachverband, Privat   26%
Fachverband   23%

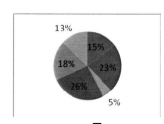

Frage	K1	K2	K3	K4	K5	K6	K7	K8	K9	Gesamt	Basiszahl	Prozent
Öffentliche Prüfanstalt (wie z.B. Land)	2	0	1	3	1	4	1	2	5	19	130	14,62%
Fachverband (wie z.B. Wirtschaftskammer)	3	2	3	4	5	3	3	3	4	30	130	23,08%
Private Anbieter	0	0	0	0	0	0	2	3	1	6	130	4,62%
Kombination Öffentlich/Fachverband/Privat	1	7	3	3	3	6	5	5	1	34	130	26,15%
Kunde (Fragebogen an jeden Gast und Auswertung über unabhängiges Institut)	5	1	2	2	2	4	1	2	5	24	130	18,46%
Internetplattform (Gästebewertung)	2	1	2	1	1	4	1	2	3	17	130	13,08%
	13	11	11	13	12	21	13	17	19	130		100,00%
Sonstiges												
keine Angabe	1	1	0	0	0	0	0	0	2	4	81	4,94%

Welche Punkte sollte ein einheitliches Gütesiegel enthalten, welche Aussagen soll ein solches Gütesiegel enthalten?

Was soll überprüft werden:

35. Frage:
Hardware (Architektur, Bauliches, Ambiente, Größe etc.)

JA   94%

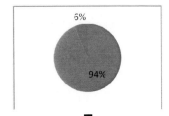

Frage	K1	K2	K3	K4	K5	K6	K7	K8	K9	Gesamt	Basiszahl	Prozent
Ja	8	9	9	9	6	9	8	9	9	76	81	93,83%
Nein	0	1	0	0	3	0	1	0	0	5	81	6,17%
												100,00%

36. Frage:
Größe und Anzahl Wasserwelten allgemein

JA   88%

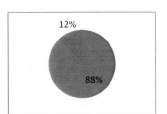

Frage	K1	K2	K3	K4	K5	K6	K7	K8	K9	Gesamt	Basiszahl	Prozent
Ja	6	9	8	8	7	8	7	9	9	71	81	87,65%
Nein	2	1	1	1	2	1	2	0	0	10	81	12,35%
												100,00%

37. Frage:
Größe und Anzahl Pools

JA   85%

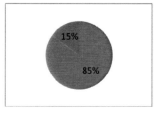

Frage	K1	K2	K3	K4	K5	K6	K7	K8	K9	Gesamt	Basiszahl	Prozent
Ja	6	9	6	8	7	9	7	8	9	69	81	85,19%
Nein	2	1	3	1	2	0	2	1	0	12	81	14,81%
												100,00%

38. Frage:
Größe Spa im Verhältnis zu Hotelbetten

JA   80%

Frage	K1	K2	K3	K4	K5	K6	K7	K8	K9	Gesamt	Basiszahl	Prozent
Ja	6	8	8	7	7	8	4	8	9	65	81	80,25%
Nein	2	2	1	2	2	1	5	1	0	16	81	19,75%
												100,00%

39. Frage:
Größe und Anzahl Saunen

JA   86%

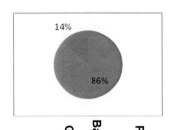

Frage	K1	K2	K3	K4	K5	K6	K7	K8	K9	Gesamt	Basiszahl	Prozent
Ja	7	8	6	8	8	9	7	8	9	70	81	86,42%
Nein	1	2	3	1	1	0	2	1	0	11	81	13,58%
												100,00%

40. Frage:
Größe und Anzahl Dampfbad

JA   68%

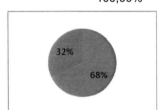

Frage	K1	K2	K3	K4	K5	K6	K7	K8	K9	Gesamt	Basiszahl	Prozent
Ja	5	6	6	6	4	7	7	5	9	55	81	67,90%
Nein	3	4	3	3	5	2	2	4	0	26	81	32,10%
												100,00%

41. Frage:
Größe Ruheräume im Verhältnis zu Hotelbetten

JA   85%

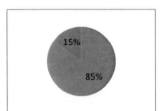

Frage	K1	K2	K3	K4	K5	K6	K7	K8	K9	Gesamt	Basiszahl	Prozent
Ja	8	10	8	7	8	7	6	6	9	69	81	85,19%
Nein	0	0	1	2	1	2	3	3	0	12	81	14,81%
												100,00%

42. Frage:
Ausstattung und Alter der Einrichtungen und Geräte

JA   94%

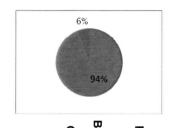

Frage	K1	K2	K3	K4	K5	K6	K7	K8	K9	Gesamt	Basiszahl	Prozent
Ja	8	10	8	8	9	8	8	8	9	76	81	93,83%
Nein	0	0	1	1	0	1	1	1	0	5	81	6,17%
												100,00%

Sonstiges:

	K1	K2	K3	K4	K5	K6	K7	K8	K9	Gesamt	Basiszahl	Prozent
Funktionsfähigkeit der Einrichtungen	1	0	0	0	0	0	1	0	0	2	81	2,47%

43. Frage:
Software (Personal, Angebot etc.)

JA   98%

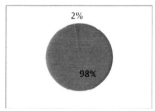

Frage	K1	K2	K3	K4	K5	K6	K7	K8	K9	Gesamt	Basiszahl	Prozent
Ja	8	10	9	8	8	9	9	9	9	79	81	97,53%
Nein	0	0	0	1	1	0	0	0	0	2	81	2,47%
												100,00%

44. Frage:
Qualifikation und Ausbildung der Mitarbeiter

JA   100%

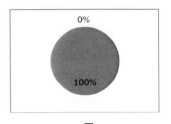

Frage	K1	K2	K3	K4	K5	K6	K7	K8	K9	Gesamt	Basiszahl	Prozent
Ja	8	10	9	9	9	9	9	9	9	81	81	100,00%
Nein	0	0	0	0	0	0	0	0	0	0	81	0,00%
												100,00%

45. Frage:
Service (Beratung, Freundlichkeit)

JA   98%

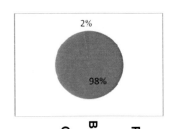

Frage	K1	K2	K3	K4	K5	K6	K7	K8	K9	Gesamt	Basiszahl	Prozent
Ja	8	10	9	9	9	8	8	9	9	79	81	97,53%
Nein	0	0	0	0	0	1	1	0	0	2	81	2,47%
												100,00%

46. Frage:
Äußeres Erscheinungsbild der Mitarbeiter

JA   80%

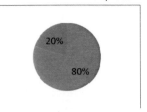

Frage	K1	K2	K3	K4	K5	K6	K7	K8	K9	Gesamt	Basiszahl	Prozent
Ja	8	7	7	4	9	8	5	8	9	65	81	80,25%
Nein	0	3	2	5	0	1	4	1	0	16	81	19,75%
												100,00%

47. Frage:
Angebot und Qualität der Behandlungen

JA   99%

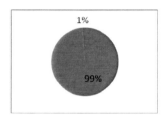

Frage	K1	K2	K3	K4	K5	K6	K7	K8	K9	Gesamt	Basiszahl	Prozent
Ja	8	10	9	9	9	9	8	9	9	80	81	98,77%
Nein	0	0	0	0	0	0	1	0	0	1	81	1,23%
												100,00%

48. Frage:
Sollen die Behandlungen einen gesundheitlichen Nutzen haben im Spa/Wellness?

JA   74%

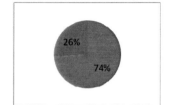

Frage	K1	K2	K3	K4	K5	K6	K7	K8	K9	Gesamt	Basiszahl	Prozent
Ja	6	9	5	7	7	7	5	6	8	60	81	74,07%
Nein	2	1	4	2	2	2	4	3	1	21	81	25,93%
												100,00%

49. Frage:
Besonderheiten, individuelle Angebote, spezielle Küche (gesunde Ernährung) etc.

JA   78%

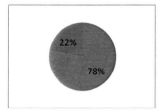

Frage	K1	K2	K3	K4	K5	K6	K7	K8	K9	Gesamt	Basiszahl	Prozent
Ja	4	7	6	8	9	7	6	9	7	63	81	77,78%
Nein	4	3	3	1	0	2	3	0	2	18	81	22,22%
												100,00%

50. Frage:
Hygiene, Sauberkeit

JA   100%

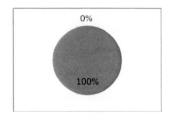

Frage	K1	K2	K3	K4	K5	K6	K7	K8	K9	Gesamt	Basiszahl	Prozent
Ja	8	10	9	9	9	9	9	9	9	81	81	100,00%
Nein	0	0	0	0	0	0	0	0	0	0	81	0,00%
												100,00%

51. Frage:
Unterhaltungsangebote/Freizeitangebote

JA   54%

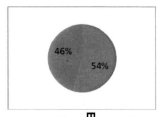

Frage	K1	K2	K3	K4	K5	K6	K7	K8	K9	Gesamt	Basiszahl	Prozent
Ja	4	6	7	5	5	5	4	2	6	44	81	54,32%
Nein	4	4	2	4	4	4	5	7	3	37	81	45,68%
												100,00%

52. Frage:
Schöne Landschaft

JA   57%

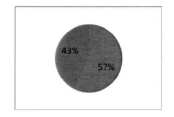

Frage	K1	K2	K3	K4	K5	K6	K7	K8	K9	Gesamt	Basiszahl	Prozent
Ja	4	5	7	4	5	6	4	4	7	46	81	56,79%
Nein	4	5	2	5	4	3	5	5	2	35	81	43,21%
												100,00%

53. Frage:
Auf was soll mehr Augenmerk liegen bei einer Überprüfung:

Beides gleich /Hardware und Software
82%

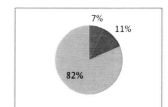

Frage	K1	K2	K3	K4	K5	K6	K7	K8	K9	Gesamt	Basiszahl	Prozent
Hardware	1	0	2	1	0	1	1	0	0	6	81	7,41%
Software	1	0	0	0	3	3	1	1	0	9	81	11,11%
Beides gleich	6	10	7	8	6	5	7	8	9	66	81	81,48%
												100,00%

54. Frage:
Haben Sie schon einmal einen Wellnessurlaub verbracht?

JA   88%

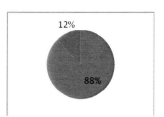

Frage	K1	K2	K3	K4	K5	K6	K7	K8	K9	Gesamt	Basiszahl	Prozent
Ja	8	9	8	9	6	8	7	8	8	71	81	87,65%
Nein	0	1	1	0	3	1	2	1	1	10	81	12,35%
												100,00%

55. Frage:
**Haben Sie vor in nächster Zeit einen Wellnes-
surlaub zu buchen und wie werden Sie das
geeignete Hotel aussuchen?**

NEIN   70%

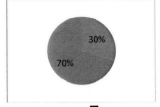

Frage	K1	K2	K3	K4	K5	K6	K7	K8	K9	Gesamt	Basiszahl	Prozent
ja	1	3	0	3	5	4	2	5	1	24	81	29,63%
nein	7	7	9	6	4	5	7	4	8	57	81	70,37%
												100,00%

Zusatzantworten: Grund Wellnessurlaub

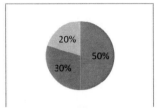

Frage	K1	K2	K3	K4	K5	K6	K7	K8	K9	Gesamt	Basiszahl	Prozent
Ruhe und Entspannung	1	0	0	0	0	1	2	1	0	5	10	50,00%
Erreichbarkeit	0	0	0	0	0	1	0	2	0	3	10	30,00%
Geschenk	0	0	0	0	1	1	0	0	0	2	10	20,00%
	1	0	0	0	1	3	2	3	0	10		100,00%

56. Frage:
Basiszahl ist 123, die Summe aller Antworten (mehrere Antworten möglich) der 81 Befragten:

Nach welchen Kriterien haben Sie das Hotel ausgesucht?
Empfehlung   19%

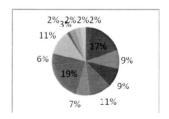

Frage	K1	K2	K3	K4	K5	K6	K7	K8	K9	Gesamt	Basiszahl	Prozent
habe Therme und Hotel gekannt von Tagestour	1	0	0	0	0	1	0	1	0	3	123	2,44%
nach Wellnessbereich	1	2	0	2	2	4	4	5	1	21	123	17,07%
günstige Angebote	3	1	2	1	0	1	1	2	0	11	123	8,94%
Natur für Außenaktivitäten	1	0	0	1	1	2	4	1	1	11	123	8,94%
Angebote im Wellnessbereich	1	1	2	4	0	0	2	2	1	13	123	10,57%
Größe	1	1	0	0	1	1	1	2	1	8	123	6,50%
Empfehlung	0	3	3	4	2	3	3	2	3	23	123	18,70%
Prospekt	0	2	1	0	1	1	0	2	0	7	123	5,69%
Internet	0	2	0	4	1	0	2	3	2	14	123	11,38%
Reisebüro	0	0	0	0	1	0	0	1	0	2	123	1,63%
Kulinarisches Angebot	0	1	0	1	0	1	1	0	0	4	123	3,25%
nach Hotelkategorie	0	1	0	0	0	2	0	0	0	3	123	2,44%
Zeitungsinserate	0	0	0	0	1	1	0	1	0	3	123	2,44%
	8	14	8	16	11	14	20	23	9	123		100,00%

57. Frage:
Wurden Ihre Erwartungen erfüllt?

JA   77%

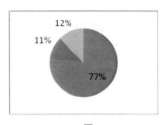

Frage	K1	K2	K3	K4	K5	K6	K7	K8	K9	Gesamt	Basiszahl	Prozent
Ja	8	9	7	8	5	6	6	8	5	62	81	76,54%
Nein	0	0	1	1	1	2	1	0	3	9	81	11,11%
keine Angabe	0	1	1	0	3	1	2	1	1	10	81	12,35%
												100,00%

58. Frage:
Basiszahl = 9, da 9 Personen angaben, dass ihre Erwartungen
nicht erfüllt wurden:
Bei Nein, weshalb?

Zu kleiner Wellnessbereich   45%

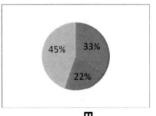

Frage	K1	K2	K3	K4	K5	K6	K7	K8	K9	Gesamt	Basiszahl	Prozent
Massenabfertigung	0	0	0	0	0	1	1	1	0	3	9	33,33%
Einrichtung Spa veraltet	0	0	2	0	0	0	0	0	0	2	9	22,22%
zu kleiner Wellnessbereich	0	0	0	0	1	1	0	0	2	4	9	44,44%
	0	0	2	0	1	2	1	1	2	9		100,00%

Statistik Frage 1
Geschlecht:

Weiblich   74%
Männlich   26%

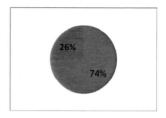

Frage	K1	K2	K3	K4	K5	K6	K7	K8	K9	Gesamt	Basiszahl	Prozent
weiblich	7	7	7	8	6	8	6	5	6	60	81	74,07%
männlich	1	3	2	1	3	1	3	4	3	21	81	25,93%
												100,00%

Statistik Frage 2
Alter

41 bis 50 Jahre   33%
31 bis 40 Jahre   25%
20 bis 30 Jahre   20%

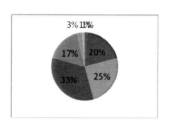

Frage	K1	K2	K3	K4	K5	K6	K7	K8	K9	Gesamt	Basiszahl	Prozent
unter 20	0	0	0	0	0	1	0	0	0	1	81	1,23%
20 bis 30 Jahre	2	1	1	1	3	1	1	3	3	16	81	19,75%
31 bis 40 Jahre	3	1	0	2	1	2	4	3	4	20	81	24,69%
41 bis 50 Jahre	2	6	5	2	2	3	3	3	1	27	81	33,33%
51 bis 60 Jahre	1	2	2	4	2	2	1	0	0	14	81	17,28%
61 bis 70 Jahre	0	0	1	0	1	0	0	0	0	2	81	2,47%
über 70 Jahre	0	0	0	0	0	0	0	0	1	1	81	1,23%
												100,00%

6.4. Gesamtergebnis Hotelsterne (Kunden)

Als sinnvolle Orientierungshilfe für Qualität und Zeitgemäß bezeichnen der größte Teil der Kunden die Kategorisierung der Beherbergungsbetriebe mittels Hotelsterne.

Sie bezweifeln jedoch die ausreichenden Kriterien und ausreichenden Überprüfungen. Fast 60% der befragten Kunden sind nicht zufrieden mit der derzeitigen Überprüfung und auch beim Kriterienkatalog sehen sie Handlungsbedarf.

6.4.1. Einzelergebnis Hotelsterne (Kunden)

Hotelsterne sind für den größten Teil der Kunden zeitgemäß und eine sinnvolle Orientierungshilfe für Qualität.

Als zeitgemäß bezeichnen fast 70% der Befragten die Kategorisierung mittels Hotelsternen und über 80% halten die Hotelsterne für eine sinnvolle Orientierungshilfe für Qualität.

Fast 60% aller Befragten sind der Meinung die Kriterien und Überprüfungen sind NICHT ausreichend.

Sind Ihrer Meinung nach die Hotelsterne:

Zeitgemäß

JA   68%

Ja   67,90%
Nein   32,10%
                                               100,00%

Eine sinnvolle Orientierungshilfe für Qualität

JA   81%

Ja   81,48%
Nein   18,52%
                                                       100,00%

Die Kriterien und Überprüfungen ausreichend

NEIN   57%

Ja   43,21%
Nein   56,79%
                                                       100,00%

Ist es möglich die Qualität eines Wellness- / Spabereiches klar zu erkennen?

NEIN   58%

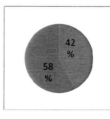

Ja   41,98%
Nein   58,02%
                                                       100,00%

6.5. Gesamtergebnis Mindestanforderung SPA (Kunden)

Als Mindestanforderung in einem SPA wird von den Kunden angeführt:

- Eigener SPA-Empfang/Rezeption
- Schwimmbad außen
- Schwimmbad innen
- Whirlpool
- Sauna
- Dampfbad
- Infrarot
- Kneippbecken
- Mindestens 3 bis 5 Therapieräume
- Kosmetik-/Beautyabteilung
- Gymnastikraum
- Fitnessraum mit Geräten
- Mindestens 2 bis 3 Ruheräume
- Pro Hotelgast 1 Liege
- Freiluftbereich
- Tageslicht im gesamten Spa- und Behandlungsbereich
- Geschultes Fachpersonal
- Anwendungsangebote (zwischen 1 bis maximal 30 Angebote)

Als Mindestanforderung im SPA gaben an:

über 90%	-	Schwimmbad innen, Sauna, Dampfbad, Freiluftbereich.
100%	-	geschultes Fachpersonal
über 70%	-	Schwimmbad außen, Schwimmbad innen
		mehr als 5 x 10 m Mindeststandard
je 65%	-	Temperatur Wassers zwischen 27 und 30 Grad
		2 bis 3 verschiedene Saunen
Fast 70%	-	pro Hotelgast eine Liege
39%	-	Anwendungsangebot Anzahl 6 bis 10

6.5.1. Einzelergebnis Mindestanforderung SPA (Kunden)

Ein Minimum im Spa ist:

- Eigener SPA-Empfang/Rezeption
- Schwimmbad außen
- Schwimmbad innen
- Whirlpool
- Sauna
- Dampfbad
- Infrarot
- Kneippbecken
- Mindestens 3 bis 5 Therapieräume
- Kosmetik-/Beautyabteilung
- Gymnastikraum
- Fitnessraum mit Geräten
- Mindestens 2 bis 3 Ruheräume
- Pro Hotelgast 1 Liege
- Freiluftbereich
- Tageslicht im gesamten Spa- und Behandlungsbereich
- Geschultes Fachpersonal
- Anwendungsangebote (zwischen 1 bis maximal 30 Angebote)

Fast allen Befragten (je über 90%) sind wichtig Schwimmbad innen, Sauna, Dampfbad, Freiluftbereich.

Geschultes Fachpersonal ist für 100% der Befragten ein „MUSS"!

Schwimmbad außen sowie Schwimmbad innen, Größe mehr als 5 x 10 m, betrachten über 70% der Befragten als Mindeststandard.

Die Temperatur des Wassers zwischen 27 und 30 Grad ist für jeweils 65% optimal.

2 bis 3 verschiedene Saunen wurden ebenfalls mehrheitlich als Standard angegeben.
Aromaduschen als „minimum" im SPA sind für ca. die Hälfte aller Befragten wichtig.

„Pro Hotelgast eine Ruheliege" wünschen sich die meisten Kunden.
„Pro 2 Hotelgäste eine Ruheliege" folgt gleich darauf.

Weniger Ruheliegen sind für die Befragten nicht akzeptabel (verschwindende 4% geben sich damit zufrieden).

Ein Anwendungsanbot bis maximal 30 Anwendungen sind genug befinden die Kunden. Der größte Anteil der Befragten (knapp 40%) ist mit einem Anwendungsangebot 6 bis 10 Anwendungen zufrieden, gefolgt von 11 bis 20 Anwendungen.

6.6. Gesamtergebnis Gütesiegel (Kunden)

90% aller befragten Kunden wünschen sich ein einheitlich allgemein gültiges Gütesiegel für SPA/Wellness.

Die Erwartungen an ein einheitliches allgemein gültiges Gütesiegel sind hauptsächlich Qualitätskontrollen, gefolgt von einheitlichen Kriterien. Weitere Anforderungen an ein Gütesiegel sind Qualitätsversprechen und klare Aussagen. Leichtere Orientierung und regelmäßige Qualitätskontrollen wünschen sich die Kunden durch ein einheitliches Gütesiegel.

Im Zusammenhang der Erwartungen waren die Antworten unter 6 möglichen frei wählbar und eine Auswahlmöglichkeit von mehr Antworten erlaubt. Von 81 Befragten kamen zu dieser Frage 243 Antworten, diese wurden als Basiszahl zur Errechnung der % genommen. Prozentmässig teilen sich die Antworten ziemlich gleichmäßig auf alle Möglichkeiten auf.

6.6.1. Einzelergebnis Gütesiegel (Kunden)

90% aller befragten Kunden möchte ein einheitliches allgemein gültiges Gütesiegel für Wellness-/SPA.

Das Ergebnis im Detail:

Wollen Sie als Kunde ein einheitliches allgemein gültiges Gütesiegel?

JA   90%

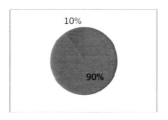

Ja	90,12%
Nein	9,88%
	100,00%

6.7. Gesamtergebnis Gütesiegel in Kombination Hotelsterne (Kunden)

Ein Viertel der befragten Kunden kann sich eine Überprüfung in Kombination mit den Hotelsternen vorstellen.

Eindeutig für eine sinnvolle Orientierungshilfe und zeitgemäß halten die Kunden eine Kategorisierung der Hotelbetriebe durch die Hotelsterne.

Ausreichende Kriterien und ausreichende Überprüfungen sind aus Kundensicht nicht mehr eindeutig gegeben.

Fast 60% aller Befragten sind der Meinung die Kriterien und Überprüfungen sind nicht mehr ausreichend.

6.7.1. Einzelergebnis Gütesiegel in Kombination Hotelsterne (Kunden)

Für eine Überprüfung Gütesiegel in Kombination mit den Hotelsternen sprechen sich 25% der Befragten aus.

Basiszahl ist 130, die Summe aller Antworten (mehrere Antworten möglich) der 81 Befragten:

Wer könnte Zertifizierung durchführen?

Kombination Öffentlich-Fachverband-
Privat   26%
Fachverband   23%

Öffentliche Prüfanstalt (wie z.B. Land)	14,62%
Fachverband (wie z.B. Wirtschaftskammer)	23,08%
Private Anbieter	4,62%
Kombination Öffentlich/Fachverband/Privat	26,15%
Kunde (Fragebogen an jeden Gast und Auswertung über unabhängiges Institut)	18,46%
Internetplattform (Gästebewertung)	13,08%
	100,00%
Sonstiges: keine Angabe	4,94%

Zusammenfassung:

✓ Hotelsterne sind für den größten Teil der Kunden zeitgemäß und eine sinnvolle Orientierungshilfe für Qualität.

✓ Als zeitgemäß bezeichnen fast 70% der Befragten die Kategorisierung mittels Hotelsterne.

✓ Über 80% halten die Hotelsterne für eine sinnvolle Orientierungshilfe für Qualität.

✓ Fast 60% aller Befragten sind der Meinung die Kriterien und Überprüfungen sind NICHT ausreichend.

6.8. Gesamtergebnis Erwartungen Gütesiegel (Kunden)

Zur Frage „wer könnte die Zertifizierung für Wellness-/SPA durchführen?" standen folgende Auswahlmöglichkeiten zur Wahl:

- ✓ Öffentliche Prüfanstalt (wie z.B. Land)
- ✓ Fachverband (wie z.B. Wirtschaftskammer)
- ✓ Private Anbieter
- ✓ Kombination Öffentlich/Fachverband/Privat
- ✓ Kunde (Fragebogen an jeden Gast und Auswertung über unabhängiges Institut)
- ✓ Internetplattform (Gästebewertung)

In diesem Ergebnis wurden von 81 Befragten 161 Antworten gegeben. Es waren Mehrfachnennungen möglich und als Basiszahl wurden die 161 Antworten zur Ergebnisfindung herangezogen.

Es lässt sich eine deutliche Tendenz zu

„Öffentlich/Fachverband/Privat" als Kombination

erkennen (knapp unter 30% aller Antworten).

Eine Zertifizierung über den Fachverband können sich weitere 23% vorstellen.

Gering die Auswahl der weiteren Möglichkeiten wie Internetplattform, Fragebogen an Gäste, Öffentliche Prüfanstalt oder Private Anbieter (je unter 20%).

Am ehesten erwarten die Kunden sich regelmäßige Qualitätskontrollen und einheitliche Kriterien von einem einheitlichen allgemein gültigen Gütesiegel.

6.8.1. Einzelergebnis Erwartungen Gütesiegel (Kunden)

90 % aller Kunden wollen ein einheitliches allgemein gültiges Gütesiegel.
Sie verbinden damit folgende Erwartungen:

- ✓ Regelmäßige Qualitätskontrollen
- ✓ Einheitliche Kriterien
- ✓ Qualitätsversprechen
- ✓ Klare Aussagen
- ✓ Leichtere Orientierung

Qualitätskontrollen mit einem Ergebnis von 27 % liegen knapp an erster Stelle bei den Erwartungen.
Gefolgt von „Einheitliche Kriterien" und „Qualitätsversprechen" mit je knapp über 20%.
In diesem Ergebnis wurden von 81 Befragten 243 Antworten gegeben. Es waren Mehrfachnennungen möglich und als Basiszahl wurden die 243 Antworten zur Ergebnisfindung herangezogen.

Basiszahl ist 243, die Summe
aller Antworten der 81 Befragten:

Was erwarten Sie sich von einem allgemein gültigen Gütesiegel?

Qualitätskontrollen   27%

Einheitliche Kriterien	22,63%
Qualitätsversprechen	21,40%
Leichtere Orientierung	13,17%
Regelmäßige Qualitätskontrollen	27,16%
Klare Aussagen	15,64%
	100,00%

6.9. Gesamtergebnis - Durchführung Gütesiegel (Kunden)

Bei einer Zertifizierung zu einem einheitlichen allgemein gültigen Gütesiegel sollten folgende Punkte im Kriterienkatalog enthalten sein (Ergebnis Befragung 81 Kunden):

- ✓ Hardware (Architektur, Bauliches, Ambiente, Größe...)
- ✓ Größe und Anzahl der Wasserwelten allgemein
- ✓ Größe und Anzahl der Pools
- ✓ Größe SPA im Verhältnis zu den Hotelbetten
- ✓ Größe und Anzahl der Saunen
- ✓ Größe und Anzahl Dampfbad
- ✓ Größe der Ruheräume im Verhältnis zu den Hotelbetten
- ✓ Ausstattung und Alter der Einrichtungen und Geräte
- ✓ Software (Personal, Angebot...)
- ✓ Qualifikation und Ausbildung der Mitarbeiter
- ✓ Service (Freundlichkeit, Beratung)
- ✓ Äußeres Erscheinungsbild der Mitarbeiter
- ✓ Angebot und Qualität der Behandlungen
- ✓ Gesundheitlicher Nutzen im SPA
- ✓ Besonderheiten – individuelle Angebote, spezielle Küche etc.
- ✓ Hygiene, Sauberkeit

Bei diesen Kriterien liegt die Ergebnisquote jeweils bei über 70%.
Eine Überprüfung können sich die Kunden am ehesten über Mystery Check vorstellen mit externen Beauftragten.
Als nächste Möglichkeit wird eine Überprüfung in Kombination mit der Hotelsternen angegeben.

Eine Kombination „Öffentlich/Fachverband/Privat" als Zertifikat-Herausgeber und Überprüfer ist für 26% der Kunden denkbar.
23% können sich eine Zertifizierung zu einem neuen einheitlichen Gütesiegel über den Fachverband vorstellen.

6.9.1. Einzelergebnis Durchführung Gütesiegel - Kunden

Eine Überprüfung Mystery Check ist für 27% der Befragten an erster Stelle, gefolgt von Überprüfung in Kombination mit den Hotelsternen mit 25%.

Eine Zertifizierung über „Öffentliche Prüfanstalt-Fachverband-Privat" als Kombination ist für 26% der Befragten eine gute Möglichkeit.

Zertifizierung über den Fachverband, Kundenfragebogen mit anschließender Auswertung über unabhängiges Institut, Öffentliche Prüfanstalt oder Internetplattform ist für einige der Befragten eine Durchführungsmöglichkeit (Ergebnisquote jeweils etwas über 10%).

Fast 20% der befragten Kunden sind für eine <u>neue Marke</u> als Gütesiegel. Es gab 18 Vorschläge dazu, die frei gewählt und erfunden von Befragten, in die Auswertung hineingenommen wurden.

28% aller Antworten stehen eindeutig für die

„Sonne"

als Bewertungsmarke, gefolgt von

„Wellness-Sterne"

bis hin zu Wasserstrahl, Rose, Springbrunnen, Blubberblasen, Qualle, Komet, Saunahütten und Sternenhimmel.

Basiszahl ist 161, die Summe
aller Antworten der 81 Befragten:

Wie könnte so ein einheitliches Gütesiegel
aussehen und wer könnte die Zertifizierung
durchführen?

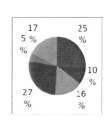

Mystery Check   27%
Mit den Hotelsternen   25%

Überprüfung und Zertifizierung in
Kombination mit den Hotelsternen

25,47%

Zertifizierung über Kundenbewertungen
im Internet

9,94%

Zertifizierung über Kundenbewertung /
Fragebogen für jeden Gast / Auswertung über unabhängiges Institut

15,53%

Anonyme Überprüfung (Mystery
Check)

26,71%

Überprüfung mit Voranmeldung und
folgender Beratung

4,97%

Zertifizierung durch neue Institution mit
komplett neuer Marke

17,39%
100,00%

Basiszahl ist 18, die Summe
aller Antworten der 81 Befragten,
die restlichen Befragten machten dazu keine
Angabe:

Wie könnte eine neue Marke aussehen?

Sonne   28%
Wellness-Sterne   17%

Wasserstrahl	11,11%
Springbrunnen	5,56%
Blubberblasen	5,56%
Qualle	0,00%
Sonne	27,78%
Komet	5,56%
Saunahütten	5,56%
Sternenhimmel	5,56%
Wellness-Sterne	16,67%
Rose	11,11%
Wellnesslinien Farbe hellblau beinhalten	5,56%
	100,00%

Basiszahl ist 130, die Summe
aller Antworten der 81 Befragten:

Wer könnte Zertifizierung durchführen?
Kombination
Öffentlich-Fachverband-Privat   26%
Fachverband   23%

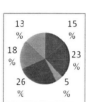

Öffentliche Prüfanstalt (wie z.B. Land)

14,62%

Fachverband (wie z.B. Wirtschaftskammer)

23,08%

Private Anbieter

4,62%

Kombination Öffent-
lich/Fachverband/Privat

26,15%

Kunde (Fragebogen an jeden Gast und
Auswertung über unabhängiges Institut)

18,46%

Internetplattform (Gästebewertung)

13,08%

100,00%

Sonstiges: keine Angabe

4,94%

6.10. Statistik Wellnessurlaub Kunden

Der überwiegende Teil der befragten Kunden hat bereits einen Wellnessurlaub genossen und bei fast allen wurden die Erwartungen erfüllt.

Enttäuschungen waren in erster Linie ein zu kleiner Wellnessbereich, gefolgt von Massenabfertigung, sowie veraltete SPA-Einrichtungen.

Die Hälfte der befragten Kunden sucht im Wellnessurlaub Ruhe und Entspannung.

70% aller Befragten haben nicht vor in nächster Zeit einen Wellnessurlaub zu buchen.

Wellnesshotels werden gerne auf Empfehlung gewählt und nach dem Wellnessbereich ausgesucht.

Nur 11% der befragten Kunden suchen das Wellnesshotel über Internet aus.

Das Anwendungsangebot spielt auch eine Rolle bei der Auswahl des Hotels.

Die Ergebnisse im Einzelnen:

Haben Sie schon einmal einen Wellnessurlaub verbracht?

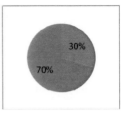

JA   88%

Ja	87,65%
Nein	12,35%
	100,00%

Haben Sie vor in nächster Zeit einen Wellnessurlaub zu buchen und wie werden Sie das geeignete Hotel aussuchen?

NEIN   70%

ja	29,63%
nein	70,37%
	100,00%

Zusatzantworten: Grund Wellnessurlaub

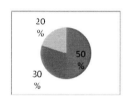

Ruhe und Entspannung   50,00%
Erreichbarkeit   30,00%
Geschenk   20,00%
         100,00%

Nach welchen Kriterien haben Sie das Hotel ausgesucht?

Empfehlung   19%

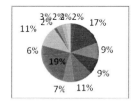

habe Therme und Hotel gekannt von Tagestour	2,44%
nach Wellnessbereich	17,07%
günstige Angebote	8,94%
Natur für Außenaktivitäten	8,94%
Angebote im Wellnessbereich	10,57%
Größe	6,50%
Empfehlung	18,70%
Prospekt	5,69%
Internet	11,38%
Reisebüro	1,63%
Kulinarisches Angebot	3,25%
nach Hotelkategorie	2,44%
Zeitungsinserate	2,44%
	100,00%

Wurden Ihre Erwartungen erfüllt?

JA   77%

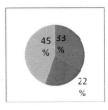

Ja	76,54%
Nein	11,11%
keine Angabe	12,35%
	100,00%

Bei Nein, weshalb?

Zu kleiner Wellnessbereich   45%

Massenabfertigung	33,33%
Einrichtung Spa veraltet	22,22%
zu kleiner Wellnessbereich	44,44%
	100,00%

7. EXPERTENGESPRÄCHE

7.1. Zusammenfassung Expertengespräche

Es wurden befragt:

1. **Adolf Lang**
    Gremium der Kategorisierung Hotelsterne Wirtschaftskammer Salzburg
    Hr. Lang ist seit mehr als 20 Jahren in diesem Bereich tätig
    Befragung erfolgte: 23. Jänner 2009, 9 Uhr, WK Salzburg

2. **Herbert Ebner**
    Inhaber Ebner's Waldhof, Fuschl
    Sprecher der Fachgruppe Wellnesshotels Salzburg
    Obmann Verein Alpine Wellness
    Befragung erfolgte: 26. Jänner 2009, 16 Uhr, Ebner's Waldhof in Fuschl

3. **Maximilian Fischbach**
    Therapeut, Seminarleiter, Referent 1. Semester Medizin
    Akad.Wellnessmanager an der FH Puch, viele Jahre Erfahrung im Wellness-
    bereich (z.B. Hotel Eggerwirt)
    Befragung erfolgte: 27. Jänner 2009, 10 Uhr, telefonisch

4. **Mag. Nina Rauchenschwandtner**
    Fachgruppengeschäftsführerin Sparte Tourismus und Freizeitwirtschaft Wirt-
    schaftskammer Salzburg
    Befragung erfolgte: 28. Jänner 2009, 9 Uhr, WK Salzburg

5. **Johann Domnanovich**
    Ausbildungsleiter Akademischer Wellnessmanager FH Puch
    Mehrjährige Erfahrung in der Hotel- und Wellnessbranche,
    Erfahrung Mystery Check, Hoteltest usw.
    Befragung erfolgte: 2. Februar 2009, 14 Uhr, WIFI

6. **Wolfgang Pitzl**
    Leiter Referat Gesundheits- und Wellnessausbildung WIFI
    Befragung erfolgte: 5. Februar 2009, 13 Uhr, WIFI

Es wurden zwischen 17 und 21 Fragen gestellt, die teilweise mit ja/nein und teilweise in eigenen Worten beantwortet wurden.

Es wurden auch einige Zwischenfragen gestellt, diese sind in den detaillierten Aufzeichnungen der Expertengespräche „fett gedruckt".

Auf ja/nein Antworten folgte eine Frage der Begründung.

Dauer der Gespräche 45 bis 90 Minuten.

1. Hotelsterne

Frage: **Wie funktioniert die Hotelsternevergabe in der Praxis?**

Die Kriterien zur Kategorisierung der Hotelsterne sind ländermäßig nicht einheitlich. Hotelsterne sind eine registrierte geschützte Marke.

Ablauf Klassifizierungsverfahren in Österreich:

1. Antrag wird mit Erhebungsbogen bei der Fachgruppe Hotellerie in der Wirtschaftskammer gestellt, bereits mit gewünschter Kategorie.

2. Erstklassifizierung – eine Kommission entscheidet nach Angaben und Gesamteindruck vor Ort.

3. Überprüfung – bereits kategorisierte Betriebe werden im Abstand von 3 – 5 Jahren überprüft (bei Beschwerden über Qualität oder Standard des Betriebes auch schon früher).

1* bis 4*Superior – Zuständigkeit Landeskommission Fachverband.
5 Sterne – Fachverband auf Bundesebene für ganz Österreich.

Einige Mindestkriterien (gesamt ca. 160, je nach Kategorie unterschiedlich erfüllt) kurz gefasst:

1 Stern
Kunde sucht Nächtigungsleistung und günstigen Preis!
Einfache Ausstattung, sauber und tadellos erhalten.

2 Sterne
Kunde sucht Nächtigung mit eingeschränktem Angebot!
Zweckmäßig mit gewissem Komfort und Angebot wie z.B. TV, Getränke etc.

3 Sterne
Kunde sucht Mittelklasse zum optimalen Preis!
Einheitliche gehobene Ausstattung mit bescheidenem Komfort wie z.B. Speisen, Getränke, Dienstleistungsangebot wie Empfang, Rezeption etc.

4 Sterne

Kunde sucht hohes Dienstleistungsangebot und Qualität!

Erstklassige Ausstattung, Qualität in Ausstattung und Dienstleistung, Betriebliches Angebot (wie z.B. Sport, Gastronomie, Wellness etc.

4 Sterne Superior

Kunde sucht hohe Qualität und „etwas mehr"!

Makellose Hardware, ein deutliches „MEHR" an Service und Dienstleistung, zusätzlich qualitätsgeprüft durch Mystery Check.

5 Sterne

Gast sucht Qualität und Luxus!

Exklusive luxuriöse Ausstattung, unverwechselbarer Betriebscharakter, perfekt in Hardware und Dienstleistung, zusätzlich qualitätsgeprüft durch Mystery Check.

Im Fragenkatalog des Mystery Check werden folgende Themen behandelt:

Web, Email, Post, Telefon, Anreise außen, Check-in, Zimmer, Housekeeping, Kinder, Restaurant, Frühstück, Zimmerservice, Bar, Öffentlicher Bereich, Freizeit, Service, Check-out, Erlebnisbericht (= Mystery Check).

Je nach Kategorie werden zu jedem Thema die Ergebnisse ausgewertet und nach einem Schulnotensystem 1 – 5 bewertet. Gesamt finden sich über 500 Fragen zu den o.g. Themen auf dem Protokoll des Mystery Check.

Die Auswertung erfolgt nach erreichten %, zwischen 75 und 80% ergeben ein positives Ergebnis.

Frage: **Sehen Sie persönlich die Hotelsterne als zeitgemäß, als sinnvolle Orientierungshilfe für Qualität und die Kriterien als ausreichend?**

Auf die Frage ob die Kategorisierung der Beherbergungsbetriebe mit Hilfe der Marke Hotelsterne sinnvoll und zeitgemäß ist, war nur einer der sechs befragten Personen der Meinung, dass diese überholt und NICHT mehr zeitgemäß sind.

Die Aussage „Hotelsterne sind überholt" wurde begründet, es wird zuviel auf Hardware (Ausstattung usw.) Wert gelegt. Die Software (Personal, Freundlichkeit, Hygiene…) wird nicht genügend berücksichtigt, die Richtlinien gehören überarbeitet.

Fünf Personen fanden die Hotelsterne sinnvoll und positiv.

Frage: Weshalb ist es bis heute nicht gelungen in Europa einheitliche Kriterien für Hotelsterne festzulegen? Was sind die Gründe dafür?

Es ist bis heute nicht gelungen im Bereich der Hotelsterne weltweit oder zumindest europaweit einheitliche Kriterien festzulegen, obwohl es seit mehr als 20 Jahren Bestrebungen gibt.

Die Anforderungen und Kosten sind ländermäßig sehr unterschiedlich.
Es fehlt die Kompetenz (z.B. in der EU).

In Österreich sind alle Hotels Wirtschaftskammer Mitglieder und werden auf Anfrage kategorisiert, es sind fast alle kategorisiert.

In anderen Ländern ist das selten, es ist ein komplett privates freiwilliges System in vielen Ländern.

Frage: Gibt es besondere Herausforderungen bei den Hotelsternen für die Zukunft?

Es gibt in Österreich Bestrebungen mit dem Fachverband in Deutschland und in der Schweiz eine Harmonisierung zu erreichen.

- Überarbeitung im 3 und 4-Sterne Segment.
- Bedarf Software
- Mehr Augenmerk auf Mensch/Dienstleistung
- Ausbildung Personal
- Verbesserung der Standards
- Nachbesserung der Kriterien
- Ausbildung Personal

Eine Antwort lautete auch keine speziellen Herausforderungen…

2. Wellness/SPA

Frage: Wellness ist ein nicht geschützter Begriff, wie glauben Sie erkennt man die Qualität eines Wellness-/Spabereiches?

Die Qualität im Wellnessbereich und Spabereich ist schwierig herauszufiltern, sehr individuell, ist nur mit entsprechenden Checks möglich.
Die Herausforderungen im Bereich Wellness/SPA sehen vier der Befragten eindeutig im Bereich Software, speziell bei den Anwendungen, Personal, Kommunikation, Auftreten.

Als Qualitätskennzeichen geben die Experten jeweils eine „gewisse Größe des Spabereiches", „Ganzheitlichkeit", „qualifiziertes Personal", „Sauberkeit, Hygiene", „Kriterien der Hardware (Ambiente, Architektur…)", „Wasserqualität Pool" an.

Frage: Was sollte ein Wellness-/ Spa-Betrieb minimum enthalten?

Ein Spa sollte laut aller Experten minimum einen Pool innen haben.

Fünf Experten sind der Meinung mindestens mehrere Saunen müssen vorhanden sein und ein Beauty/Kosmetikangebot.

Vier Befragte finden, dass verschiedene Massagen im Mindestangebot enthalten sein müssen.

Außerdem als wichtig eingestuft werden:
Qualifiziertes Personal, Dampfsauna, Jacuzzi, Pool außen, mehrere Anwendungs-räume, klass. Anwendungen, asiatische und traditionelle Anwendungen, Fitness-raum, genügend Ruheliegen, großzügiger Ruhebereich,
Tageslicht im gesamten Spa, Fitnessraum, professionell betreute Gymnastik, gesunde Küche, Infrarot, Aromaduschen, Außenaktivitäten , Saftbar, gewisse Größe, spezielle Themen und Abwechslung, ansprechende Architektur, interessante Vorträge, Möglichkeit sich erfahrungsmäßig weiterzubilden, angenehme Pooltempe-raturen (innen 28° und außen 31° mindestens), einige Besonderheiten.

3. Gütesiegel Wellness/SPA

Frage: Glauben Sie, dass die Hotelbetreiber ein einheitliches (allgemein gültiges) Gütesiegel für SPA wollen?

Vier von sechs Experten sind der Meinung, dass Hotelbetreiber an einem einheitlichen allgemein gültigen Gütesiegel interessiert wären.

Ein Experte ist noch nicht ganz schlüssig, nicht ja und nicht nein.

Ein klares „nein" kam von einem Experten als Antwort.

Frage: Was erwartet sich der Hotelier von so einem Siegel?

Die Erwartung an ein einheitliches Gütesiegel von Seiten der Hoteliers wird einerseits als Vergleich zu den Mitbewerbern und andererseits als eine Verbesserung der Marketingpositionierung beschrieben.

„Echte" Wellnesshotels würden ein einheitliches Gütesiegel begrüßen, „Bettenfüller" eher nicht, es soll einfach nur gut laufen.

Frage: Glauben Sie, dass der Kunde ein einheitliches (allgemein gültiges) Gütesiegel für SPA will?

Ob der Kunde an einem einheitlichen Gütesiegel interessiert ist beantworten alle Experten eindeutig mit JA!

Frage: Was erwartet sich der Kunde von so einem Siegel?

Die Erwartungen des Kunden an ein einheitliches Gütesiegel sind zum einen eine leichtere Orientierung, er kann sich auf die Klassifizierung verlassen.

Er kann Preis-Leistungsverhältnis erkennen und einfordern, er erwartet sich eine klare Aussage, ein Versprechen und Qualitätskontrolle.

Frage: Welche Barrieren haben bisher die Einführung eines einheitlichen Güte-siegels verhindert?

Weshalb es bis heute nicht gelungen ist einheitliche Gütesiegel zu schaffen sehen die Experten in der Unterschiedlichkeit der Betriebe – als Folge davon die unter-schiedlichen Kriterien. Die Kriterien der Hardware lassen sich einheitlich festlegen, hier wäre das Problem nicht so groß.

Bei der Software (Anwendungen, Dienstleistungen, Ausbildung, Kompetenz, Freundlichkeit….) wird es schwieriger eindeutige Kriterien festzulegen.

Ein Experte ist der Meinung, dass 50% aller Wellnesshotels die Rahmenbedingun-gen nicht erfüllen könnten.

Es gibt keine unantastbare Institution, es wäre nur mit einer unbestechlichen Institution möglich, der Gesetzgeber ist überfordert.
Ein weiteres Problem sind die Kosten, ist einer der Experten überzeugt.

Als Barrieren für die einheitliche Gütesiegelvergabe im Wellnessbereich werden hauptsächlich angegeben:

- die Geschwindigkeit mit der der Wellnessmarkt gewachsen ist
- die Individualität
- Marke Wellness nicht schützbar
- Marketing steht im Vordergrund

Wenn etwas nicht gesetzlich geregelt ist gibt es meist Insellösungen ist ein Experte überzeugt.

Frage: Hotelsterne sind ja seit mehr als 30 Jahren eine geschützte Marke. Könnten Sie sich im Bereich Wellness-/Spa-Betriebe eine Bewertung ähnlich wie bei den Hotelsternen als geschützte Marke vorstellen?

Ob eine Bewertung im Bereich Wellness/Spa ähnlich wie bei der Hotelsterne-Klassifizierung ablaufen könnte als geschützte Marke sind sich 5 Experten einig, dass dies möglich wäre.

Ein Experte ist der Meinung diese Gütesiegel sind ja meist ein Marketinginstrument und außerdem gibt es ja schon Best Health als geschützte Marke.

Frage: Wie kann so eine Marke aussehen?

Die Lilie gibt es schon und ist in den Augen eines Experten in Ordnung als Marke, er ist der Meinung es könnte auch eine Rose sein.

Ein Befragter ist der Meinung Wellen und blau müsste auf jeden Fall drin sein.

Wort und Bild, helle Farben wie blau, orange, gelb, Wellenbewegungen, jedoch maximal 4 Wellen. Könnte ähnlich aussehen wie bei Olympiade.
Farblich hell bunt, vielleicht gelber Stern.

Vorlage EBay, durch Kundenbewertung, da wird ein Jahr bewertet und ständig erneuert, wäre gute Vorlage, das System funktioniert gut und man kann sich verlassen.

Kurz, bündig, präzise, klar, deutlich, effizient sind die Erwartungen an eine neue Marke im Bereich der Auszeichnungen Wellness und Spa.

Frage: Wer könnte diese Bewertung durchführen?

Bei der Frage wer so eine Zertifizierung durchführen könnte gehen die Meinungen stark auseinander.

Der Gesetzgeber (Land, Hygieniker für Wasser) in Zusammenarbeit mit einem Arzt (Prüfung der Anwendungen) und die Sparte Tourismus in Zusammenarbeit mit einer unabhängigen Kommission im Team könnten hier neue Kriterien schaffen und die Klassifizierungen durchführen.
Die Kriterien müssten transparent sein und die Überprüfung unbedingt mit den Experten durchgeführt werden die an der Ausarbeitung der Kriterien mitgewirkt haben.

Alle 1 – 2 Jahre sollten unangemeldete Überprüfungen stattfinden.

Es müsste eine unbestechliche Institution sein, es sollte mit wenig Geld ablaufen, diese Institution müsste erst geschaffen werden.
Es gäbe aber einige die das könnten (z.B. Gastlichkeit & Co)

Frage: Welche Gütesiegel im Wellness-/SPA-Bereich kennen Sie?

Auf die Bekanntheit der bestehenden Gütesiegel befragt, führt eindeutig der Relax-guide den bis auf einen alle genannt haben.

Im Anschluss wurden genannt Dt. Wellnessverband und Alpine Wellness.

Schlusslicht bei der Frage „welche Gütesiegel kennen Sie" sind eindeutig Best Health und Schlank und Schön.

Frage: Sollten alle SPA Betriebe ein einheitliches Gütesiegel haben?

Alle Spa's sollten ein einheitliches Gütesiegel haben ist die Meinung von vier Experten.
Ein Gesprächspartner ist der Meinung es ist nicht notwendig und ein Experte findet es gut, ist aber der Meinung, dass dies sehr schwierig ist auf Grund der Individualität.

Das „nein" wird begründet mit zu breit angelegten Überprüfungen und Mystery Checks die überzogen sind und ausschließlich der „Geldmacherei" dienen.

Ein Hotelbetrieb der z.B. 4-Stern-Superior und bei Best Wellness und Best Health ist muss drei Mystery Check Prüfungen über sich ergehen lassen. Alle laufen einzeln und nach eigenen Kriterien ab.

Hotelbetreiber geben meist noch selber einen Mystery Check in Auftrag, da sie ja selber interessiert ist wo der Betrieb steht und dann sind wir schon bei 4 Überprüfungen, das ist einfach zuviel.

Frage: Welche Punkte soll ein einheitliches Siegel mindestens enthalten?

Punkte die ein einheitliches Gütesiegel enthalten müssten sind (nach Prioritäten gereiht):

- Freundlichkeit und Qualifikation der Mitarbeiter
- Geschultes Personal
- Qualität der Behandlungen
- Grundstock der klassischen Anwendungen
- Besonderheiten bei den Anwendungen
- Gewisse Größe – Verhältnis Betten zu m² Spa

- Hygiene
- Hardware wie Architektur, Ausstattung, Ambiente usw.

Frage: Was darf so eine Prüfung und einheitliches Gütesiegel kosten?

Die Kosten für ein Gütesiegel werden zwischen minimum Euro 500,-- und maximum Euro 2.000,-- angegeben bei Erstzertifizierung und Folgeüberprüfung mit Euro 500,--.

Frage: Könnten Sie sich vorstellen die Qualität Wellness- Spabereich in Kombination mit Hotelsternen zu zertifizieren?

Wellness/Spa könnten in Kombination mit den Hotelsternen zertifiziert werden ist zwar schwierig wäre aber effizienter meint ein Experte.

Die anderen sind überzeugt, dass dies nicht funktioniert.

Zum einen weil es hier zum Visionskonflikt kommt, zum anderen weil es Konflikte gibt wie z.B. eine Bewertung Beherbergung ergibt 5-Sterne und Wellness 4-Sterne oder weniger.

Weitere Aussagen und Argumente zur Zertifizierung eines Gütesiegel Wellness in Kombination mit Hotelsternen:

Ein Hotelbetrieb ohne Wellness ist heute kein Hotelbetrieb.

Eine Kombination bei der Kategorisierung Hotel-Küche-Wellness wäre viel zu aufwendig.

Derzeit sind die Überprüfungen im 4-Sterne Bereich zu oberflächlich.

Hotelsterne, Küche und Wellness muss auf jeden Fall getrennt überprüft werden, denn es gibt in jedem Bereich eigene Herausforderungen.

Es fehlt das Fachwissen, das ganze System müsste umgestellt werden das ist nicht sinnvoll.

Die Hotelsterne würden an Aussagekraft verlieren.

Man bräuchte Mystery Checks mit externen Beratern.

4. Statistik

Frage: Haben Sie schon einmal einen Wellnessurlaub verbracht?

Fünf der Befragten haben bereits einen Wellnessurlaub verbracht.

Frage: Was waren Ihre Erwartungen?

Die Erwartungen an einen Wellnessurlaub deckten sich meist nicht mit der Realität.

Von einem Wellnessurlaub wird erwartet:

- Fachliche und menschliche Kompetenz
- Großzügiger Schwimmbereich und Saunabereich
- Gute Dienstleistung
- Gutes Ambiente, schöne Architektur, baulich geschmackvoll
- Neugierde
- Außenaktivitäten
- Beauty
- Relaxen, Entspannung
- Sauberkeit
- Personal soll keinen Stress verbreiten
- Bestimmtes Auftreten Personal, äußeres Erscheinungsbild (sauber, ordentlich, adrett)

Frage: Nach welchen Kriterien haben Sie das Hotel ausgesucht?

Die Hotels wurden nach folgenden Kriterien ausgesucht:

- Angebot der Anwendungen ist vier der sechs Befragten sehr wichtig
- Empfehlungen von Personen die einem bekannt sind
- Aktivitäten die angeboten werden
- Hotel war bereits bekannt
- Nach der Ausstattung (Ambiente, Stil)
- Pool innen und außen
- Mehrere Saunen
- Großzügige Anlage
- Restaurant
- Nach Bewertungen

7.2. Schlussfolgerung Expertengespräche

In der Zusammenfassung sind die Expertengespräche ausführlich beschrieben, als Schlussfolgerung wurden die Fragen für die Fragebögen zur Marktforschung erstellt.

Aufgrund der Aussagen und Meinungen der Experten wurde gezielt die Fragestellung für Kundenfragebögen und Hotelfragebögen formuliert.

7.3. Detailergebnisse Expertengespräche

Es wurden Interviews durchgeführt mit:

7.3.1
Adolf Lang

Gremium der Kategorisierung Hotelsterne Wirtschaftskammer Salzburg
Hr. Lang ist seit mehr als 20 Jahren in diesem Bereich tätig

Ergebnisse:

- ✓ Hotelsternevergabe in der Praxis

- ✓ Einheitliche Kriterien Hotelsterne ludermäßig nicht machbar.

- ✓ Hotelsterne zeitgemäß, sinnvolle Orientierungshilfe für Qualität, Kriterien ausreichend – ja.

- ✓ Keine speziellen Herausforderung für die Zukunft bezüglich Hotelsterne

- ✓ Hotelbetreiber wollen einheitliches Gütesiegel für SPA.

- ✓ Kunde will einheitliches Gütesiegel für SPA.

- ✓ Erwartung des Kunden an ein Gütesiegel – Qualitätskontrolle.

- ✓ Bewertung SPA als geschützte Marke – ja.

- ✓ Marke: Mystery Check, Wellen als Zeichen.

- ✓ Bekannte Gütesiegel: Best Wellness.

- ✓ Wellnessurlaub verbracht? – ja

- ✓ Erwartungen Wellness – großzügige Schwimm- u. Saunabereiche, Entspannung.

- ✓ SPA minimum – Großzügiges Schwimmbad, Outdoor- und Indoorpool, Wassertemperatur ab 28 Grad, außen ab 31 Grad, Küche mit Alternativangebot, Saftbar im SPA.

- ✓ Einheitliches Gütesiegel für SPA – ja.

- ✓ Punkte bei einheitlichem Siegel – Dienstleistung, Ausstattung.

- ✓ Kostenpunkt einer Prüfung – Euro 700,-- bis 800,--.

- ✓ Weshalb bisher noch kein einheitliches Gütesiegel – Verschiedenheit der Angebote,
- ✓ Wellness als Marke nicht schützbar.

- ✓ Kombination Überprüfung SPA mit Hotelsternen – nein.

- ✓ Begründung – Folgewirkung für Hotelsterne, haben keine Aussagekraft mehr.

7.3.2
Herbert Ebner
Inhaber Ebner's Waldhof, Fuschl
Sprecher der Fachgruppe Wellnesshotels Salzburg
Obmann Verein Alpine Wellness

Ergebnisse:

- ✓ Information über Alpine Wellness und Best Health Gütezeichen.

- ✓ Hotelsterne zeitgemäß, sinnvolle Orientierungshilfe für Qualität, Kriterien ausreichend – ja.

- ✓ Herausforderung Hotelsterne – Problem ist der 4 Sterne Bereich, Kriterien!

- ✓ Einheitliche Richtlinien Wellness und SPA – Institutionen und Gesetzgeber sind überfordert.

- ✓ Wollen Hotelbetreiber einheitliches Gütesiegel für SPA – nicht ja und nicht nein!

- ✓ Kunde will einheitliches Gütesiegel für SPA.

- ✓ Erwartung des Kunden an ein Gütesiegel – Aussage und Orientierung.

- ✓ Bewertung SPA als geschützte Marke – nicht ja und nicht nein!

- ✓ Bekannte Gütesiegel: Best Health, Alpine Wellness, Dt. Wellnessverband, Relaxguide.

- ✓ Wellnessurlaub verbracht? – ja

- ✓ Erwartungen Wellness – keine (Mitbewerberanalyse).

- ✓ SPA minimum – Schönes Schwimmbad, Outdoor- und Indoorpool, mehrere Saunen, Aussenaktivitäten, Behandlungsbereich, Behandlungsangebot, genügend Ruheliegen, Kosmetikbereich.

- ✓ Einheitliches Gütesiegel für SPA – nein.

- ✓ Es gibt schon zu viele Überprüfungen, Mystery Checks sind überzogen worden.

- ✓ Kombination Überprüfung SPA mit Hotelsternen – ja, wäre effizienter.

7.3.3

Maximilian Fischbach
Therapeut, Seminarleiter, Referent 1. Semester Medizin
Akad.Wellnessmanager an der FH Puch, viele Jahre Erfahrung im Wellnessbereich (z.B. Hotel Eggerwirt)

Ergebnisse:

- ✓ Hotelsterne zeitgemäß, sinnvolle Orientierungshilfe für Qualität, Kriterien ausreichend – nein. Sind überholt. Problem liegt bei 4-Stern und 5-Stern Klassifizierung.

- ✓ Einheitliche Richtlinien Wellness und SPA – Es müsste unantastbare unbestechliche Institution machen.

- ✓ Wollen Hotelbetreiber einheitliches Gütesiegel für SPA – ja.

- ✓ Will Kunde einheitliches Gütesiegel für SPA – ja absolut!

- ✓ Erwartung des Kunden an ein Gütesiegel – auf Klassifizierung verlassen können.

- ✓ Bewertung SPA als geschützte Marke – ja.

- ✓ Marke: Farblich, gelber Stern.., eventuell mit Beurteilung wie bei EBay.

- ✓ Bekannte Gütesiegel: Dt. Wellnessverband, Relaxguide.

- ✓ Wellnessurlaub verbracht? – ja

- ✓ Erwartungen Wellness – Sauberkeit, Dienstleistung, Bauliches, Saunen, Wellnessgedanke bei Mitarbeitern.

- ✓ SPA minimum – gewisse Größe, Pool, mindestens 2 Saunen, Behandlungen, Kosmetik.

- ✓ Einheitliches Gütesiegel für SPA – ja.

- ✓ Überprüfungen – 1. Freundlichkeit, 2. Qualität Behandlungen, 3. Hardware.

- ✓ Kosten Überprüfung – ca. Euro 500,--

- ✓ Kombination Überprüfung SPA mit Hotelsternen – nein, sind überholt.

7.3.4

Mag. Nina Rauchenschwandtner

Fachgruppengeschäftsführerin Sparte Tourismus und Freizeitwirtschaft
Wirtschaftskammer Salzburg

Ergebnisse:

- ✓ Hotelsternevergabe in der Praxis

- ✓ Einheitliche Kriterien Hotelsterne – Kompetenz von oben fehlt (EU).

- ✓ Hotelsterne zeitgemäß, sinnvolle Orientierungshilfe für Qualität, Kriterien ausreichend – ja.

- ✓ Herausforderung für die Zukunft bezüglich Hotelsterne – Vorwärtsentwicklung der Richtlinien.

- ✓ Erkennen von Qualität im Wellness/SPA – Anwendungen, qualifiziertes Personal, Sauberkeit, Größe.

- ✓ Wollen Hotelbetreiber einheitliches Gütesiegel für SPA – eher nicht.

- ✓ Kunde will einheitliches Gütesiegel für SPA.

- ✓ Erwartung des Kunden an ein Gütesiegel – leichtere Orientierung.

- ✓ Bewertung SPA als geschützte Marke – ja.

- ✓ Marke: einheitliches System, Wort-Bild-Marke, farblich hell (blau, gelb, orange), Wellen.

- ✓ Bekannte Gütesiegel: Relaxguide, Schlank&Schön, Alpine Wellness.

- ✓ Wellnessurlaub verbracht? – nein, bin lieber aktiv (Außenaktivitäten).

- ✓ SPA minimum – Großzügiges Schwimmbad, Whirlpool, mehrere Saunen, Dampfbad, Anwendungsräume, Beauty, Spezialisierungen, Hardware ansprechend, Abwechslung.

- ✓ Einheitliches Gütesiegel für SPA – ja.

- ✓ Punkte bei einheitlichem Siegel – Mindestausstattung, Mindesthygienestandards, Qualifiziertes Personal.

- ✓ Kostenpunkt einer Prüfung – Erstprüfung ca. Euro 1.000,-- bis 1.500,--, weitere ca. Euro 500,--.

- ✓ Weshalb bisher noch kein einheitliches Gütesiegel – Nachfrage ist da, es ging alles zu schnell, keine Zeit für Standardisierung, es ist nicht gesetzlich geregelt.

- ✓ Kombination Überprüfung SPA mit Hotelsternen – nein.

- ✓ Begründung – System müsste umgestellt werden, bei Wellness-Kategorisierung müssten Experten hinzugezogen werden.

7.3.5

Johann Domnanovich
Ausbildungsleiter Akademischer Wellnessmanager FH Puch
Mehrjährige Erfahrung in der Hotel- und Wellnessbranche,
Erfahrung Mystery Check, Hoteltest usw.

Ergebnisse:

- ✓ Hotelsterne zeitgemäß, sinnvolle Orientierungshilfe für Qualität, Kriterien ausreichend – ja.

- ✓ Herausforderung für die Zukunft bezüglich Hotelsterne – Standards sind zu schwach, Dienstleistung gehört mehr in den Vordergrund.

- ✓ Erkennen von Qualität im Wellness/SPA – das „Ganzheitliche" ist bei Wellness wichtig

- ✓ Weshalb bis heute kein einheitliches Gütesiegel im SPA – Betriebe zu unterschiedlich, Tester müssten sehr versiert und abgestimmt sein.

- ✓ Wollen Hotelbetreiber einheitliches Gütesiegel für SPA – ja.

✓ Erwartungen der Hoteliers an ein Gütesiegel – Vergleich zu den Mitbewerbern, Verbesserung Marketingsituation.

✓ Kunde will einheitliches Gütesiegel für SPA.

✓ Erwartung des Kunden an ein Gütesiegel – Orientierung.

✓ Bewertung SPA als geschützte Marke – ja, aber schwierig.

✓ Marke: kurz, bündig, klar, präzise, deutlich.

✓ Bekannte Gütesiegel: alle.

✓ Wellnessurlaub verbracht? – ja.

✓ Erwartungen an Wellnessurlaub – fachlicher und menschlicher Aspekt ist wichtig.

✓ SPA minimum – Anwendungsbereiche, Tageslicht im SPA, Beauty, Schwimmbecken, mehrere Saunen, Jacuzzi, betreute Gymnastik, Ernährung, spiritueller Bereich – Gesamtheit (Körper, Geist und Seele).

✓ Einheitliches Gütesiegel für SPA – ja, aber schwierig, zu individuell.

✓ Kombination Überprüfung SPA mit Hotelsternen – vielleicht, eher nicht, Marketingkonflikt.

7.3.6
Wolfgang Pitzl
Leiter Referat Gesundheits- und Wellnessausbildung WIFI

Ergebnisse:

Hotelsterne zeitgemäß, sinnvolle Orientierungshilfe für Qualität, Kriterien ausreichend – ja.

✓ Herausforderung für die Zukunft bezüglich Hotelsterne – Software (Personal, Ausbildung, Quote etc.)

- ✓ Erkennen von Qualität im Wellness/SPA – das „Ganzheitliche" ist bei Wellness wichtig

- ✓ Weshalb bis heute kein einheitliches Gütesiegel im SPA – 50% der Betriebe würden Rahmenbedingungen nicht erfüllen und das Konkurrenzdenken.

- ✓ Wollen Hotelbetreiber einheitliches Gütesiegel für SPA – ja.

- ✓ Erwartungen der Hoteliers an ein Gütesiegel – echte Wellnesshotels würden es begrüßen, die nur „Betten füllen" durch Wellness eher nicht.

- ✓ Kunde will einheitliches Gütesiegel für SPA.

- ✓ Erwartung des Kunden an ein Gütesiegel – Preis-Leistungsverhältnis lässt sich einfordern.

- ✓ Bewertung SPA als geschützte Marke – ja.

- ✓ Marke: Rose.

- ✓ Wer könnte Bewertung durchführen – Zusammenarbeit Land, Arzt, Touristikfachleute und unabhängige Kommission. Definition transparenter Kriterien, Überprüfungen alle 1 – 2 Jahre unangemeldet!

- ✓ Bekannte Gütesiegel: Relaxguide.

- ✓ Wellnessurlaub verbracht? – ja.

- ✓ Erwartungen an Wellnessurlaub – Außenaktivitäten für mich, Beauty für meine Frau.

- ✓ SPA minimum – Saunalandschaft mit mehreren Saunen, Infrarot, Innenpool, Ruhebereich, Anwendungen, Kosmetik, Fitnessraum.

- ✓ Einheitliches Gütesiegel für SPA – ja.

- ✓ Welche Punkte bei Überprüfung Gütesiegel – Hardware und Software, wichtig Personal!

✓ Kosten Überprüfung Gütesiegel – ca. Euro 1.000,-- bis 2.000,--.

✓ Kombination Überprüfung SPA mit Hotelsternen – schwierig, aber warum nicht!

Alle detaillierten Aussagen der Experten finden sich im Anhang unter:

Anhang 7 - EXPERTENGESPRÄCHE

Anhang 7.2.	Expertengespräch Adolf Lang
Anhang 7.3.	Expertengespräch Herbert Ebner
Anhang 7.4.	Expertengespräch Maximilian Fischbach
Anhang 7.5.	Expertengespräch Nina Rauchenschwandtner
Anhang 7.6.	Expertengespräch Johann Domnanovich
Anhang 7.7.	Expertengespräch Wolfgang Pitzl

7.3.7 Vorgangsweise Expertengespräche

✓ Erstellung der Fragen

✓ Auswahl Experten

✓ Kontaktaufnahme telefonisch oder per Email

✓ Terminvereinbarung

✓ Durchführung Interview (5 persönlich, 1 telefonisch)

✓ Mitschrift während Interview handschriftlich

✓ Erfassung der Mitschriften in Word Dokumente. Diese sind im Anhang unter Punkt 7.2.,7.3.,7. 4.,7.5.,7.6.,7.7. zu finden.

✓ Zusammenfassung der Gespräche in Word Dokument zusammengefasst in die Themenbereiche „Hotelsterne", „Wellness-/SPA", „Gütesiegel" und Statistik. (Arbeit Punkt 7.1.)

Expertengespräche wurden geführt um Schlüsse zur Vorgangsweise der Marktforschung zu erhalten und dienten als Grundlage zur Erstellung der Fragenbögen.

7.3.8. Fragenkatalog Expertengespräche

Es wurden zwischen 17 und 22 Fragen gestellt, die teilweise mit ja/nein und teilweise in eigenen Worten beantwortet wurden.

Die Fragenanzahl variiert zwischen 17 und 22, da die Interviews zwar nach Fragenkatalog vorbereitet und durchgeführt wurden, während des Interviews jedoch individuell die Gespräche ihren Verlauf nahmen und interessante Zusatzfragen aufgenommen wurden in den bestehenden Fragenkatalog.

Da die Experten in verschiedenen Bereichen tätig sind haben sich deshalb auch oft noch Zusatzfragen ergeben und diese wurden in der Ausarbeitung berücksichtigt.

Nachstehend der komplette Fragenkatalog samt Zusatzfragen individuell:
Frage 1
Wie funktioniert die Hotelsternevergabe in der Praxis?

Frage 2
Sehen Sie persönlich die Hotelsterne als zeitgemäß, als sinnvolle Orientierungshilfe für Qualität und die Kriterien als ausreichend?

Frage 3
Weshalb ist es bis heute nicht gelungen in Europa einheitliche Kriterien für Hotelsterne festzulegen? Was sind die Gründe dafür?

Frage 4
Gibt es besondere Herausforderungen bei den Hotelsternen für die Zukunft?

Frage 5
Wellness ist ein nicht geschützter Begriff, wie glauben Sie erkennt man die Qualität eines Wellness-/Spabereiches?

Frage 6
Was sollte ein Wellness-/ Spa-Betrieb minimum enthalten?

Frage 7
Glauben Sie, dass die Hotelbetreiber ein einheitliches (allgemein gültiges) Gütesiegel für SPA wollen?

Frage 8
Was erwartet sich der Hotelier von so einem Siegel?

Frage 9
Glauben Sie, dass der Kunde ein einheitliches (allgemein gültiges) Gütesiegel für SPA will?

Frage 10
Was erwartet sich der Kunde von so einem Siegel?

Frage 11
Welche Barrieren haben bisher die Einführung eines einheitlichen Gütesiegels verhindert?

Frage 12
Hotelsterne sind ja seit mehr als 30 Jahren eine geschützte Marke. Könnten Sie sich im Bereich Wellness-/Spa-Betriebe eine Bewertung ähnlich wie bei den Hotelsternen als geschützte Marke vorstellen?

Frage 13
Wie kann so eine Marke aussehen?

Frage 14
Wer könnte diese Bewertung durchführen?

Frage 15
Welche Gütesiegel im Wellness-/SPA-Bereich kennen Sie?

Frage 16
Sollten alle SPA Betriebe ein einheitliches Gütesiegel haben?

Frage 17
Welche Punkte soll ein einheitliches Siegel mindestens enthalten?

Frage 18
Was darf so eine Prüfung und einheitliches Gütesiegel kosten?

Frage 19
Könnten Sie sich vorstellen die Qualität Wellness- Spabereich in Kombination mit Hotelsternen zu zertifizieren?

Frage 20
Haben Sie schon einmal einen Wellnessurlaub verbracht?

Frage 21
Was waren Ihre Erwartungen?

Frage 22
Nach welchen Kriterien haben Sie das Hotel ausgesucht?

8. Theoretische Grundlagen

8.1. Definitionen

Wellness:

Harmonie von Körper, Geist und Seele

"well-being" (Gesundheit, Wohlbefinden) und "fitness" (Kondition) bzw. "happiness" (Glücksgefühl)

Im 17.Jhd. wurde der Zustand von Gesundheit und Wohlbefinden als „wealnesse" bezeichnet.

Der amerikanische Arzt Halbert L. Dunn schrieb 1959 im Zusammenhand von Wellness über körperliche Fitness und psychisches sowie soziales Wohlbefinden.

Definition WHO 1946:

Well-beeing plus Fitness = vollkommenes körperliches, seelisches, geistiges und soziales Wohlbefinden.

SPA

Abkürzung für sanus per aquam = aus dem lateinischen, Gesundheit durch Wasser (kommt aus der Antike wo die Bäderkultur bereits sehr gepflegt wurde, Wasseranwendungen)

In England, USA und Skandinavien wird „Wellness" unter „Spa" vermarktet, seit kurzem ist dieser Begriff auch im deutschsprachigen Raum im Zusammenhang mit Wellness zu finden.

Wellness-/Spabereich

Unter Wellness- oder Spabereich versteht man die Bereiche wo Anwendungen (gesundheitlich, wohlfühlen, Beauty ...) stattfinden, wo Saunen, Dampfbäder, Pools und Ruheräume platziert sind.

Gütesiegel – Gütezeichen – Prüfsiegel – Prüfzeichen – Plakette – Marke

Um die Definition oder Qualität eines Wellnessbereiches zu selektieren sind viele Marken, Gütezeichen, Gütesiegel, Prüfzeichen, Prüfsiegel, Plaketten und Auszeichnungen mit unterschiedlichen Zielen am Markt. Es geht um Qualitätsnachweise, Spezialisierungen, Marketingstrategien und vieles mehr.

Gütesiegel, **Gütezeichen** oder **Qualitätssiegel**

sind grafische oder schriftliche Markierungen an Produkten. Sie sollten eine qualitative Aussage und einen besonderen Bekanntheitsgrad haben. Sie sollen eine besondere Gebrauchsqualität oder Komfort repräsentieren.

Prüfzeichen oder **Prüfsiegel**

weisen auf die geprüfte Einhaltung von sicherheitsrelevanten Eigenschafen hin.

Überschneidungen in den Bereichen Gütesiegel, Gütezeichen, Qualitätssiegel, Prüfzeichen oder Prüfsiegel ergeben sich teilweise, da sich teils die Zielrichtungen überschneiden.

Quelle: http://de.wikipedia.org/wiki/G%C3%BCtesiegel

Gütezeichen

Ein Zeichen, das als Verbandsmarke gemäß Markenschutzgesetz 1970 beim Österreichischen Patentamt registriert ist. Es ist dazu bestimmt, Produkte oder Leistungen von Gewerbetreibenden hinsichtlich ihrer Qualität oder sonstigen Beschaffenheit zu kennzeichnen. Unter Güte wird jene Beschaffenheit und Leistung von Produkten, Dienstleistungen und Verfahren verstanden, die das normale Maß an Erwartungshaltungen - wie sie z.B. in den Stand der Technik repräsentierenden Normen festgelegt sind - übersteigen. Gütezeichenverbände sind Vereine nach Österreichischem Vereinsgesetz, die es sich zum Ziel gesetzt haben, Dokumente herauszugeben, die bestimmte spezifische Anforderungen enthalten, deren Erfüllung bewerten und im bejahenden Fall die Anbringung eines Gütezeichens gestatten. Güterichtlinien sind die Dokumente, die die entsprechenden Anforderungen spezifizieren und für Gütezeichenwerber verbindlich festlegen.

In Österreich gibt es eine Gütezeichenverordnung und nach dieser muss ein Gütezeichen genehmigt werden (vom Bundesministerium für Wirtschaft, Familie und Jugend). Die gesetzliche Regelung ist vorhanden, eine klare übersichtliche Vergabepraxis fehlt jedoch.

Quelle: http://www.bmwfj.gv.at/BMWA/Schwerpunkte/Unternehmen/Guetezeichen/default.htm

Ein Gütesiegel hat keine genau definierte rechtliche Grundlage, es ist ein ungeschütztes Symbol, das hauptsächlich dem Marketing dient. Es kann jeder vergeben und es kann jeder erlangen. Es ist ein Vertrag der zwischen den Parteien geschlossen wird zu individuellen Bedingungen und ist kein Qualitätsversprechen. Es ist nicht zwingend erforderlich besondere Qualität oder Güte einzuhalten.

Etwas transparenter sind hier sogenannte Verbandsmarken die dem Markenschutz unterliegen, diese werden auch oft als Gütesiegel geführt und die Kriterien vom Verband festgelegt.

Eine Marke ist ein juristischer Begriff. Eine Marke ist eine rechtlich geschützte Kennzeichnung von Waren oder Dienstleistungen durch ein Unternehmen um die Herkunft/Urheberschaft des Produkts zu dokumentieren. Es gibt verschiedene Marken wie z.B. eine Wortmarke, Bildmarke, Wort-/Bildmarke, Personenmarke, Farbmarke, Herstellermarke, Handelsmarke, Dachmarke etc.

Markeneintragungen werden beim Patentamt eingereicht.

Markengesetze schützen die Marke.

Quelle: http://de.wikipedia.org/wiki/Marke

8.2. Hotelsterne Erklärung und Beschreibung

Hotelsterne Österreich / Quelle: www.hotelsterne.at/index.php

Hotelsterne werden weltweit vergeben.

Sie dienen den Beherbergungsbetrieben zur Qualitätsdifferenzierung.

Es ist eine Orientierungshilfe für Gäste und Reiseunternehmen.

Auch für die Hotelbetriebe ist die Einteilung nach Sternen eine Orientierungshilfe und oft auch Ansporn zur Qualitätsverbesserung, bzw. hält der Kategorisierung durch ständige Innovation und Verbesserung in allen Bereichen.

Die Einstufungskriterien spiegeln die Gästeerwartungen der jeweiligen Kategorie wider und basieren auf Marktforschungsergebnissen.

Die Kriterien zur Kategorisierung der Hotelsterne sind ländermäßig nicht einheitlich.

Die Hotelsterne werden in Griechenland z.B. nach Kategorien A, B, C (A=beste) eingeteilt. Die Kategorisierung wird von privaten Anbietern durchgeführt in Zusammenarbeit mit Gemeinden. Die Steuern werden nach Kategorien eingehoben, um Steuern zu sparen gehen die Hotels oft nicht in eine höhere Kategorie obwohl sie schon reif dazu wären. Es setzen sich zwar hier auch schon die Hotelsterne im allgemeinen durch, jedoch bei einem 4 Sterne Hotel griechischer Kategorie kann man davon ausgehen, dass es einem österreichischem 3 Sterne Haus entspricht.

In Deutschland wird nach Sternen kategorisiert, jedoch gibt es hier Zwischenstufen, es gibt auch bei den 3 Sternen ein 3 Sterne Superior. In Mauritius entsprechen 3 Sterne Hotels der Qualität eines österreichischen 4 Sterne Superior Haus. Obwohl das Sternesystem zur Kategorisierung der Beherbergungsbetriebe weltweit Einzug gehalten hat gibt es hier erhebliche Differenzen und qualitätsmäßig keine Einheit.

Quelle: persönliches Gespräch mit Nicole /deutsche Reiseleiterin in Griechenland, hat jahrelang in Griechenland gelebt.

Hotelsterne sind seit mehr als 20 Jahren eine registrierte geschützte Marke.

Die Einstufung erfolgt in Österreich auf Antrag des Betriebes an den Fachverband und ist freiwillig.

In der Folge werden jährliche Selbstkontrolle und (mehr oder weniger regelmäßige) Überprüfungen durchgeführt.

Diese Selbstkontrolle und Überprüfungen sind nach den gültigen Richtlinien für die Klassifizierung, je nach Kategorie spezifische Anforderungen, durchzuführen.

Grundsätzliche Unterscheidungen finden wir vor bei der Klassifizierung nach Vollbetrieben (z.B. Hotel, Pension, Gasthof) und Garnibetrieben (Frühstückspension, Hotel Garni).

Die spezifischen Anforderungen sind Mindestkriterien die vollständig erfüllt werden müssen um in die jeweilige Kategorie eingestuft zu werden.

Hotel- und Beherbergungsbetriebe sind in 6 Kategorien eingeteilt, dies sind 1 Stern, 2 Sterne, 3 Sterne, 4 Sterne, 4 Sterne Superior und 5 Sterne.

Garnibetriebe werden in vier Kategorien eingeteilt, Sterne 1 bis 4.

Für 4 Sterne Superior und 5 Sterne Betriebe ist es notwendig ein hohes Maß an Dienstleistung und eine makellose Hardware vorzuweisen.

Zusätzlich zu diesen Anforderungen ist ein positives Abschneiden der Mystery-Guest-Analyse Voraussetzung in eine dieser Kategorien eingestuft zu werden.

Eine Mystery Guest Analyse kostet ca. Euro 950,--.

(Quelle: Expertengespräch A. Lang, Gremium der Hotelsternevergabe, Jänner 2009)

Ablauf Klassifizierungsverfahren:
1. Antrag wird mit Erhebungsbogen bei der Fachgruppe Hotellerie in der Wirtschafts-kammer gestellt, bereits mit gewünschter Kategorie.
2. Erstklassifizierung – eine Kommission entscheidet nach Angaben und Gesamtein-druck vor Ort.
3. Überprüfung – bereits kategorisierte Betriebe werden im Abstand von 3 – 5 Jahren überprüft (bei Beschwerden über Qualität oder Standard des Betriebes auch schon früher).

Zuständig:
1* bis 4*Superior – Zuständigkeit Landeskommission Fachverband
5 Sterne – Fachverband auf Bundesebene für ganz Österreich.

Einige Mindestkriterien (gesamt ca. 160, je nach Kategorie unterschiedlich erfüllt) kurz gefasst:

1 Stern
Kunde sucht Nächtigungsleistung und günstigen Preis!
Einfache Ausstattung, sauber und tadellos erhalten.

2 Sterne
Kunde sucht Nächtigung mit eingeschränktem Angebot!
Zweckmäßig mit gewissem Komfort und Angebot wie z.B. TV, Getränke etc.

3 Sterne
Kunde sucht Mittelklasse zum optimalen Preis!
Einheitliche gehobene Ausstattung mit bescheidenem Komfort wie z.B. Speisen, Getränke, Dienstleistungsangebot wie Empfang, Rezeption etc.

4 Sterne
Kunde sucht hohes Dienstleistungsangebot und Qualität!

Erstklassige Ausstattung, Qualität in Ausstattung und Dienstleistung, Betriebliches Angebot (wie z.B. Sport, Gastronomie, Wellness etc.)

4 Sterne Superior

Kunde sucht hohe Qualität und „etwas mehr"!

Makellose Hardware, ein deutliches „MEHR" an Service und Dienstleistung, zusätzlich qualitätsgeprüft durch Mystery Check.

5 Sterne

Gast sucht Qualität und Luxus!

Exklusive luxuriöse Ausstattung, unverwechselbarer Betriebscharakter, perfekt in Hardware und Dienstleistung, zusätzlich qualitätsgeprüft durch Mystery Check.

Im Fragenkatalog des Mystery Check werden folgende Themen behandelt:

- Web
- Email
- Post
- Telefon
- Anreise außen
- Check-in, Zimmer
- Housekeeping
- Kinder
- Restaurant
- Frühstück
- Zimmerservice
- Bar
- Öffentlicher Bereich
- Freizeit
- Service
- Check-out
- Erlebnisbericht (= Mystery Check)

Je nach Kategorie werden zu jedem Thema die Ergebnisse ausgewertet und nach einem Schulnotensystem 1 – 5 bewertet. Gesamt finden sich über 500 Fragen zu den o.g. Themen auf dem Protokoll des Mystery Check.

Die Auswertung erfolgt nach erreichten %, zwischen 75 und 80% ergeben ein positives Ergebnis.

8.3. Auswertung Erklärung

Excel Tabellen wurden erstellt zur Auswertung der Fragebögen.

Jede Frage wurde in einer Excel Tabelle eingetragen.

Eintrag auf anonymer Basis (Nummerierung am Fragebogen und Übernahme der Zahl in die Tabelle).

Jede Frage wird eingetragen und mit einem Wert 1 für Beantwortung und Wert 0 für keine Antwort eingetragen.

Zu den Fragen stehen folgende Antwortmöglichkeiten zur Wahl:
Ja / Nein / Keine Angabe

Ein Teil der Antworten kann eine Auswahl unter mehreren Möglichkeiten gewählt werden (z.B. „Anzahl der Saunen 1, 1-3 oder mehrere" etc.)

Ein kleiner Teil der Antworten bietet die Möglichkeit mehrere Auswahlmöglichkeiten zu treffen (z.B. „einheitliche Kriterien", Qualitätsversprechen, etc."

Ein weiterer kleiner Teil der Antworten bietet die Möglichkeit individuell zu antworten.

Die Auswertung erfolgte:
Die eingetragenen Werte (0 oder 1) wurden addiert und stellen das Ergebnis dar.
Bei Antwortmöglichkeiten Ja/Nein/Keine Angabe wurde das addierte Ergebnis (Summe aller Antworten) durch die Basiszahl(Summe der Befragten) dividiert um zu dem Prozentergebnis zu kommen.

Bei Antworten die mit einer Antwortauswahl zu beantworten sind, wurde das addierte Ergebnis (Summe aller Antworten) durch die Basiszahl(Summe der Befragten) dividiert um zu dem Prozentergebnis zu kommen.

Bei mehreren Antwortmöglichkeiten wurde das addierte Ergebnis aller Antworten genommen zum jeweiligen Thema (Summe der Antworten) durch die Basiszahl (Summe aller Antworten zu dem Thema) dividiert um zu dem Prozentergebnis zu kommen.

Genauso wurde vorgegangen bei individuellen Antwortmöglichkeiten, die gesamte Anzahl der Antworten wurde als Basiszahl genommen um zu der Prozentauswertung zu kommen.

Gesamt   =Summe aller Antworten zu jeweiliger Antwortmöglichkeit
Basiszahl =Anzahl Befragungen/Antworten
%   = Berechnung: Gesamt / Basiszahl

9. Literaturverzeichnis und Quellenangaben

Quelle, Datum, Bemerkung

Hotelsterne
Quelle: www.hotelsterne.at/index.php, 11/2008
Quelle: Expertengespräch A. Lang, Gremium der Hotelsternevergabe, 01/2009
Quelle: persönliches Gespräch mit Nicole /Reiseleiterin in Griechenland 02/2009

Gütesiegel
Datum: alle im Zeitraum Oktober 2008 bis Mai 2009

Quelle: Website www. besthealthaustria.com (2009)
Quellen: Website www.alpinewellness.com (2009),
Interview Hr. Herbert Ebner (Ebner's Waldhof, Fuschl/Obmann Verein Alpine Wellness)
Quelle: http//www. relax-guide.com/2009
Quelle: http://www.wellness-stars.de
Quelle: http://www.dmwv.de
Quelle: http://www.insauna.com
Quelle: http://www.wellness-im-kurort.info
Quelle: http://www.wellnessverband.de
Quelle: www.bayern.by
Quelle: www.w-h-d.de
Quelle: http://www.wellness-audits.eu
Quellen:
www.internationalspa.org/bisa, www.spaassociation.org.uk,
www.bisawaves.com,http://translate.google.at/translate?hl=de&sl=en&u=
http://www.internationalspa.org/bisa&ei=wGb7SfntOsOKsAb6_qm5BA&s&=
translate&resnum=1&ct=result&prev=/search%3Fq%3Dinternationalspa.org/
bisa%26hl%3Dde%26sa%3DG
Quelle: http://www.premiumsparesorts.com/
Quelle: http://www.lhw.com/
Quelle: http://www.kneipp.de/
Quelle: http://www.tuv.com/de/certified_wellness

Literatur: Relaxguide 2009
               Fachzeitschrift Wellness Ausgaben von Oktober 2008 bis April 2009

Erklärungen
Datum: April, Mai 2009
Quelle: http://de.wikipedia.org/wiki/G%C3%BCtesiegel
Quelle:http://www.bmwfj.gv.at/BMWA/Schwerpunkte/Unternehmen/Guetezeichen/default.htm
Quelle: http://de.wikipedia.org/wiki/Marke

10. Anhang

10.1. Anhang

Idee zum Thema, Vision und Durchführung: ab Frühjahr/Sommer 2008
Fertigstellung der Studie: 22. Mai 2009

Thema: „Gütesiegel Wellness-/Spa-Betriebe"

Beschreibung:

Es handelt sich um eine Marktanalyse mit dem Ziel der Feststellung bestehender Gütesiegel, sowie Möglichkeiten und Wege neuer Gütesiegel in einheitlicher, aussagekräftiger Form um Kunden Durchblick zu verschaffen und Hotelbetreibern die eigene Positionierung am Wellnessmarkt zu erleichtern.
Es soll herausgefunden werden ob SPA Betreiber sowie SPA-Kunden an einem einheitlichen Gütesiegel interessiert sind, wenn ja was sind die Mindestanforderung die im Kriterienkatalog berücksichtigt werden müssen.

Vorgangsweise und Fragen, die es gilt zu erforschen:

IST-Analyse: Welche Gütesiegel gibt es?

                 Welche Kriterien sind notwendig diese Gütesiegel zu erhalten?

                 Wer vergibt die Gütesiegel?

Marktanalyse: Was sollte ein SPA minimum enthalten?

Wollen SPA-Betreiber ein allgemein gültiges (einheitliches) Gütesiegel?

Welche Punkte sollte so ein Siegel enthalten?

Welche Vorstellung haben SPA Betreiber von einem einheitlichen Gütesiegel?

Was darf eine solche Prüfung kosten?

Will der Kunde ein aussagekräftiges Siegel?

Welche Aussagen/Punkte soll ein solches Siegel enthalten?

Durchführung:

1. IST-Analyse:

Vorhandene Gütesiegel (Österreich, Deutschland)
Internet, Literatur, telefonische und persönliche Kontakte
Excel Tabelle

2. Marktanalyse:

Expertengespräche (als Basis für die Fragebögen):
5 – 6 Expertengespräche sind geplant

Ausarbeitung Fragebögen:
„Was sollte ein SPA minimum beinhalten?"
„Was sollte ein Gütesiegel beinhalten?"

Befragung:
SPA-Betreiber (Hoteliers Österreich, Bayern, ev. Südtirol)
Kunden (verschiedene Altersgruppen/Querschnitt 18 – 50+)

Durchführung der Befragung
Per E-Mail Vorankündigung

Versand Fragebögen

Nachfassen telefonisch, persönlich und Ausfüllen der Fragebögen
Abschluss der Befragungen und Marktforschungsarbeiten

Auswertung Fragebögen, Zusammenfassung, Fertigstellung der Gesamtarbeit

10.2. Fragebogen HOTEL

Zum Thema: „Gütesiegel Spa"

   1. Persönliche Angaben zum Interviewpartner

Hotel...

Vor- und Zuname...

Adresse..

E-Mail...

Telefonnummer..

Datum Interview persönlich...

Datum Interview telefonisch..

   2. Fragen zum Thema

Was sollte ein Spa minimum beinhalten:

Eigener Empfang/Spa Rezeption:
- o Ja
- o nein

Schwimmbad außen
- o Ja
- o nein

Wenn ja, Größe minimum?
- o Bis 5 x 10 m
- o mehr als 5 x 10 m

Temperatur
- o Bis 26 Grad
- o 27 bis 30 Grad
- o mehr als 30 Grad

Schwimmbad innen
- o Ja
- o nein

Wenn ja Größe minimum?
- o Bis 5 x 10 m
- o mehr als 5 x 10 m

Temperatur
- o Bis 26 Grad
- o 27 bis 30 Grad
- o mehr als 30 Grad

Whirlpool
- o Ja
- o nein

Sauna
- o Ja
- o nein

Anzahl Saunen
- o 1
- o 2 bis 3
- o mehr als 3

Dampfbad
- o Ja
- o nein

Infrarot
- o Ja
- o nein

Kneippbecken
- o Ja
- o nein

Aromaduschen
- o Ja
- o nein

Therapieräume
- o 1 bis 2
- o 3 bis 5
- o mehr als 5

Kosmetik-/Beautyabteilung
- o Ja
- o nein

Gymnastikraum
- o Ja
- o nein

Fitnessraum mit Geräten
- o Ja
- o nein

Ruheräume
- o 1
- o 2 bis 3
- o mehr als 3

Ruheliegen
- o Pro Hotelgast 1 Liege
- o pro 2 Hotelgäste 1 Liege
- o weniger

Freiluftbereich
- o Ja
- o nein

Tageslicht im gesamten Spa- und Behandlungsbereich
- o Ja
- o nein

Geschultes Fachpersonal
- o Ja
- o nein

Anwendungsangebot
- o 1 bis 5
- o 6 bis 10
- o 11 bis 20
- o 21 bis 30
- o 31 bis 40
- o mehr als 40

Seit über 30 Jahren gibt es die Bewertung der Hotelsterne mit klar festgelegten Richtlinien. Sind Ihrer Meinung nach die Hotelsterne:

Zeitgemäß
- o Ja
- o nein

Eine sinnvolle Orientierungshilfe für Qualität
- o Ja
- o nein

Die Kriterien und Überprüfungen ausreichend
- o Ja
- o nein

Ist es möglich die Qualität eines Wellness-/Spabereiches klar zu erkennen
- o Ja
- o nein

wenn ja: woran...

Wollen Sie als Spa-Betreiber ein einheitliches allgemein gültiges Gütesiegel
o Ja
o nein

Welche Punkte sollte ein einheitliches Gütesiegel enthalten, welche Aussagen soll ein solches Gütesiegel enthalten. Was soll überprüft werden:

Hardware (Architektur, Bauliches, Ambiente, Größe etc.
o Ja
o nein

Größe und Anzahl Wasserwelten allgemein
o Ja
o nein

Größe und Anzahl der Pools
o Ja
o nein

Größe Spa im Verhältnis zu Hotelbetten
o Ja
o nein

Größe und Anzahl der Saunen
o Ja
o nein

Größe und Anzahl Dampfbad
o Ja
o nein

Größe Ruheräume im Verhältnis zu Hotelbetten
o Ja
o nein

Ausstattung und Alter der Einrichtungen und Geräte
o Ja
o nein

Sonstiges...

Software (Personal, Angebote)
o Ja
o nein

Qualifikation und Ausbildung der Mitarbeiter
o Ja
o nein

Service (Beratung, Freundlichkeit)
o Ja
o nein

Äußeres Erscheinungsbild der Mitarbeiter
o Ja
o nein

Angebot und Qualität der Behandlungen
o Ja
o nein

Besonderheiten, individuelle Angebote, spezielle Küche / gesunde Ernährung etc.
o Ja
o nein

Hygiene / Sauberkeit
o Ja
o nein

Auf was soll mehr Augenmerk liegen bei einer Überprüfung
o Hardware
o Software
o beides gleich

Welche Erwartungen/Vorstellungen haben Sie von einem einheitlichen Gütesiegel
o Vergleich zum Mitbewerber
o Verbesserung der Marketingsituation
o Transparente Qualität
o regelmäßige Qualitätskontrollen
o einheitliche Kriterien
o klare Aussagen
sonstiges…………………………………………………………………………………..

o Wie könnte so ein einheitliches Gütesiegel aussehen und wer könnte die Zertifizierung durchführen
o Überprüfung und Zertifizierung in Kombination mit den Hotelsternen
o Zertifizierung über Kundenbewertungen im Internet
o Zertifizierung über Kundenbewertung / Fragebogen für jeden Gast / Auswertung über unabhängiges Institut
o Anonyme Überprüfung (Mystery Check) externer Beauftragter
o Überprüfung mit Voranmeldung und folgender Beratung
o Zertifizierung durch neue Institution mit komplett neuer Marke
Sonstiges……………………………………………………………………………….

Wie könnte eine neue Marke aussehen
Freie Antwortwahl………………………………………………………………………

Wer könnte Zertifizierung durchführen
- o Öffentliche Prüfanstalt (z.B. Land)
- o Fachverband (z.B. Wirtschaftskammer)
- o Private Anbieter
- o Kombination Öffentlich / Fachverband / Privat
- o Kunde (Fragebogen an jeden Gast und Auswertung über unabhängiges Institut)
- o Internetplattform

Sonstiges………………………………………………………………………………………….

Dauer der Überprüfung
- o Bis 1 Tag
- o 1 bis 2 Tage
- o mehr als 2 Tage

Nichterfüllung der Kriterien
- o Auflagenkatalog und neuerlicher Termin
- o Beratung und Betreuung

Was darf eine solche Überprüfung kosten
- o Fixe Pauschale
- o nach tatsächlich geleisteter Arbeitszeit nach Stundensatz

Kosten für eine Überprüfung 1 Tag inklusive Gütesiegel
- o Bis Euro 500,--
- o Euro 500,-- bis 1.000,--
- o Euro 1.000,-- bis 1.500,--
- o Euro 1.500,-- bis 2.000,--
- o mehr als Euro 2.000,--

Zur Statistik:
Gibt es in Ihrem Betrieb einen Themenschwerpunkt, eine Spezialisierung (wie z.B. „Kinder", „Sport", „Wellness", „Familie" etc.)
- o Ja
- o nein

bei ja: welches Thema……………………………………………………………………….....

Wieviele Zimmer hat das Hotel
Anzahl Zimmer…………………………………………………………………………………….

Wieviele m² hat der Wellnessbereich
Anzahl m²……………………………………………………………………………………………

Wieviele Behandlungsräume gibt es (Räume für Anwendungen wie Massagen, Beauty, Kosmetik etc.)
Anzahl Räume………………………………………………………………………………………

Wie ist die Flächeneinteilung im Wellnessbereich – die Spa Fläche (Thermalbereich wie Sauna, Dampfbad, Laconium etc. – jedoch ohne Ruheräume, Duschen, Pools – zu den Spa Behandungsbereichen (Beauty, Massage) im Vergleich zur Gesamtanlage

Anzahl m² Gesamtanlage Wellness ………………………………………………....

Anzahl m² Spa Fläche Thermal (Sauna, Dampfbad, Laconium) ………………….....

Anzahl m² Beauty- und Spa-Behandlungsbereich…………………………………….

Wieviele Spa Mitarbeiter gibt es

Anzahl Mitarbeiter…………………………………………………………………………....

Gibt es einen Spa Manager
- o Ja
- o nein

Wieviele Behandlungen werden pro Tag im Schnitt durchgeführt

Anzahl Behandlungen/Tag……………………………………………………………………

Wird der Spa als Profitcenter geführt
- o Ja
- o nein

Was kostet im Durchschnitt eine Spa Behandlung
- o Bis Euro 20,--
- o Euro 21,-- bis 40,--
- o Euro 41,-- bis 60,--
- o Euro 61,-- bis 80,--
- o Euro 81,-- bis 100,--
- o über Euro 100,--

Wie verteilt sich der Umsatz in % des Spa zwischen Verkauf von Behandlungen (Massagen, Packungen, Beautybehandlungen) zu Eintritte/Member Fee's von Day Spa Gästen/Spa Members und zum Verkauf von Spa Produkten

% Verkauf von Behandlungen ………………………………………………………………

% Eintritte/Member Fee's Day Spa Gäste/Spa Members………………………………….

% Verkauf Spa Produkte…………………………………………………………………......

Wie verteilt sich der Umsatz des Spa auf die Spa Gäste

% Hotelgäste…………………………………………………………………………………....

% Day Spa Gäste/Members………………………………………………………………….

Wie verhalten sich die Spa Personalkosten in Prozent zu den Gesamtpersonalkosten im Hotel

Prozentanzahl Spa Personal…………………………………………………………………

Ist es geplant die Wellnessanlage zu erweitern/erneuern/umzubauen
- o Ja
- o nein

Wenn ja, wann
- o Innerhalb der nächsten 6 Monate
- o innerhalb der nächsten 12 Monate
- o innerhalb der nächsten 18 Monate
- o später

Datenschutzbestimmungen
Alle Daten werden laut den geltenden Bestimmungen des Datenschutzes streng vertraulich behandelt, ich erkläre mich aber damit einverstanden, dass vorstehende Daten ausgewertet werden und ausschließlich in anonymer Form veröffentlicht oder an Dritte übermittelt werden.

10.3. Fragebogen KUNDEN

Zum Thema: „Gütesiegel Spa"

3. Persönliche Angaben zum Interviewpartner

Vor- und Zuname...

Adresse..

Beruf...

Alter..

Geschlecht..

Familienstand..

Kinder..

E-Mail..

Telefonnummer..

Datum Interview persönlich..

Datum Interview telefonisch...

4. Fragen zum Thema

Was sollte ein Spa minimum beinhalten:

Eigener Empfang/Spa Rezeption:
- o Ja
- o nein

Schwimmbad außen
- o Ja
- o nein

Wenn ja, Größe minimum?
- o Bis 5 x 10 m
- o mehr als 5 x 10 m

Temperatur
- o Bis 26 Grad
- o 27 bis 30 Grad
- o mehr als 30 Grad

Schwimmbad innen
- o Ja
- o nein

Wenn ja Größe minimum?
- o Bis 5 x 10 m
- o mehr als 5 x 10 m

Temperatur
- o Bis 26 Grad
- o 27 bis 30 Grad
- o mehr als 30 Grad

Whirlpool
- o Ja
- o nein

Sauna
- o Ja
- o nein

Anzahl Saunen
- o 1
- o 2 bis 3
- o mehr als 3

Dampfbad
- o Ja
- o nein

Infrarot
- o Ja
- o nein

Kneippbecken
- o Ja
- o nein

Aromaduschen
- o Ja
- o nein

Therapieräume
- o 1 bis 2
- o 3 bis 5
- o mehr als 5

Kosmetik-/Beautyabteilung
- o Ja
- o nein

Gymnastikraum
- o Ja
- o nein

Fitnessraum mit Geräten
- o Ja
- o nein

Ruheräume
- o 1
- o 2 bis 3
- o mehr als 3

Ruheliegen
- o Pro Hotelgast 1 Liege
- o pro 2 Hotelgäste 1 Liege
- o weniger

Freiluftbereich
- o Ja
- o nein

Tageslicht im gesamten Spa- und Behandlungsbereich
- o Ja
- o nein

Geschultes Fachpersonal
- o Ja
- o nein

Anwendungsangebot
- o 1 bis 5
- o 6 bis 10
- o 11 bis 20
- o 21 bis 30
- o 31 bis 40
- o mehr als 40

Seit über 30 Jahren gibt es die Bewertung der Hotelsterne mit klar festgelegten
Richtlinien. Sind Ihrer Meinung nach die Hotelsterne:
Zeitgemäß
- o Ja
- o nein

Eine sinnvolle Orientierungshilfe für Qualität
- o Ja
- o nein

Die Kriterien und Überprüfungen ausreichend
- o Ja
- o nein

Ist es möglich die Qualität eines Wellness-/Spabereiches klar zu erkennen
- o Ja
- o nein
wenn ja: woran...

Wollen Sie als Kunde ein einheitliches allgemein gültiges Gütesiegel
- o Ja
- o nein

Was erwarten Sie sich von einem allgemein gültigen Gütesiegel
- o Einheitliche Kriterien
- o Qualitätsversprechen
- o Leichtere Orientierung
- o Regelmäßige Qualitätskontrollen
- o Klare Aussagen
Sonstiges...

Wie könnte so ein einheitliches Gütesiegel aussehen und wer könnte die Zertifizierung durchführen

- o Überprüfung und Zertifizierung in Kombination mit den Hotelsternen
- o Zertifizierung über Kundenbewertung im Internet
- o Zertifizierung über Kundenbewertung / Fragebogen für jeden Gast / Auswertung über unabhängiges Institut
- o Anonyme Überprüfung (Mystery Check)
- o Überprüfung mit Voranmeldung und folgender Beratung
- o Zertifizierung durch neue Institution mit komplett neuer Marke

Wie könnte eine neue Marke aussehen
Freie Antwortwahl...

Wer könnte Zertifizierung durchführen

- o Öffentliche Prüfanstalt (z.B. Land)
- o Fachverband (z.B. Wirtschaftskammer)
- o Private Anbieter
- o Kombination Öffentlich / Fachverband / Privat
- o Kunde (Fragebogen an jeden Gast und Auswertung über unabhängiges Institut)
- o Internetplattform
Sonstiges...

Welche Punkte sollte ein einheitliches Gütesiegel enthalten, welche Aussagen soll ein solches Gütesiegel enthalten. Was soll überprüft werden:

Hardware (Architektur, Bauliches, Ambiente, Größe etc.
- o Ja
- o nein

Größe und Anzahl Wasserwelten allgemein
- o Ja
- o nein

Größe und Anzahl der Pools
- o Ja
- o nein

Größe Spa im Verhältnis zu Hotelbetten
- o Ja
- o nein

Größe und Anzahl der Saunen
- o Ja
- o nein

Größe und Anzahl Dampfbad
- o Ja
- o nein

Größe Ruheräume im Verhältnis zu Hotelbetten
- o Ja
- o nein

Ausstattung und Alter der Einrichtungen und Geräte
- o Ja
- o nein

Sonstiges...

Software (Personal, Angebote)
- o Ja
- o nein

Qualifikation und Ausbildung der Mitarbeiter
- o Ja
- o nein

Service (Beratung, Freundlichkeit)
- o Ja
- o nein

Äußeres Erscheinungsbild der Mitarbeiter
- o Ja
- o nein

Angebot und Qualität der Behandlungen
- o Ja
- o nein

Sollen die Behandlungen einen gesundheitlichen Nutzen haben im Spa-/Wellness
o Ja
o nein

Besonderheiten, individuelle Angebote, spezielle Küche / gesunde Ernährung etc.
o Ja
o nein

Hygiene / Sauberkeit
o Ja
o nein

Unterhaltungsangebote/Freizeitangebote
o Ja
o Nein

Schöne Landschaft
o Ja
o Nein

Auf was soll mehr Augenmerk liegen bei einer Überprüfung
o Hardware
o Software
o beides gleich

Haben Sie schon einmal einen Wellnessurlaub verbracht
o Ja
o Nein
Bei nein, weshalb...
Wurden Ihre Erwartungen erfüllt..
Erwartungen nicht erfüllt – weshalb..

Haben Sie vor in nächster Zeit einen Wellnessurlaub zu buchen und wie werden Sie das geeignete Hotel aussuchen
o Ja
o Nein
Bei ja, nach welchen Kriterien wird das Hotel ausgesucht....................................

Datenschutzbestimmungen
Alle Daten werden laut den geltenden Bestimmungen des Datenschutzes streng vertraulich behandelt, ich erkläre mich aber damit einverstanden, dass vorstehende Daten ausgewertet werden und ausschließlich in anonymer Form veröffentlicht oder an Dritte übermittelt werden.

10.4. Fragebogen Expertengespräche

1. Wie funktioniert die Hotelsternevergabe in der Praxis?
2. Sehen Sie persönlich die Hotelsterne als zeitgemäß, als sinnvolle Orientierungshilfe für Qualität und die Kriterien als ausreichend?
3. Weshalb ist es bis heute nicht gelungen in Europa einheitliche Kriterien für Hotelsterne festzulegen? Was sind die Gründe dafür?
4. Gibt es besondere Herausforderungen bei den Hotelsternen für die Zukunft?
5. Wellness ist ein nicht geschützter Begriff, wie glauben Sie erkennt man die Qualität eines Wellness-/Spabereiches?
6. Was sollte ein Wellness-/ Spa-Betrieb minimum enthalten?
7. Glauben Sie, dass die Hotelbetreiber ein einheitliches (allgemein gültiges) Gütesiegel für SPA wollen?
8. Was erwartet sich der Hotelier von so einem Siegel?
9. Glauben Sie, dass der Kunde ein einheitliches (allgemein gültiges) Gütesiegel für SPA will?
10. Was erwartet sich der Kunde von so einem Siegel?
11. Welche Barrieren haben bisher die Einführung eines einheitlichen Gütesiegels verhindert?
12. Hotelsterne sind ja seit mehr als 30 Jahren eine geschützte Marke. Könnten Sie sich im Bereich Wellness-/Spa-Betriebe eine Bewertung ähnlich wie bei den Hotelsternen als geschützte Marke vorstellen?
13. Wie kann so eine Marke aussehen?
14. Wer könnte diese Bewertung durchführen?
15. Welche Gütesiegel im Wellness-/SPA-Bereich kennen Sie?
16. Sollten alle SPA Betriebe ein einheitliches Gütesiegel haben?
17. Welche Punkte soll ein einheitliches Siegel mindestens enthalten?
18. Was darf so eine Prüfung und einheitliches Gütesiegel kosten?
19. Könnten Sie sich vorstellen die Qualität Wellness- Spabereich in Kombination mit Hotelsternen zu zertifizieren?
20. Haben Sie schon einmal einen Wellnessurlaub verbracht?
21. Was waren Ihre Erwartungen?
22. Nach welchen Kriterien haben Sie das Hotel ausgesucht?

10.5. Detail Hotel Marktforschung

<u>Erklärung:</u>
<u>Hotel 1 bis Hotel 9 = jeweils die Einzelantworten aus dem dazugehörigen
Fragebogen. Aus Datenschutzgründen wurden die Befragten nach Hotel 1, Hotel 2
usw. durchnummeriert.</u>

Frage	Hotel1	Hotel2	Hotel3	Hotel4	Hotel5	Hotel6	Hotel7	Hotel8	Hotel9	Summe

Eigener Empfang/Spa-Rezeption

	Hotel1	Hotel2	Hotel3	Hotel4	Hotel5	Hotel6	Hotel7	Hotel8	Hotel9	Summe
ja	1	1	1	1	0	0	1	1	0	6
nein	0	0	0	0	1	1	0	0	1	3

Schwimmbad außen

	Hotel1	Hotel2	Hotel3	Hotel4	Hotel5	Hotel6	Hotel7	Hotel8	Hotel9	Summe
ja	0	1	1	0	1	1	0	1	1	6
nein	1	0	0	1	0	0	1	0	0	3

Wenn ja, Größe minimum?

	Hotel1	Hotel2	Hotel3	Hotel4	Hotel5	Hotel6	Hotel7	Hotel8	Hotel9	Summe
Bis 5 x 10 m	0	0	0	0	1	0	0	1	0	2
Mehr als 5 x 10 m	1	1	1	1	0	1	1	0	1	7
keine Angabe	0	0	0	0	0	0	0	0	0	0

Temperatur:

	Hotel1	Hotel2	Hotel3	Hotel4	Hotel5	Hotel6	Hotel7	Hotel8	Hotel9	Summe
Bis 26 Grad	0	0	0	0	0	0	0	0	1	1
27 bis 30 Grad	0	0	0	0	1	1	0	0	0	2
Mehr als 30 Grad	0	0	0	0	0	0	1	1	0	2
keine Angabe	1	1	1	1	0	0	0	0	0	4
Sommer bis 26 Grad	0	1	0	0	0	0	0	0	0	1
Winter 27 bis 30 Grad	0	1	0	0	0	0	0	0	0	1
Winter mehr als 30 Grad	0	1	1	0	0	0	0	0	0	2

Schwimmbad innen

	Hotel1	Hotel2	Hotel3	Hotel4	Hotel5	Hotel6	Hotel7	Hotel8	Hotel9	Summe
Ja	1	1	1	1	1	1	1	1	0	8
Nein	0	0	0	0	0	0	0	0	1	1

Wenn ja, Größe minimum?

	Hotel1	Hotel2	Hotel3	Hotel4	Hotel5	Hotel6	Hotel7	Hotel8	Hotel9	Summe
Bis 5 x 10 m	0	0	0	0	0	0	0	1	0	1
Mehr als 5 x 10 m	1	1	1	1	1	1	1	0	1	8

Temperatur

	Hotel1	Hotel2	Hotel3	Hotel4	Hotel5	Hotel6	Hotel7	Hotel8	Hotel9	Summe
Bis 26 Grad	0	0	0	0	0	1	0	0	0	1
27 bis 30 Grad	1	1	1	1	1	0	1	0	0	6
Mehr als 30 Grad	0	0	0	0	0	0	0	1	1	2

Whirlpool

	Hotel1	Hotel2	Hotel3	Hotel4	Hotel5	Hotel6	Hotel7	Hotel8	Hotel9	Summe
Ja	1	0	1	1	0	1	1	1	1	7
Nein	0	1	0	0	1	0	0	0	0	2

Unterwassermassagewanne	0	0	0	0	0	0	0	0	0	0

Sauna

	Hotel1	Hotel2	Hotel3	Hotel4	Hotel5	Hotel6	Hotel7	Hotel8	Hotel9	Summe
Ja	1	1	1	1	1	1	1	1	1	9
Nein	0	0	0	0	0	0	0	0	0	0

Anzahl Saunen:

	Hotel1	Hotel2	Hotel3	Hotel4	Hotel5	Hotel6	Hotel7	Hotel8	Hotel9	Summe
1	1	1	0	0	0	0	0	0	0	2
2 bis 3	0	0	1	0	1	0	0	1	1	4
Mehr als 3	0	0	0	0	0	1	1	0	0	2
je nach Größe des Betriebes	0	0	0	1	0	0	0	0	0	1

Dampfbad

	Hotel1	Hotel2	Hotel3	Hotel4	Hotel5	Hotel6	Hotel7	Hotel8	Hotel9	Summe
Ja	1	1	1	1	0	1	1	1	1	8
Nein	0	0	0	0	1	0	0	0	0	1

Infrarot

	Hotel1	Hotel2	Hotel3	Hotel4	Hotel5	Hotel6	Hotel7	Hotel8	Hotel9	Summe
Ja	0	0	0	0	0	1	0	1	1	3
Nein	1	1	1	1	1	0	0	0	0	5
keine Angabe	0	0	0	0	0	0	1	0	0	1

Kneippbecken

	Hotel1	Hotel2	Hotel3	Hotel4	Hotel5	Hotel6	Hotel7	Hotel8	Hotel9	Summe
Ja	1	0	0	1	0	1	1	1	1	6
Nein	0	1	1	0	1	0	0	0	0	3

Aromaduschen

	Hotel1	Hotel2	Hotel3	Hotel4	Hotel5	Hotel6	Hotel7	Hotel8	Hotel9	Summe
Ja	0	1	0	1	0	1	1	1	0	5
Nein	1	0	1	0	1	0	0	0	1	4

Therapieräume

	Hotel1	Hotel2	Hotel3	Hotel4	Hotel5	Hotel6	Hotel7	Hotel8	Hotel9	Summe
1 – 2	1	1	0	1	1	1	0	1	0	6
3 – 5	0	0	1	0	0	0	0	0	1	2
Mehr als 5	0	0	0	0	0	0	1	0	0	1

Kosmetik-/Beautyabteilung

	Hotel1	Hotel2	Hotel3	Hotel4	Hotel5	Hotel6	Hotel7	Hotel8	Hotel9	Summe
Ja	1	1	1	1	0	1	1	0	1	7
Nein	0	0	0	0	1	0	0	1	0	2

Gymnastikraum

	Hotel1	Hotel2	Hotel3	Hotel4	Hotel5	Hotel6	Hotel7	Hotel8	Hotel9	Summe
Ja	0	0	1	1	0	1	1	1	1	6
Nein	1	1	0	0	1	0	0	0	0	3

Fitnessraum mit Geräten

	Hotel1	Hotel2	Hotel3	Hotel4	Hotel5	Hotel6	Hotel7	Hotel8	Hotel9	Summe
Ja	0	1	1	1	0	1	1	1	0	6
Nein	1	0	0	0	1	0	0	0	1	3

Ruheräume

	Hotel1	Hotel2	Hotel3	Hotel4	Hotel5	Hotel6	Hotel7	Hotel8	Hotel9	Summe
1	1	0	0	1	1	0	0	1	0	4
2 bis 3	0	1	1	0	0	1	0	0	1	4
Mehr als 3	0	0	0	0	0	0	1	0	0	1

Ruheliegen

	Hotel1	Hotel2	Hotel3	Hotel4	Hotel5	Hotel6	Hotel7	Hotel8	Hotel9	Summe
Pro Hotelgast 1 Liege	0	0	0	0	0	0	0	0	0	0
Pro 2 Hotelgäste 1 Liege	1	0	1	1	0	0	1	0	1	5
Weniger	0	1	0	0	1	1	0	1	0	4

Freiluftbereich

	Hotel1	Hotel2	Hotel3	Hotel4	Hotel5	Hotel6	Hotel7	Hotel8	Hotel9	Summe
Ja	1	1	1	1	1	1	1	1	1	9
Nein	0	0	0	0	0	0	0	0	0	0

Tageslicht im gesamten Spa und Behandlungsbereich

	Hotel1	Hotel2	Hotel3	Hotel4	Hotel5	Hotel6	Hotel7	Hotel8	Hotel9	Summe
Ja	1	0	1	1	0	1	1	1	1	7
Nein	0	1	0	0	1	0	0	0	0	2

Geschultes Fachpersonal

	Hotel1	Hotel2	Hotel3	Hotel4	Hotel5	Hotel6	Hotel7	Hotel8	Hotel9	Summe
Ja	1	1	1	1	1	1	1	1	1	9
Nein	0	0	0	0	0	0	0	0	0	0

Anwendungsangebot

	Hotel1	Hotel2	Hotel3	Hotel4	Hotel5	Hotel6	Hotel7	Hotel8	Hotel9	Summe
1 bis 5	1	0	0	0	0	0	0	0	0	1
6 bis 10	0	1	0	0	0	1	0	0	0	2
11 bis 20	0	0	0		0	0	0	1	1	2
21 bis 30	0	0	0	0	0	0	0	0	0	0
31 bis 40	0	0	1	0	0	0	1	0	0	2
mehr als 40	0	0	0	0	0	0	0	0	0	0
keine Angabe	0	0	0	1	1	0	0	0	0	2

<u>**Seit über 30 Jahren gibt es die Bewertung der Hotelsterne mit klar**</u>
<u>**festgelegten Richtlinien.**</u>
<u>**Sind Ihrer Meinung nach die Hotelsterne:**</u>
<u>**Zeitgemäß**</u>

	Hotel1	Hotel2	Hotel3	Hotel4	Hotel5	Hotel6	Hotel7	Hotel8	Hotel9	Summe
Ja	1	0	0	1	0	0	1	1	0	4
Nein	0	0	1	0	0	1	0	0	1	3
keine Angabe	0	1	0	0	1	0	0	0	0	2

<u>Eine sinnvolle Orientierungshilfe</u>
<u>für Qualität</u>

	Hotel1	Hotel2	Hotel3	Hotel4	Hotel5	Hotel6	Hotel7	Hotel8	Hotel9	Summe
Ja	1	0	0	1	0	0	1	1	0	4
Nein	0	0	1	0	0	1	0	0	1	3
keine Angabe	0	1	0	0	1	0	0	0	0	2

<u>Die Kriterien und Überprüfungen</u>
<u>ausreichend</u>

	Hotel1	Hotel2	Hotel3	Hotel4	Hotel5	Hotel6	Hotel7	Hotel8	Hotel9	Summe
Ja	1	0	0	1	0	0	0	1	0	3
nein	0	1	1	0	0	1	0	0	1	4
keine Angabe	0	0	0	0	1	0	0	0	0	1
bei 5 Sterne ja	0	0	0	0	0	0	1	0	0	1

<u>Sonstiges:</u>

	Hotel1	Hotel2	Hotel3	Hotel4	Hotel5	Hotel6	Hotel7	Hotel8	Hotel9	
Problem liegt im 4 Sterne Segment	0	0	0	0	0	0	1	0	0	1

Ist es möglich die Qualität eines Wellness- / Spabereiches klar zu erkennen?

	Hotel1	Hotel2	Hotel3	Hotel4	Hotel5	Hotel6	Hotel7	Hotel8	Hotel9	Summe
Ja	1	1	1	1	0	1	1	1	0	7
nein	0	0	0	0	0	0	0	0	1	1
keine Angabe	0	0	0	0	1	0	0	0	0	1

Bei ja, woran:

	Hotel1	Hotel2	Hotel3	Hotel4	Hotel5	Hotel6	Hotel7	Hotel8	Hotel9	Summe
Sauberkeit	1	1	0	1	0	1	0	0	0	4
fachliche Kompetenz der Mitarbeiter	1	0	0	1	0	0	1	0	0	3
Ausstattung SPA	0	1	1	1	0	0	1	0	0	4
Atmosphäre	0	1	0	0	0	1	1	0	0	3
Geschultes Personal	0	1	0	0	0	0	0	0	0	1
Angebot	0	0	1	0	0	1	0	0	0	2
Aufmerksamkeit	0	0	0	0	0	1	1	0	0	2
Erfahrung	0	0	0	0	0	0	0	0	0	0
Spezialisierung	0	0	0	0	0	0	0	0	0	0
Platzaufteilung	0	0	0	0	0	0	0	0	0	0
am Gütesiegel Best Health	0	0	0	0	0	0	0	0	0	0
Versprechen einhalten	0	0	0	0	0	0	0	0	0	0
Gästebewertungen Internet	0	0	0	0	0	0	0	0	0	0
keine Meinung	0	0	0	0	0	0	0	1	0	1

Wollen Sie als Spa Betreiber ein einheitliches allgemein gültiges Gütesiegel?

	Hotel1	Hotel2	Hotel3	Hotel4	Hotel5	Hotel6	Hotel7	Hotel8	Hotel9	Summe
Ja	1	0	1	0	0	1	1	1	1	6
Nein	0	1	0	1	0	0	0	0	0	2
keine Angabe	0	0	0	0	1	0	0	0	0	1

Welche Punkte sollte ein einheitliches Gütesiegel enthalten, welche Aussagen soll ein solches Gütesiegel enthalten?

Was soll überprüft werden:

Hardware (Architektur, Bauliches, Ambiente, Größe etc.)

	Hotel1	Hotel2	Hotel3	Hotel4	Hotel5	Hotel6	Hotel7	Hotel8	Hotel9	Summe
Ja	1	1	1	0	0	1	1	1	1	7
Nein	0	0	0	0	0	0	0	0	0	0
keine Angabe	0	0	0	1	1	0	0	0	0	2

Größe und Anzahl Wasserwelten allgemein

	Hotel1	Hotel2	Hotel3	Hotel4	Hotel5	Hotel6	Hotel7	Hotel8	Hotel9	Summe
Ja	1	0	1	0	0	1	1	1	0	5
Nein	0	1	0	0	0	0	0	0	1	2
keine Angabe	0	0	0	1	1	0	0	0	0	2

Größe und Anzahl Pools

	Hotel1	Hotel2	Hotel3	Hotel4	Hotel5	Hotel6	Hotel7	Hotel8	Hotel9	Summe
Ja	1	0	1	0	0	1	1	1	0	5
Nein	0	1	0	0	0	0	0	0	1	2
keine Angabe	0	0	0	1	1	0	0	0	0	2

Größe Spa im Verhältnis zu Hotelbetten

	Hotel1	Hotel2	Hotel3	Hotel4	Hotel5	Hotel6	Hotel7	Hotel8	Hotel9	Summe
Ja	1	0	1	0	1	1	1	1	1	7
Nein	0	1	0	0	0	0	0	0	0	1
keine Angabe	0	0	0	1	0	0	0	0	0	1

Größe und Anzahl Saunen

	Hotel1	Hotel2	Hotel3	Hotel4	Hotel5	Hotel6	Hotel7	Hotel8	Hotel9	Summe
Ja	1	1	1	0	0	1	1	1	1	7
Nein	0	0	0	0	1	0	0	0	0	1
keine Angabe	0	0	0	1	0	0	0	0	0	1

Größe und Anzahl Dampfbad

	Hotel1	Hotel2	Hotel3	Hotel4	Hotel5	Hotel6	Hotel7	Hotel8	Hotel9	Summe
Ja	1	1	1	0	0	0	1	1	1	6
Nein	0	0	0	0	1	1	0	0	0	2
keine Angabe	0	0	0	1	0	0	0	0	0	1

Größe Ruheräume im Verhältnis
zu Hotelbetten

	Hotel1	Hotel2	Hotel3	Hotel4	Hotel5	Hotel6	Hotel7	Hotel8	Hotel9	Summe
Ja	1	1	1	0	1	1	1	1	1	8
Nein	0	0	0	0	0	0	0	0	0	0
keine Angabe	0	0	0	1	0	0	0	0	0	1

Ausstattung und Alter der
Einrichtungen und Geräte

	Hotel1	Hotel2	Hotel3	Hotel4	Hotel5	Hotel6	Hotel7	Hotel8	Hotel9	Summe
Ja	1	1	1	0	1	1	1	1	1	8
Nein	0	0	0	0	0	0	0	0	0	0
keine Angabe	0	0	0	1	0	0	0	0	0	1

Sonstiges:

Spezielle Angebote im SPA (Saftbar, Obstkorb, Handtuchservice)	0	0	0	0	0	1	0	0	0	1
regionaltypische Angebote	0	0	0	0	0	0	0	0	0	0

Software (Personal, Angebot etc.)

	Hotel1	Hotel2	Hotel3	Hotel4	Hotel5	Hotel6	Hotel7	Hotel8	Hotel9	Summe
Ja	1	1	1	1	0	1	1	1	1	8
Nein	0	0	0	0	1	0	0	0	0	1
keine Angabe	0	0	0	0	0	0	0	0	0	0

Qualifikation und Ausbildung der Mitarbeiter

	Hotel1	Hotel2	Hotel3	Hotel4	Hotel5	Hotel6	Hotel7	Hotel8	Hotel9	Summe
Ja	1	1	1	1	0	1	1	1	1	8
Nein	0	0	0	0	1	0	0	0	0	1
keine Angabe	0	0	0	0	0	0	0	0	0	0

Service (Beratung, Freundlichkeit)

	Hotel1	Hotel2	Hotel3	Hotel4	Hotel5	Hotel6	Hotel7	Hotel8	Hotel9	Summe
Ja	1	1	1	1	1	1	1	1	1	9
Nein	0	0	0	0	0	0	0	0	0	0
keine Angabe	0	0	0	0	0	0	0	0	0	0

Äußeres Erscheinungsbild der Mitarbeiter

	Hotel1	Hotel2	Hotel3	Hotel4	Hotel5	Hotel6	Hotel7	Hotel8	Hotel9	Summe
Ja	1	1	1	1	1	1	1	1	1	9
Nein	0	0	0	0	0	0	0	0	0	0
keine Angabe	0	0	0	0	0	0	0	0	0	0

Angebot und Qualität der Behandlungen

	Hotel1	Hotel2	Hotel3	Hotel4	Hotel5	Hotel6	Hotel7	Hotel8	Hotel9	Summe
Ja	1	1	1	1	1	0	1	1	1	8
Nein	0	0	0	0	0	1	0	0	0	1
keine Angabe	0	0	0	0	0	0	0	0	0	0

Besonderheiten, individuelle Angebote, spezielle Küche (gesunde Ernährung) etc.

	Hotel1	Hotel2	Hotel3	Hotel4	Hotel5	Hotel6	Hotel7	Hotel8	Hotel9	Summe
Ja	1	1	0	1	0	0	1	1	1	6
Nein	0	0	1	0	1	1	0	0	0	3
keine Angabe	0	0	0	0	0	0	0	0	0	0

Hygiene, Sauberkeit

	Hotel1	Hotel2	Hotel3	Hotel4	Hotel5	Hotel6	Hotel7	Hotel8	Hotel9	Summe
Ja	1	1	1	1	1	1	1	1	1	9
Nein	0	0	0	0	0	0	0	0	0	0
keine Angabe	0	0	0	0	0	0	0	0	0	0

Auf was soll mehr Augenmerk liegen bei einer Überprüfung:

	Hotel1	Hotel2	Hotel3	Hotel4	Hotel5	Hotel6	Hotel7	Hotel8	Hotel9	Summe
Hardware	0	0	0	0	0	0	0	0	0	0
Software	0	1	0	0	0	1	0	0	0	2
Beides gleich	1	0	1	1	1	0	1	1	1	7
keine Angabe	0	0	0	0	0	0	0	0	0	0

Welche Erwartungen/Vorstellungen haben Sie von einem einheitlichen Gütesiegel?

	Hotel1	Hotel2	Hotel3	Hotel4	Hotel5	Hotel6	Hotel7	Hotel8	Hotel9	Summe
Vergleich zum Mitbewerber	1	0	0	0	1	0	1	0	0	3
Verbesserung Marketingsituation	0	0	1	0	1	0	1	1	1	5
Transparente Qualität	1	0	1	0	1	1	1	0	1	6
Regelmäßige Qualitätskontrollen	1	1	0	0	0	1	1	0	0	4
Einheitliche Kriterien	1	0	0	0	0	0	1	1	0	3
Klare Aussagen	0	0	0	0	0	1	1	0	0	2

Sonstiges

	Hotel1	Hotel2	Hotel3	Hotel4	Hotel5	Hotel6	Hotel7	Hotel8	Hotel9	Summe
für mich als Unternehmer nicht interessant, eher für die Gäste zur Orientierung	0	1	0	0	0	0	0	0	0	1
bessere Vergleichbarkeit für den Gast	0	0	0	0	0	0	0	0	0	0
dass man als kleines Spa-Hotel eine Chance bekommt	0	0	0	0	0	0	0	0	0	0
keine Angabe	0	0	0	1	0	0	0	0	0	1

Wie könnte so ein einheitliches Gütesiegel aussehen und wer könnte die Zertifizierung durchführen?

	Hotel1	Hotel2	Hotel3	Hotel4	Hotel5	Hotel6	Hotel7	Hotel8	Hotel9	Summe
Überprüfung und Zertifizierung in Kombination mit den Hotelsternen	1	0	0	0	0	1	1	1	0	4
Zertifizierung über Kundenbewertungen im Internet	0	0	0	0	0	0	0	1	0	1
Zertifizierung über Kundenbewertung / Fragebogen für jeden Gast / Auswertung über unabhängiges Institut	0	0	0	0	0	0	0	1	0	1
Anonyme Überprüfung (Mystery Check) externer Beauftragter	1	1	0	0	1	1	1	0	0	5
Überprüfung mit Voranmeldung und folgender Beratung	1	0	1	0	1	0	0	0	1	4
Zertifizierung durch neue Institution mit komplett neuer Marke	1	0	0	0	0	0	1	0	0	2

Sonstiges

	Hotel1	Hotel2	Hotel3	Hotel4	Hotel5	Hotel6	Hotel7	Hotel8	Hotel9	Summe
keine Angabe	0	0	0	1	0	0	0	0	0	1
Kunde ist nicht Kriterium heute, zu individuell	0	0	0	0	0	0	0	0	0	0

Wie könnte eine neue Marke aussehen?

	Hotel1	Hotel2	Hotel3	Hotel4	Hotel5	Hotel6	Hotel7	Hotel8	Hotel9	Summe
Balken/Sonnen wie bei Holiday-check	0	0	0	0	0	0	0	0	0	0

Wer könnte die Zertifizierung durchführen?

	Hotel1	Hotel2	Hotel3	Hotel4	Hotel5	Hotel6	Hotel7	Hotel8	Hotel9	Summe
Öffentliche Prüfanstalt (wie z.B. Land)	0	0	0	0	0	0	0	0	0	0
Fachverband (wie z.B. Wirtschafts-kammer)	1	0	0	0	0	0	1	0	0	2
Private Anbieter	0	0	0	0	0	0	0	0	0	0
Kombination Öffent-lich/Fachverband/Privat	1	0	1	0	1	1	0	0	1	5
Kunde (Fragebogen an jeden Gast und Auswertung über unabhängiges Institut)	0	0	0	0	0	0	0	0	0	0
Internetplattform (Gästebewertung)	0	0	0	0	0	0	0	0	0	0

Sonstiges

	Hotel1	Hotel2	Hotel3	Hotel4	Hotel5	Hotel6	Hotel7	Hotel8	Hotel9	Summe
keine Angabe	0	1	0	1	0	0	0	1	0	3

Dauer der Überprüfung:

	Hotel1	Hotel2	Hotel3	Hotel4	Hotel5	Hotel6	Hotel7	Hotel8	Hotel9	Summe
Bis 1 Tag	1	0	0	0	1	0	0	1	1	4
1 – 2 Tage	0	0	1	0	0	1	0	0	0	2
Mehr als 2 Tage	0	0	0	0	0	0	1	0	0	1
Laufende Überprüfungen	0	1	0	0	0	0	0	0	0	1
keine Angabe	0	0	0	1	0	0	0	0	0	1

Nichterfüllung der Kriterien:

	Hotel1	Hotel2	Hotel3	Hotel4	Hotel5	Hotel6	Hotel7	Hotel8	Hotel9	Summe
Auflagenkatalog und neuerlicher Termin	1	1	0	0	0	0	1	0	0	3
Beratung und Betreuung	1	1	1	0	1	1	1	1	1	8
keine Angabe	0	0	0	1	0	0	0	0	0	1

Kosten für eine Überprüfung 1 Tag inklusive Gütesiegel:

	Hotel1	Hotel2	Hotel3	Hotel4	Hotel5	Hotel6	Hotel7	Hotel8	Hotel9	Summe
Bis Euro 500,--	0	0	0	0	0	1	0	1	1	3
Euro 500,-- bis 1.000,--	0	0	1	0	1	0	1	0	0	3
Euro 1.000,-- bis 1.500,--	0	0	0	0	0	0	0	0	0	0
Euro 1.500,-- bis 2.000,--	0	0	0	0	0	0	0	0	0	0
Mehr als Euro 2.000,--	0	0	0	0	0	0	0	0	0	0
keine Angabe	1	0	0	1	0	0	0	0	0	2
gar nichts	0	0	0	0	0	0	0	1	0	1
Statistische Fragen beantwortet	1	1	1	0	1	1	1	1	1	

Fortsetzung Hotel 10 bis 20

Erklärung:
Hotel 10 bis Hotel 20 = jeweils die Einzelantworten aus dem dazugehörigen Fragebogen. Aus Datenschutzgründen wurden die Befragten nach Hotel 10, Hotel 11 usw. durchnummeriert.

Frage	Hotel10	Hotel11	Hotel12	Hotel13	Hotel14	Hotel15	Hotel16	Hotel17	Hotel18	Hotel19	Hotel20	Summe
Eigener Empfang/Spa-Rezeption												
ja	0	0	1	0	1	1	1	1	1	1	1	8
nein	1	1	0	1	0	0	0	0	0	0	0	3
Schwimmbad außen												
ja	1	0	0	0	1	1	1	1	0	0	1	6
nein	0	1	1	1	0	0	0	0	1	1	0	5

Wenn ja, Größe minimum?

Bis 5 x 10 m	1	0	0	0	1	0	0	1	0	0	1	4
Mehr als 5 x 10 m	0	0	0	0	0	1	1	0	0	0	0	2
keine Angabe	0	1	1	1	0	0	0	0	1	1	0	5

Temperatur:

Bis 26 Grad	1	0	0	0	0	0	0	0	0	0	0	1
27 bis 30 Grad	0	0	0	0	1	1	1	0	0	0	0	3
Mehr als 30 Grad	0	0	0	0	0	0	0	1	0	0	1	2
keine Angabe	0	1	1	1	0	0	0	0	1	1	0	5

Sommer bis 26 Grad	0	0	0	0	0	0	0	0	0	0	0	0
Winter 27 bis 30 Grad	0	0	0	0	0	0	0	0	0	0	0	0
Winter mehr als 30 Grad	0	0	0	0	0	0	0	0	0	0	0	0

Schwimmbad innen

Ja	1	1	1	1	1	1	1	1	1	0	1	10
Nein	0	0	0	0	0	0	0	0	0	1	0	1

Wenn ja, Größe minimum?

Bis 5 x 10 m	1	0	0	0	1	0	0	0	0	0	0	2
Mehr als 5 x 10 m	0	1	1	1	0	1	1	1	1	0	1	8

Temperatur

Bis 26 Grad	0	0	0	0	0	0	0	0	0	0	0	0
27 bis 30 Grad	1	1	1	1	1	0	0	0	1	0	1	7
Mehr als 30 Grad	0	0	0	0	0	1	1	1	0	0	0	3

Whirlpool

Ja	1	1	1	0	0	1	1	1	0	0	1	7
Nein	0	0	0	1	1	0	0	0	1	1	0	4

Unterwassermassagewanne	0	0	0	0	0	0	0	0	0	1	0	1

Sauna

Ja	1	1	1	1	1	1	1	1	1	1	1	11
Nein	0	0	0	0	0	0	0	0	0	0	0	0

Anzahl Saunen:

1	1	0	0	0	0	0	1	0	0	0	0	2
2 bis 3	0	1	0	0	0	1	0	1	0	1	1	5
Mehr als 3	0	0	1	1	1	0	0	0	1	0	0	4

je nach Größe des Betriebes	0	0	0	0	0	0	0	0	0	0	0	0

Dampfbad

Ja	1	1	1	1	1	1	1	1	1	1	1	11
Nein	0	0	0	0	0	0	0	0	0	0	0	0

Infrarot

Ja	0	1	1	0	1	1	1	1	1	1	1	9
Nein	1	0	0	1	0	0	0	0	0	0	0	2
keine Angabe	0	0	0	0	0	0	0	0	0	0	0	0

Kneippbecken

Ja	0	1	1	1	1	1	1	1	1	1	1	10
Nein	1	0	0	0	0	0	0	0	0	0	0	1

Aromaduschen

Ja	0	0	1	0	1	0	1	0	1	0	0	4
Nein	1	1	0	1	0	1	0	1	0	1	1	7

Therapieräume

1 – 2	0	0	0	1	0	0	1	0	0	0	0	2
3 – 5	1	1	1	0	1	0	0	1	0	0	1	6
Mehr als 5	0	0	0	0	0	1	0	0	1	1	0	3

Kosmetik-/Beautyabteilung

Ja	1	1	1	1	1	1	1	1	1	1	1	11
Nein	0	0	0	0	0	0	0	0	0	0	0	0

Gymnastikraum

Ja	1	1	1	1	1	1	1	1	1	1	1	11
Nein	0	0	0	0	0	0	0	0	0	0	0	0

Fitnessraum mit Geräten

Ja	1	1	1	1	1	1	1	1	1	1	1	11
Nein	0	0	0	0	0	0	0	0	0	0	0	0

Ruheräume

1		1	0	1	0	0	1	0	0	1	0	4
2 bis 3	1	0	1	0	1	1	0	0	0	0	0	4
Mehr als 3	0	0	0	0	0	0	0	1	1	0	1	3

Ruheliegen

Pro Hotelgast 1 Liege	0	0	1	0	0	1	1	0	0	0	0	3
Pro 2 Hotelgäste 1 Liege	1	1	0	1	1	0	0	1	0	0	1	6
Weniger	0	0	0	0	0	0	0	0	1	1	0	2

Freiluftbereich

Ja	1	1	1	1	0	1	1	1	1	0	1	9
Nein	0	0	0	0	1	0	0	0	0	1	0	2

Tageslicht im gesamten Spa und
Behandlungsbereich

Ja	1	1	1	1	1	1	1	0	0	1	1	9
Nein	0	0	0	0	0	0	0	1	1	0	0	2

Geschultes Fachpersonal

Ja	1	1	1	1	1	1	1	1	1	1	1	11
Nein	0	0	0	0	0	0	0	0	0	0	0	0

Anwendungsangebot

1 bis 5	0	0	0	0	0	0	0	0	0	0	0	0
6 bis 10	0	1	0	0	0	0	0	0	0	0	0	1
11 bis 20	0	0	0	0	0	0	0	1	0	0	0	1
21 bis 30	1	0	1	1	0	0	0	0	0	0	0	3
31 bis 40	0	0	0	0	0	1	1	0	1	0	0	3
mehr als 40	0	0	0	0	1	0	0	0	0	1	1	3
keine Angabe	0	0	0	0	0	0	0	0	0	0	0	0

Seit über 30 Jahren gibt es die
Bewertung der Hotelsterne mit
klar festgelegten Richtlinien.
Sind Ihrer Meinung nach die
Hotelsterne:

Zeitgemäß

Ja	1	1	1	1	0	1	1	0	1	1	1	9
Nein	0	0	0	0	1	0	0	0	0	0	0	1
keine Angabe	0	0	0	0	0	0	0	1	0	0	0	1

Eine sinnvolle Orientierungshilfe
für Qualität

Ja	1	1	1	1	0	1	1	1	1	0	1	9
Nein	0	0	0	0	1	0	0	0	0	1	0	2
keine Angabe	0	0	0	0	0	0	0	0	0	0	0	0

Die Kriterien und Überprüfungen
ausreichend

Ja	0	1	1	1	0	1	1	0	1	1	0	7
nein	1	0	0	0	1	0	0	0	0	0	1	3
keine Angabe	0	0	0	0	0	0	0	1	0	0	0	1
bei 5 Sterne ja	0	0	0	0	0	0	0	0	0	0	0	0
Sonstiges:												
Problem liegt im 4 Sterne Segment	0	0	0	0	0	0	0	0	0	0	0	0

Ist es möglich die Qualität eines Wellness- / Spabereiches klar zu erkennen?

Ja	1	1	0	1	0	0	0	1	0	0	1	5
nein	0	0	1	0	1	1	1	0	1	1	0	6
keine Angabe	0	0	0	0	0	0	0	0	0	0	0	0

Bei ja, woran:

Sauberkeit	0	1	0	0	0	0	0	0	0	0	0	1
fachliche Kompetenz der Mitarbeiter	0	0	0	0	0	0	0	0	0	0	0	0
Ausstattung SPA	0	1	0	0	0	0	0	0	0	0	0	1
Atmosphäre	0	0	0	0	0	0	0	0	0	0	0	0
Geschultes Personal	0	0	0	0	0	0	0	0	0	0	0	0
Angebot	1	1	0	0	0	0	0	0	0	0	0	2
Aufmerksamkeit	0	0	0	0	0	0	0	0	0	0	0	0
Erfahrung	1	0	0	0	0	0	0	0	0	0	0	1
Spezialisierung	1	0	0	0	0	0	0	0	0	0	0	1
Platzaufteilung	0	1	0	0	0	0	0	0	0	0	0	1
am Gütesiegel Best Health	0	0	0	1	0	0	0	0	0	0	0	1
Versprechen einhalten	0	0	0	0	0	0	0	0	0	0	1	1
Gästebewertungen Internet	0	0	0	0	0	0	0	0	0	0	0	0
keine Meinung	0	0	0	0	0	0	0	1	0	0	0	1

Wollen Sie als Spa Betreiber ein einheitliches allgemein gültiges Gütesiegel?

Ja	1	0	1	1	1	1	1	1	1	1	1	10
Nein	0	1	0	0	0	0	0	0	0	0	0	1
keine Angabe	0	0	0	0	0	0	0	0	0	0	0	0

Welche Punkte sollte ein einheitliches Gütesiegel enthalten, welche Aussagen soll ein solches Gütesiegel enthalten?
Was soll überprüft werden:
Hardware (Architektur, Bauliches, Ambiente, Größe etc.)

Ja	1	0	1	1	1	1	1	1	1	0	1	9
Nein	0	0	0	0	0	0	0	0	0	1	0	1
keine Angabe	0	1	0	0	0	0	0	0	0	0	0	1

Größe und Anzahl Wasserwelten allgemein

Ja	1	0	1	1	1	1	1	1	1	0	1	9
Nein	0	0	0	0	0	0	0	0	0	1	0	1
keine Angabe	0	1	0	0	0	0	0	0	0	0	0	1

Größe und Anzahl Pools

Ja	1	0	1	1	1	1	1	1	1	0	1	9
Nein	0	0	0	0	0	0	0	0	0	1	0	1
keine Angabe	0	1	0	0	0	0	0	0	0	0	0	1

Größe Spa im Verhältnis zu Hotelbetten

Ja	1	0	1	1	1	1	1	1	1	1	1	10
Nein	0	0	0	0	0	0	0	0	0	0	0	0
keine Angabe	0	1	0	0	0	0	0	0	0	0	0	1

Größe und Anzahl Saunen

Ja	1	0	1	1	1	1	1	1	1	0	1	9
Nein	0	0	0	0	0	0	0	0	0	1	0	1
keine Angabe	0	1	0	0	0	0	0	0	0	0	0	1

Größe und Anzahl Dampfbad

Ja	1	0	1	1	1	1	1	1	1	0	1	9
Nein	0	0	0	0	0	0	0	0	0	1	0	1
keine Angabe	0	1	0	0	0	0	0	0	0	0	0	1

Größe Ruheräume im Verhältnis zu Hotelbetten

Ja	1	0	1	1	1	1	1	1	1	0	1	9
Nein	0	0	0	0	0	0	0	0	0	1	0	1
keine Angabe	0	1	0	0	0	0	0	0	0	0	0	1

Ausstattung und Alter der Einrichtungen und Geräte

Ja	1	0	1	1	1	1	1	1	1	0	1	9
Nein	0	0	0	0	0	0	0	0	0	1	0	1
keine Angabe	0	1	0	0	0	0	0	0	0	0	0	1

Sonstiges:

Spezielle Angebote im SPA (Saftbar, Obstkorb, Handtuch-service)	0	0	0	0	0	0	0	0	0		0	0
regionaltypische Angebote	0	0	0	0	0	0	0	1			0	1

Software (Personal, Angebot etc.)

Ja	1	0	1	1	1	1	1	1	1	1	1	10
Nein	0	0	0	0	0	0	0	0	0	0	0	0
keine Angabe	0	1	0	0	0	0	0	0	0	0	0	1

Qualifikation und Ausbildung der Mitarbeiter

Ja	1	0	1	1	1	1	1	1	1	1	1	10
Nein	0	0	0	0	0	0	0	0	0	0	0	0
keine Angabe	0	1	0	0	0	0	0	0	0	0	0	1

Service (Beratung, Freundlichkeit)

Ja	0	0	1	1	1	1	1	1	1	0	1	8
Nein	1	0	0	0	0	0	0	0	0	1	0	2
keine Angabe	0	1	0	0	0	0	0	0	0	0	0	1

Äußeres Erscheinungsbild der Mitarbeiter

Ja	1	0	1	1	1	1	1	1	1	1	1	10
Nein	0	0	0	0	0	0	0	0	0	0	0	0
keine Angabe	0	1	0	0	0	0	0	0	0	0	0	1

Angebot und Qualität der Behandlungen

Ja	1	0	1	1	1	1	1	1	1	1	1	10
Nein	0	0	0	0	0	0	0	0	0	0	0	0
keine Angabe	0	1	0	0	0	0	0	0	0	0	0	1

Besonderheiten, individuelle Angebote, spezielle Küche (gesunde Ernährung) etc.

Ja	1	0	1	1	1	1	1	1	1	1	1	10
Nein	0	0	0	0	0	0	0	0	0	0	0	0
keine Angabe	0	1	0	0	0	0	0	0	0	0	0	1

Hygiene, Sauberkeit

Ja	1	0	1	1	1	1	1	1	1	1	1	10
Nein	0	0	0	0	0	0	0	0	0	0	0	0
keine Angabe	0	1	0	0	0	0	0	0	0	0	0	1

Auf was soll mehr Augenmerk liegen bei einer Überprüfung:

Hardware	0	0	0	0	0	0	1	0	0	0	0	1
Software	0	0	0	0	0	0	0	0	1	1	0	2
Beides gleich	1	0	1	1	1	1	0	1	0	0	1	7
keine Angabe	0	1	0	0	0	0	0	0	0	0	0	1

Welche Erwartungen/Vorstellungen haben Sie von einem einheitlichen Gütesiegel?

												Σ
Vergleich zum Mitbewerber	0	0	0	1	1	1	0	1	0	1	1	6
Verbesserung Marketingsituation	0	0	0	1	1	1	0	1	1	0	1	6
Transparente Qualität	1	0	1	1	1	1	1	1	1	1	1	10
Regelmäßige Qualitätskontrollen	0	0	1	1	1	1	0	1	1	0	1	7
Einheitliche Kriterien	0	0	1	1	1	1	1	0	1	1	1	8
Klare Aussagen	0	0	0	1	1	1	0	0	0	1	1	5

Sonstiges

												Σ
für mich als Unternehmer nicht interessant, eher für die Gäste zur Orientierung	0	0	0	0	0	0	0	0	0	0	0	0
bessere Vergleichbarkeit für den Gast	0	0	1	0	0	0	0	0	0	0	0	1
dass man als kleines Spa-Hotel eine Chance bekommt	0	0	0	0	0	0	0	0	0	0	0	0
keine Angabe	0	1	0	0	0	0	0	0	0	0	0	1

Wie könnte so ein einheitliches Gütesiegel aussehen und wer könnte die Zertifizierung durchführen?

												Σ
Überprüfung und Zertifizierung in Kombination mit den Hotelsternen	1	0	1	1	1	1	1	0	0	1	1	8
Zertifizierung über Kundenbewertungen im Internet	0	0	0	0	0	0	0	0	0	0	1	1
Zertifizierung über Kundenbewertung / Fragebogen für jeden Gast / Auswertung über unabhängiges Institut	0	0	0	0	0	0	0	0	0	0	1	1
Anonyme Überprüfung (Mystery Check) externer Beauftragter	0	0	1	1	1	0	1	1	1	0	1	7
Überprüfung mit Voranmeldung und folgender Beratung	1	0	1	1	0	1	0	1	0	1	1	7
Zertifizierung durch neue Institution mit komplett neuer Marke	0	0	0	0	0	0	0	0	1	0	0	1

Sonstiges

												Σ
keine Angabe	0	1	0	0	0	0	0	0	0	0	0	1
Kunde ist nicht Kriterium heute, zu individuell	0	0	0	0	0	0	0	0	0	1	0	1

Wie könnte eine neue Marke aussehen?

Balken/Sonnen wie bei Holidaycheck	0	0	0	0	0	0	0	0	0	0	0	0

Wer könnte die Zertifizierung durchführen?

Öffentliche Prüfanstalt (wie z.B. Land)	0	0	0	0	0	0	0	0	0	0	1	1
Fachverband (wie z.B. Wirtschaftskammer)	1	0	0	1	1	0	0	0	0	0	1	4
Private Anbieter	0	0	0	0	0	0	1	0	0	0	0	1
Kombination Öffentlich/Fachverband/Privat	0	0	0	0	1	1	0	1	1	1	1	6
Kunde (Fragebogen an jeden Gast und Auswertung über unabhängiges Institut)	0	0	0	0	0	0	0	0	0	0	0	0
Internetplattform (Gästebewertung)	0	0	0	0	0	0	0	0	0	0	1	1

Sonstiges

keine Angabe	0	1	1	0	0	0	0	0	0	0	0	2

Dauer der Überprüfung:

Bis 1 Tag	1	0	0	0	0	0	1	0	0	0	1	3
1 – 2 Tage	0	0	1	1	1	1	0	1	1	1	0	7
Mehr als 2 Tage	0	0	0	0	0	0	0	0	0	0	0	0
Laufende Überprüfungen	0	0	0	0	0	0	0	0	0	0	0	0
keine Angabe	0	1	0	0	0	0	0	0	0	0	0	1

Nichterfüllung der Kriterien:

Auflagenkatalog und neuerlicher Termin	0	0	1	0	1	1	0	1	1	0	1	6
Beratung und Betreuung	1	0	1	1	1	0	1	0	0	1	1	7
keine Angabe	0	1	0	0	0	0	0	0	0	0	0	1

Was darf eine solche Überprüfung kosten?

Fixe Pauschale	1	0	1	1	1	1	1	1	1	1	0	9
Nach tatsächlich geleisteter Arbeitszeit nach Stundensatz	0	0	0	0	0	0	0	0	0	0	1	1
keine Angabe	0	1	0	0	0	0	0	0	0	0	0	1

Kosten für eine Überprüfung 1
Tag inklusive Gütesiegel:

Bis Euro 500,--	1	0	0	0	0	0	1	1	0	1	1	5
Euro 500,-- bis 1.000,--	0	0	1	1	1	1	0	0	0	0	0	4
Euro 1.000,-- bis 1.500,--	0	0	0	0	0	0	0	0	1	0	0	1
Euro 1.500,-- bis 2.000,--	0	0	0	0	0	0	0	0	0	0	0	0
Mehr als Euro 2.000,--	0	0	0	0	0	0	0	0	0	0	0	0
keine Angabe	0	1	0	0	0	0	0	0	0	0	0	1
gar nichts	0	0	0	0	0	0	0	0	0	0	0	0

Statistische Fragen beantwortet	1	1	1	1	1	1	1	1	1	1	1

Fortsetzung Hotel 21 bis 31

Erklärung:
Hotel 21 bis Hotel 31 = jeweils die Einzelantworten aus dem dazugehörigen
Fragebogen. Aus Datenschutzgründen wurden die Befragten nach Hotel 21,
Hotel 22 usw. durchnummeriert.

Frage	Hotel21	Hotel22	Hotel23	Hotel24	Hotel25	Hotel26	Hotel27	Hotel28	Hotel29	Hotel30	Hotel31	Summe
Eigener Empfang/ Spa-Rezeption												
ja	1	1	1	1	1	1	1	1	1	1	1	11
nein	0	0	0	0	0	0	0	0	0	0	0	0
Schwimmbad außen												
ja	1	1	1	1	0	1	0	1	1	1	1	9
nein	0	0	0	0	1	0	1	0	0	0	0	2
Wenn ja, Größe minimum?												
Bis 5 x 10 m	1	1	0	0	0	0	0	0	0	0	0	2
Mehr als 5 x 10 m	0	0	1	1	0	1	0	1	1	1	1	7
keine Angabe	0	0	0	0	1	0	1	0	0	0	0	2
Temperatur:												
Bis 26 Grad	0	0	0	0	0	0	0	0	0	0	0	0
27 bis 30 Grad	1	0	1	0	0	1	0	1	1	1	1	7
Mehr als 30 Grad	0	1	0	1	0	0	0	0	0	0	0	2
keine Angabe	0	0	0	0	1	0	1	0	0	0	0	2

Sommer bis 26 Grad	0	0	0	0	0	0	0	0	0	0	0	0
Winter 27 bis 30 Grad	0	0	0	0	0	0	0	0	0	0	0	0
Winter mehr als 30 Grad	0	0	0	0	0	0	0	1	0	0	1	2

Schwimmbad innen

Ja	1	1	1	1	0	1	1	1	1	1	1	10
Nein	0	0	0	0	1	0	0	0	0	0	0	1

Wenn ja, Größe minimum?

Bis 5 x 10 m	0	1	0	0	0	0	0	1	0	0	0	2
Mehr als 5 x 10 m	1	0	1	1	0	1	1	0	1	1	1	8

Temperatur

Bis 26 Grad	0	0	0	0	0	0	0	0	0	0	0	0
27 bis 30 Grad	1	0	1	0	0	1	1	0	1	1	0	6
Mehr als 30 Grad	0	1	0	1	0	0	0	1	0	0	1	4

Whirlpool

Ja	1	1	1	1	0	1	1	1	1	1	1	10
Nein	0	0	0	0	1	0	0	0	0	0	0	1

Unterwassermassagewanne	0	0	0	0	0	0	0	0	0	0	0	0

Sauna

Ja	1	1	1	1	1	1	1	1	1	1	1	11
Nein	0	0	0	0	0	0	0	0	0	0	0	0

Anzahl Saunen:

1	0	1	0	0	0	0	0	0	1	0	0	2
2 bis 3	1	0	1	0	1	1	1	1	0	0	0	6
Mehr als 3	0	0	0	1	0	0	0	0	0	1	1	3

je nach Größe des Betriebes	0	0	0	0	0	0	0	0	0	0	0	0

Dampfbad

Ja	1	1	1	1	1	1	1	1	1	1	1	11
Nein	0	0	0	0	0	0	0	0	0	0	0	0

Infrarot

Ja	1	1	0	1	1	1	0	0	1	1	1	8
Nein	0	0	1	0	0	0	1	1	0	0	0	3
keine Angabe	0	0	0	0	0	0	0	0	0	0	0	0

Kneippbecken

Ja	1	0	1	1	0	1	1	1	0	1	1	8
Nein	0	1	0	0	1	0	0	0	1	0	0	3

Aromaduschen

Ja	1	1	1	1	0	1	1	0	1	0	1	8
Nein	0	0	0	0	1	0	0	1	0	1	0	3

Therapieräume

1 – 2	1	1	0	0	0	0	0	0	0	0	0	2
3 – 5	0	0	1	1	1	1	1	1	1	0	0	7
Mehr als 5	0	0	0	0	0	0	0	0	0	1	1	2

Kosmetik-/Beautyabteilung

Ja	1	1	1	1	1	1	1	1	1	1	1	11
Nein	0	0	0	0	0	0	0	0	0	0	0	0

Gymnastikraum

Ja	1	0	1	1	1	1	1	1	1	1	1	10
Nein	0	1	0	0	0	0	0	0	0	0	0	1

Fitnessraum mit Geräten

Ja	1	0	1	1	0	1	1	1	1	1	1	9
Nein	0	1	0	0	1	0	0	0	0	0	0	2

Ruheräume

1	0	1	0	0	0	0	0	0	1	1	0	3
2 bis 3	1	0	1	1	1	1	1	1	0	0	0	7
Mehr als 3	0	0	0	0	0	0	0	0	0	0	1	1

Ruheliegen

Pro Hotelgast 1 Liege	0	0	0	1	0	0	0	0	0	1	0	2
Pro 2 Hotelgäste 1 Liege	1	1	1	0	1	1	0	1	1	0	1	8
Weniger	0	0	0	0	0	0	1	0	0	0	0	1

Freiluftbereich

Ja	1	1	1	1	1	1	1	1	1	1	1	11
Nein	0	0	0	0	0	0	0	0	0	0	0	0

Tageslicht im gesamten Spa und Behandlungsbereich

Ja	1	1	1	1	1	0	1	1	0	1	1	9
Nein	0	0	0	0	0	1	0	0	1	0	0	2

Geschultes Fachpersonal

Ja	1	1	1	1	1	1	1	1	1	1	1	11
Nein	0	0	0	0	0	0	0	0	0	0	0	0

Anwendungsangebot

1 bis 5	0	0	0	0	0	0	0	0	0	0	0	0
6 bis 10	0	0	0	0	0	0	0	0	0	0	0	0
11 bis 20	1	1	0	0	0	0	0	0	0	0	0	2
21 bis 30	0	0	0	0	1	0	1	0	0	0	1	3
31 bis 40	0	0	1	0	0	1	0	0	1	0	0	3
mehr als 40	0	0	0	1	0	0	0	1	0	1	0	3
keine Angabe	0	0	0	0	0	0	0	0	0	0	0	0

Seit über 30 Jahren gibt es die Bewertung der Hotelsterne mit klar festgelegten Richtlinien.

Sind Ihrer Meinung nach die Hotelsterne:

Zeitgemäß

Ja	1	1	1	1	1	1	0	1	1	1	0	9
Nein	0	0	0	0	0	0	1	0	0	0	1	2
keine Angabe	0	0	0	0	0	0	0	0	0	0	0	0

Eine sinnvolle Orientierungshilfe für Qualität

Ja	1	1	1	1	1	1	0	1	1	1	0	9
Nein	0	0	0	0	0	0	1	0	0	0	1	2
keine Angabe	0	0	0	0	0	0	0	0	0	0	0	0

Die Kriterien und Überprüfungen ausreichend

Ja	0	1	1	1	0	0	0	0	1	1	0	5
nein	1	0	0	0	1	1	1	0	0	0	1	5
keine Angabe	0	0	0	0	0	0	0	1	0	0	0	1
bei 5 Sterne ja	0	0	0	0	0	0	0	0	0	0	0	0

Sonstiges:

Problem liegt im 4 Sterne Segment	0	0	1	0	0	0	1	0	0	1	0	3

Ist es möglich die Qualität eines Wellness- / Spabereiches klar zu erkennen?

Ja	1	1	0	1	1	1	1	1	1	1	1	10
nein	0	0	0	0	0	0	0	0	0	0	0	0
keine Angabe	0	0	1	0	0	0	0	0	0	0	0	1

Bei ja, woran:

Sauberkeit	0	1	0	0	0	0	1	0	0	1	0	3
fachliche Kompetenz der Mitarbeiter	0	1	0	0	0	1	1	1	0	1	1	6
Ausstattung SPA	0	0	0	0	0	1	0	0	0	1	0	2
Atmosphäre	0	1	0	0	0	0	0	0	0	0	1	2
Geschultes Personal	0	0	0	0	0	0	1	0	0	1	1	3
Angebot	0	0	0	0	0	0	1	0	0	0	0	1
Aufmerksamkeit	0	0	0	0	0	0	0	0	0	0	0	0
Erfahrung	0	0	0	0	0	0	0	0	0	0	0	0
Spezialisierung	0	0	0	0	0	0	0	0	0	0	0	0
Platzaufteilung	0	0	0	0	0	0	0	0	0	0	0	0
am Gütesiegel (z.B. BestH.,Relax…)	0	0	0	0	1	0	0	0	1	0	0	2
Versprechen einhalten	0	0	0	1	0	0	0	0	0	0	1	2
Gästebewertungen Internet	0	0	0	0	0	0	0	0	1	0	0	1
keine Meinung	1	0	0	0	0	0	0	0	0	0	0	1

Wollen Sie als Spa Betreiber ein einheitliches allgemein gültiges Gütesiegel?

Ja	0	1	0	1	1	1	0	0	0	1	0	5
Nein	1	0	0	0	0	0	1	1	1	0	1	5
keine Angabe	0	0	1	0	0	0	0	0	0	0	0	1

Welche Punkte sollte ein einheitliches Gütesiegel enthalten, welche Aussagen soll ein solches Gütesiegel enthalten?
Was soll überprüft werden:

Hardware (Architektur, Bauliches, Ambiente, Größe etc.)

Ja	1	1	1	1	1	1	0	1	1	1	1	10
Nein	0	0	0	0	0	0	0	0	0	0	0	0
keine Angabe	0	0	0	0	0	0	1	0	0	0	0	1

Größe und Anzahl Wasserwelten allgemein

Ja	1	0	1	1	0	1	0	1	1	0	0	6
Nein	0	1	0	0	1	0	0	0	0	1	1	4
keine Angabe	0	0	0	0	0	0	1	0	0	0	0	1

Größe und Anzahl Pools

Ja	1	0	1	1	0	1	0	1	1	1	0	7
Nein	0	1	0	0	1	0	0	0	0	0	1	3
keine Angabe	0	0	0	0	0	0	1	0	0	0	0	1

Größe Spa im Verhältnis zu Hotelbetten

Ja	1	1	1	1	1	1	0	1	0	1	1	9
Nein	0	0	0	0	0	0	0	0	1	0	0	1
keine Angabe	0	0	0	0	0	0	1	0	0	0	0	1

Größe und Anzahl Saunen

Ja	1	1	1	1	1	1	0	1	1	1	1	10
Nein	0	0	0	0	0	0	0	0	0	0	0	0
keine Angabe	0	0	0	0	0	0	1	0	0	0	0	1

Größe und Anzahl Dampfbad

Ja	1	1	1	1	1	1	0	1	1	1	1	10
Nein	0	0	0	0	0	0	0	0	0	0	0	0
keine Angabe	0	0	0	0	0	0	1	0	0	0	0	1

Größe Ruheräume im Verhältnis zu Hotelbetten

Ja	0	1	1	1	1	1	0	1	1	1	1	9
Nein	1	0	0	0	0	0	0	0	0	0	0	1
keine Angabe	0	0	0	0	0	0	1	0	0	0	0	1

Ausstattung und Alter der Einrichtungen und Geräte

Ja	1	1	1	1	1	1	0	1	1	1	1	10
Nein	0	0	0	0	0	0	0	0	0	0	0	0
keine Angabe	0	0	0	0	0	0	1	0	0	0	0	1

Sonstiges:

Spezielle Angebote im SPA (Saftbar, Obstkorb, Handtuchservice)	0	0	0	0	0	0	0	0	0	0	0	0
regionaltypische Angebote	0	0	0	0	0	0	0	0	0	0	0	0

Software (Personal, Angebot etc.)

Ja	1	1	1	1	1	1	1	1	1	1	1	11
Nein	0	0	0	0	0	0	0	0	0	0	0	0
keine Angabe	0	0	0	0	0	0	0	0	0	0	0	0

Qualifikation und Ausbildung der Mitarbeiter

Ja	1	1	1	1	1	1	1	1	1	1	1	11
Nein	0	0	0	0	0	0	0	0	0	0	0	0
keine Angabe	0	0	0	0	0	0	0	0	0	0	0	0

Service (Beratung, Freundlichkeit)

Ja	1	1	1	1	1	1	1	1	1	1	1	11
Nein	0	0	0	0	0	0	0	0	0	0	0	0
keine Angabe	0	0	0	0	0	0	0	0	0	0	0	0

Äußeres Erscheinungsbild der Mitarbeiter

Ja	1	1	1	1	1	1	1	1	1	1	1	11
Nein	0	0	0	0	0	0	0	0	0	0	0	0
keine Angabe	0	0	0	0	0	0	0	0	0	0	0	0

Angebot und Qualität der Behandlungen

Ja	1	1	1	1	1	1	1	1	1	1	1	11
Nein	0	0	0	0	0	0	0	0	0	0	0	0
keine Angabe	0	0	0	0	0	0	0	0	0	0	0	0

Besonderheiten, individuelle Angebote, spezielle Küche (gesunde Ernährung) etc.

Ja	0	0	0	1	1	1	1	1	1	0	1	7
Nein	1	1	1	0	0	0	0	0	0	1	0	4
keine Angabe	0	0	0	0	0	0	0	0	0	0	0	0

Hygiene, Sauberkeit

Ja	1	1	1	1	1	1	1	1	1	1	1	11
Nein	0	0	0	0	0	0	0	0	0	0	0	0
keine Angabe	0	0	0	0	0	0	0	0	0	0	0	0

Auf was soll mehr Augenmerk liegen bei einer Überprüfung:

Hardware	0	0	0	0	0	0	0	0	0	0	0	0
Software	0	0	0	0	0	1	0	0	1	0	1	3
Beides gleich	1	1	1	1	1	0	1	1	0	1	0	8
keine Angabe	0	0	0	0	0	0	0	0	0	0	0	0

Welche Erwartungen/Vorstellungen haben Sie von einem einheitlichen Gütesiegel?

Vergleich zum Mitbewerber	0	1	0	1	1	1	0	1	0	1	0	6
Verbesserung Marketingsituation	0	1	0	1	1	1	0	1	0	1	0	6
Transparente Qualität	0	0	0	1	1	1	0	1	1	1	1	7
Regelmäßige Qualitätskontrollen	0	1	0	1	1	1	0	1	0	1	1	7
Einheitliche Kriterien	1	0	0	1	0	1	0	1	1	1	0	6
Klare Aussagen	1	0	1	1	1	0	0	1	1	1	1	8

Sonstiges

für mich als Unternehmer nicht interessant, eher für die Gäste zur Orientierung	0	0	0	0	0	0	0	0	0	0	0	0
bessere Vergleichbarkeit für den Gast	0	0	0	0	0	0	0	0	0	0	0	0
dass man als kleines Spa-Hotel eine Chance bekommt	0	1	0	0	0	0	0	0	0	0	0	1
keine Angabe	0	0	0	0	0	0	1	0	0	0	0	1

Wie könnte so ein einheitliches Gütesiegel aussehen und wer könnte die Zertifizierung durchführen?

Überprüfung und Zertifizierung in Kombination mit den Hotelsternen	1	1	1	1	0	0	0	1	0	0	5	
Zertifizierung über Kundenbewertungen im Internet	0	0	0	0	0	0	0	0	1	1	1	3
Zertifizierung über Kundenbewertung / Fragebogen für jeden Gast / Auswertung über unabhängiges Institut	1	0	0	1	0	0	0	1	1	0	1	5
Anonyme Überprüfung (Mystery Check) externer Beauftragter	0	1	1	1	0	1	1	1	0	1	1	8
Überprüfung mit Voranmeldung und folgender Beratung	1	1	0	1	0	0	0	0	1	1	0	5
Zertifizierung durch neue Institution mit komplett neuer Marke	0	0	0	1	0	0	0	1	0	0	0	2

Sonstiges

keine Angabe	0 0 0 0 1 0 0 0 0 0 0	1
Kunde ist nicht Kriterium heute, zu individuell	0 0 0 0 0 0 0 0 0 0 0	0

Wie könnte eine neue Marke aussehen?

Balken/Sonnen wie bei Holiday-check	0 1 0 0 0 0 0 0 0	1

Wer könnte die Zertifizierung durchführen?

Öffentliche Prüfanstalt (wie z.B. Land)	0 0 0 0 0 0 0 0 0 1 0	1
Fachverband (wie z.B. Wirtschaftskammer)	1 1 1 1 0 0 0 1 0 1 0	6
Private Anbieter	0 0 0 0 0 0 1 1 0 0 0	2
Kombination Öffentlich/Fachverband/Privat	0 0 1 1 0 1 0 1 1 0 0	5
Kunde (Fragebogen an jeden Gast und Auswertung über unabhängiges Institut)	0 1 0 0 0 0 0 1 0 1 0	3
Internetplattform (Gästebewertung)	0 0 0 0 0 0 0 1 0 1 0	2
Sonstiges keine Angabe	0 0 0 0 1 0 0 0 0 1 1	3

Dauer der Überprüfung:

Bis 1 Tag	0 0 0 0 0 0 0 0 0 0 0	0
1 – 2 Tage	1 1 1 1 0 1 0 1 1 1 0	8
Mehr als 2 Tage	0 0 0 0 1 0 0 0 0 0 0	1
Laufende Überprüfungen	0 0 0 0 0 0 0 0 0 0 0	0
keine Angabe	0 0 0 0 0 0 1 0 0 0 1	2

Nichterfüllung der Kriterien:

Auflagenkatalog und neuerlicher Termin	0 1 1 1 1 1 0 1 1 1 0	8
Beratung und Betreuung	1 0 0 1 1 0 0 1 1 1 0	6
keine Angabe	0 0 0 0 0 1 0 0 0 1	2

Was darf eine solche Überprüfung kosten?

Fixe Pauschale	1 1 1 1 1 1 0 1 0 1 0	8
Nach tatsächlich geleisteter Arbeitszeit nach Stundensatz	0 0 0 0 0 0 0 0 1 0 0	1
keine Angabe	0 0 0 0 0 0 1 0 0 0 1	2

Kosten für eine Überprüfung 1
Tag inklusive Gütesiegel: 0

Bis Euro 500,--	1	0	1	1	0	0	0	0	0	1	0	4
Euro 500,-- bis 1.000,--	0	0	0	0	1	1	0	1	0	0	0	3
Euro 1.000,-- bis 1.500,--	0	0	0	0	0	0	0	0	0	0	0	0
Euro 1.500,-- bis 2.000,--	0	0	0	0	0	0	0	0	1	0	0	1
Mehr als Euro 2.000,--	0	0	0	0	0	0	0	0	0	0	0	0
keine Angabe	0	0	0	0	0	0	1	0	0	0	1	2
gar nichts	0	1	0	0	0	0	0	0	0	0	0	1
Statistische Fragen beantwortet	1	1	1	1	1	1	1	1	1	1	1	

10.6. Detail Hotel Statistik

Frage	Summe StatH1	Summe SatH2	Summe StatH3	Summe StatH4	Summe StatH5	Summe StatH6	Summe StatH7	Summe StatH8	Summe gesamt	Befragungen	Prozent
Gibt es in Ihrem Betrieb einen Themenschwerpunkt, eine Spezialisierung (wie z.B. „Kinder", „Sport", „Wellness", „Familie" etc.)?											
Ja	3	4	2	3	3	4	4	2	25	30	83,33%
Nein	1	0	2	1	1	0	0	0	5	30	16,67%
											100,00%
Wenn ja, welches Thema?											
Gourmet & Relaxhotel	1	0	0	0	0	0	0	0	1	30	3,33%
Sport & Wellness	1	0	0	0	0	0	1	0	2	30	6,67%
Pärchen ab 30 plus, kuscheln im Grünen	1	0	0	0	0	0	0	0	1	30	3,33%
Sport&Wellness&Business&Familie	0	1	0	0	0	0	0	0	1	30	3,33%
Wellness&Gourmet&Sport&Freizeitaktivitäten	0	1	0	0	0	0	0	0	1	30	3,33%
Wellness & Kur	0	1	0	0	0	0	1	0	2	30	6,67%
Wellness	0	1	0	1	0	1	2	1	6	30	20,00%
Bio	0	0	1	0	0	1	0	0	2	30	6,67%
Wellness&Ruhe&Natur	0	0	1	0	0	0	0	0	1	30	3,33%
Familie&Sport&Wellness&Gourmet	0	0	0	1	0	0	0	0	1	30	3,33%
Familie & Wellness	0	0	0	1	0	0	0	0	1	30	3,33%
Bewegung ist Leben	0	0	0	0	1	0	0	0	1	30	3,33%
Prävention & Gewichtsreduktion	0	0	0	0	1	0	0	0	1	30	3,33%
Bioküche/Ernährung/Medical Wellness	0	0	0	0	1	0	0	0	1	30	3,33%
Wellness&Golf&Tennis&Seminar	0	0	0	0	0	1	0	0	1	30	3,33%
Wellness&Romantik	0	0	0	0	0	1	0	1	2	30	6,67%
											83,33%
Wieviele Zimmer hat das Hotel?											
Anzahl Zimmer											
bis 50 Zimmer	0	1	2	1	3	3	0	0	10	30	33,33%
50 bis 100 Zimmer	4	2	2	2	0	1	2	0	13	30	43,33%
101 bis 200 Zimmer	0	1	0	0	0	0	2	2	5	30	16,67%
mehr als 200 Zimmer	0	0	0	1	1	0	0	0	2	30	6,67%
											100,00%

Wieviele m² hat der Wellnessbereich?

Anzahl m²											
bis 500 m²	0	1	1	0	1	0	0	0	3	30	10,00%
500 bis 1000 m²	1	0	2	1	0	3	0	0	7	30	23,33%
1001 bis 2000 m²	2	1	1	1	2	0	2	1	10	30	33,33%
über 2000 m²	1	2	0	2	1	1	2	0	9	30	30,00%
keine Angabe	0	0	0	0	0	0	0	1	1	30	3,33%
											100,00%

Wieviele Behandlungsräume gibt es
(Räume für Anwendungen wie
z.B. Massagen, Beauty-Kosmetik, etc.)?

Anzahl Räume											
1 bis 5	1	2	1	0	0	2	0	0	6	30	20,00%
6 bis 10	2	2	3	2	1	1	1	2	14	30	46,67%
10 bis 20	1	0	0	1	1	1	3	0	7	30	23,33%
20 bis 30	0	0	0	0	1	0	0	0	1	30	3,33%
mehr als 30	0	0	0	1	1	0	0	0	2	30	6,67%
											100,00%

Wie ist die Flächeneinteilung im Wellnessbereich – die Spa Fläche (Thermalbereich
wie Sauna, Dampfbad, Laconium etc. –
jedoch ohne Ruheräume, Duschen, Pools)
zu den Spa Behandlungsbereichen
(Beauty, Massage etc.) im Vergleich zur
Gesamtanlage?

Anzahl m² Gesamtanlage Wellness											
bis 500 m²	0	1	1	0	1	0	0	0	3	30	10,00%
501 bis 1000 m²	1	0	2	1	0	3	0	0	7	30	23,33%
1001 bis 2000 m²	2	1	1	1	2	0	2	1	10	30	33,33%
über 2000 m²	1	2	0	2	1	1	2	0	9	30	30,00%
keine Angabe	0	0	0	0	0	0	0	1	1	30	3,33%
											100,00%

Anzahl m² Spa Fläche Thermal (Sauna, Dampfbad, Laconium)											
bis 500 m²	3	2	1	0	2	4	2	0	14	30	46,67%
501 bis 1000 m²	0	0	3	0	0	0	0	1	4	30	13,33%
1001 bis 1500 m²	0	0	0	1	0	0	0	0	1	30	3,33%
über 1500 m²	0	1	0	2	1	0	1	0	5	30	16,67%
keine Angabe	1	1	0	1	1	0	1	1	6	30	20,00%
											100,00%

Anzahl m² Beauty- und Spa Behandlungs-bereich

bis 500 m²	2	3	4	2	2	4	0	0	17	30	56,67%
501 bis 1000 m²	1	0	0	0	1	0	3	1	6	30	20,00%
über 1000 m²	0	0	0	1	0	0	0	0	1	30	3,33%
keine Angabe	1	1	0	1	1	0	1	1	6	30	20,00%
											100,00%

Wieviele Spa Mitarbeiter gibt es?

Anzahl Mitarbeiter

1 bis 5 MA	1	3	3	1	0	2	0	1	11	30	36,67%
6 bis 10 MA	2	1	1	1	2	1	0	0	8	30	26,67%
mehr als 10 MA	0	0	0	2	2	1	4	1	10	30	33,33%
ausschließlich externe Spa Mitarbeiter	1	0	0	0	0	0	0	0	1	30	3,33%
											100,00%

Gibt es einen Spa Manager?

Ja	3	1	2	2	2	3	3	2	18	30	60,00%
Nein	1	3	2	2	2	1	1	0	12	30	40,00%
											100,00%

Wieviele Behandlungen werden pro Tag im Schnitt durchgeführt?

Anzahl der Behandlungen/Tag

1 bis 10	1	0	1	0	1	1	0	0	4	30	13,33%
11 bis 20	2	3	0	0	0	0	0	1	6	30	20,00%
21 bis 30	0	0	1	2	0	0	2	0	5	30	16,67%
31 bis 50	1	0	1	0	0	2	0	0	4	30	13,33%
über 50	0	0	0	1	2	0	2	1	6	30	20,00%
keine Angabe	0	1	1	1	1	1	0	0	5	30	16,67%
											100,00%

Wird der Spa als Profitcenter geführt?

Ja	1	0	2	4	2	1	3	1	14	30	46,67%
Nein	2	3	1	0	1	3	1	1	12	30	40,00%
keine Angabe	1	1	1	0	1	0		0	4	30	13,33%
											100,00%

Was kostet im Durchschnitt eine Spa Behandlung?

Bis Euro 20,--	0	0	0	0	0	0	0	0	0	30	0,00%
Euro 21,-- bis 40,--	1	3	2	1	2	0	1	0	10	30	33,33%
Euro 41,-- bis 60,--	2	1	2	3	1	2	1	1	13	30	43,33%
Euro 61,-- bis 80,--	1	0	0	0	1	2	2	1	7	30	23,33%
Euro 81,-- bis 100,--	0	0	0	0	0	0	0	0	0	30	0,00%
Über Euro 100,--	0	0	0	0	0	0	0	0	0	30	0,00%
											100,00%

| Massage Euro 21,-- bis 60,-- | 1 | 0 | 0 | 0 | 0 | 0 | 0 | 0 | 1 | | |
| Kosmetik Euro 81,-- bis 100,-- | 1 | 0 | 0 | 0 | 0 | 0 | 0 | 0 | 1 | | |

Wie verteilt sich der Umsatz in % des Spa
zwischen Verkauf von Behandlungen
(Massagen, Packungen, Beautybehandlung) zu Eintritte/Member Fee's
von Day Spa Gästen/Spa Members und
zum Verkauf von Spa Produkten?

Prozentanzahl Verkauf Behandlungen											
bis 30 %	0	0	1	0	0	0	0	1	2	30	6,67%
30 bis 50%	0	0	0	0	0	1	1	0	2	30	6,67%
50 bis 100 %	2	4	2	3	4	3	2	1	21	30	70,00%
100%	0	0	0	0	0	0	0	0	0	30	0,00%
keine Angabe	2	0	1	1	0	0	1	0	5	30	16,67%
											100,00%

Prozentanzahl Eintritte/Member Fee's Day Spa Gäste/Spa Members											
0%	2	3	2	1	2	1	2	0	13	30	43,33%
bis 30 %	0	1	1	2	1	1	0	2	8	30	26,67%
31 bis 100 %	0	0	0	0	1	2	1	0	4	30	13,33%
keine Angabe	2	0	1	1	0	0	1	0	5	30	16,67%
											100,00%

Prozentanzahl Verkauf Spa Produkte											
0%	0	0	0	0	0	0	0	0	0	30	0,00%
0 bis 10%	1	3	1	3	3	4	1	2	18	30	60,00%
11 bis 20%	1	0	0	0	0	0	1	0	2	30	6,67%
21 bis 30 %	0	1	0	0	1	0	1	0	3	30	10,00%
31 bis 50%	0	0	1	0	0	0	0	0	1	30	3,33%
51 bis 100 %	0	0	1	0	0	0	0	0	1	30	3,33%
keine Angabe	2	0	1	1	0	0	1	0	5	30	16,67%
											100,00%

Wie verteilt sich der Umsatz des Spa auf
die Spa Gäste?

Prozentanzahl Hotelgäste											
bis 30 %	0	0	0	0	0	0	0	0	0	30	0,00%
30 bis 50%	0	0	0	1	0	0	0	0	1	30	3,33%
50 bis 100 %	0	2	1	1	2	3	1	2	12	30	40,00%
100%	2	2	3	1	2	1	3	0	14	30	46,67%
keine Angabe	2	0	0	1	0	0	0	0	3	30	10,00%
											100,00%

Prozentanzahl Day Spa Gäste/Members

0%	2	2	3	1	2	1	3	0	14	30	46,67%
1 bis 10%	0	1	1	1	1	1	0	1	6	30	20,00%
11 bis 20%	0	0	0	0	1	1	0	1	3	30	10,00%
21 bis 30 %	0	0	0	0	0	0	0	0	0	30	0,00%
31 bis 50%	0	1	0	1	0	1	1	0	4	30	13,33%
51 bis 100 %	0	0	0	0	0	0	0	0	0	30	0,00%
keine Angabe	2	0	0	1	0	0	0	0	3	30	10,00%
											100,00%

Wie verhalten sich die Spa Personalkosten
in Prozent zu den Gesamtpersonalkosten
im Hotel?

Prozentanzahl Spa Personal

bis 10 %	0	2	1	1	1	1	1	2	9	30	30,00%
11 bis 20%	0	0	1	0	2	2	2	0	7	30	23,33%
21 bis 30%	0	1	0	0	0	0	1	0	2	30	6,67%
31 bis 40 %	0	0	0	0	0	0	0	0	0	30	0,00%
41 bis 50%	0	1	0	1	0	0	0	0	2	30	6,67%
keine Angabe	4	0	2	2	1	1	0	0	10	30	33,33%
											100,00%

Ist es geplant die Wellnessanlage zu
erweitern/erneuern/umzubauen?

Ja	2	3	3	3	1	2	4	1	19	30	63,33%
Nein	2	1	1	1	3	2	0	1	11	30	36,67%
Wann:									0	30	0,00%
Innerhalb der nächsten 6 Monate	0	0	1	1	0	0	1	1	4	19	21,05%
Innerhalb der nächsten 12 Monate	1	1	1	0	0	1	1	0	5	19	26,32%
Innerhalb der nächsten 18 Monate	0	2	1	1	0	1	2	0	7	19	36,84%
Später	1	0	0	1	1	0	0	0	3	19	15,79%
											200,00%

100 % sind von JA-Antworten (63,33% aller Befragten erneuern den Betrieb in
nächster Zeit)

10.7. Hotel nach Kategorie Hotelsterne

Erklärung:
Hotel Nr. = Nummerierung auf Originalfragebogen
Statistik Nr. = Nummerierung auf Originalfragebogen -
Hotel Nr. 4 gab zur Statistik keine Auskunft, deshalb
Statistik 0 - keine Nummerierung bei Statistik
* = Hotelsternekategorie
5* = 5 Sterne Hotel, 4S* = 4 Sterne Superior,
4* = 4 Sterne, 3S* = 3 Sterne Superior (Deutschland)
3* = 3 Sterne

Hotel Nr.	Statistik Nr.	*	5*	4S*	4*	3S*	3*
1	Statistik 1	5	1	0	0	0	0
2	Statistik 2	4	0	0	1	0	0
3	Statistik 3	4	0	0	1	0	0
4	Statistik 0	4	0	0	1	0	0
5	Statistik 4	4	0	0	1	0	0
6	Statistik 5	4	0	0	1	0	0
7	Statistik 6	5	1	0	0	0	0
8	Statistik 7	4	0	0	1	0	0
9	Statistik 8	4	0	0	1	0	0
10	Statistik 9	4	0	0	1	0	0
11	Statistik 10	4	0	0	1	0	0
12	Statistik 11	4s	0	1	0	0	0
13	Statistik 12	4s	0	1	0	0	0
14	Statistik 13	4	0	0	1	0	0
15	Statistik 14	4s	0	1	0	0	0
16	Statistik 15	5	1	0	0	0	0
17	Statistik 16	4	0	0	1	0	0
18	Statistik 17	3s	0	0	0	1	0
19	Statistik 18	4	0	0	1	0	0
20	Statistik 19	4	0	0	1	0	0
21	Statistik 20	4	0	0	1	0	0
22	Statistik 21	4	0	0	1	0	0
23	Statistik 22	4	0	0	1	0	0
24	Statistik 23	4	0	0	1	0	0
25	Statistik 24	4	0	0	1	0	0
26	Statistik 25	5	1	0	0	0	0
27	Statistik 26	5	1	0	0	0	0

28	Statistik 27	**5**	1	0	0	0	0
29	Statistik 28	**4**	0	0	1	0	0
30	Statistik 29	**4**	0	0	1	0	0
31	Statistik 30	**4**	0	0	1	0	0
	Summen		**6**	**3**	**21**	**1**	**0**

<u>Insgesamt nahmen an der Befragung teil:</u>

6 Inhaber/Geschäftsführer von Hotels der Kategorie 5 Sterne
3 Inhaber/Geschäftsführer von Hotels der Kategorie 4 Sterne Superior
21 Inhaber/Geschäftsführer von Hotels der Kategorie 4 Sterne
1 Inhaber/Geschäftsführer eines Hotels der Kategorie 3 Sterne Superior

Davon machte ein Inhaber/Geschäftsführer eines Hotels der Kategorie 4 Sterne keine Angaben zur Statistik, nahm jedoch an der Befragung zum Thema teil.

10.8. Detail Kunden Marktforschung

Erklärung:
Beispiel: Kunde 1 bis Kunde 8 = jeweils die Einzelantworten aus dem dazugehörigen Fragebogen. Aus Datenschutzgründen wurden die Befragten nach Kunde 1, Kunde 2 usw. durchnummeriert. Es wurden insgesamt 81 Kunden befragt.

Frage	Kunde 1	Kunde 2	Kunde 3	Kunde 4	Kunde 5	Kunde 6	Kunde 7	Kunde 8	Summe
Was sollte ein Spa minimum beinhalten?									
Eigener Empfang/Spa-Rezeption									
Ja	1	1	1	1	1	1	1	1	8
Nein	0	0	0	0	0	0	0	0	0
Schwimmbad außen									
Ja	1	1	1	1	1	1	1	1	8
Nein	0	0	0	0	0	0	0	0	0
Wenn ja, Größe minimum?									
Bis 5 x 10 m	0	0	1	0	0	1	0	0	2
Mehr als 5 x 10 m	1	1	0	1	1	0	1	1	6
Temperatur									
Bis 26 Grad	0	1	0	0	0	0	0	0	1
27 bis 30 Grad	0	0	1	1	1	0	1	1	5
Mehr als 30 Grad	1	0	0	0	0	1	0	0	2
Schwimmbad innen									
Ja	1	1	1	1	1	1	1	1	8
Nein	0	0	0	0	0	0	0	0	0
Wenn ja, Größe minimum?									
Bis 5 x 10 m	0	1	0	0	0	1	1	0	3
Mehr als 5 x 10 m	1	0	1	1	1	0	0	1	5
Temperatur:									
Bis 26 Grad	0	1	0	1	0	0	0	0	2
27 bis 30 Grad	0	0	1	0	1	1	1	1	5
Mehr als 30 Grad	1	0	0	0	0	0	0	0	1

Whirlpool

Ja	1	0	1	1	1	1	1	1	7
Nein	0	1	0	0	0	0	0	0	1

Sauna

Ja	1	1	1	1	0	1	1	1	7
Nein	0	0	0	0	1	0	0	0	1

Anzahl Saunen:

1	0	0	0	0	0	0	0	0	0
2 bis 3	0	1	0	1	1	1	1	1	6
Mehr als 3	1	0	1	0	0	0	0	0	2

Dampfbad

Ja	1	1	1	1	0	1	1	1	7
Nein	0	0	0	0	1	0	0	0	1

Infrarot

Ja	0	1	1	0	1	1	1	1	6
Nein	1	0	0	1	0	0	0	0	2

Kneippbecken

Ja	1	1	1	1	0	1	1	1	7
Nein	0	0	0	0	1	0	0	0	1

Aromaduschen

Ja	0	0	1	1	1	1	1	1	6
Nein	1	1	0	0	0	0	0	0	2

Therapieräume

1 – 2	0	0	0	1	0	0	0	0	1
3 – 5	1	1	1	0	1	1	1	1	7
Mehr als 5	0	0	0	0	0	0	0	0	0

Kosmetik-/Beautyabteilung

Ja	1	1	1	1	1	1	1	1	8
Nein	0	0	0	0	0	0	0	0	0

Gymnastikraum

Ja	0	1	1	0	1	1	1	1	6
Nein	1	0	0	1	0	0	0	0	2

Fitnessraum mit Geräten

Ja	0	0	1	0	1	0	1	1	4
Nein	1	1	0	1	0	1	0	0	4

Ruheräume

1	0	0	0	0	0	0	1	0	1
2 bis 3	0	1	1	1	0	1	0	1	5
Mehr als 3	1	0	0	0	1	0	0	0	2

Ruheliegen

Pro Hotelgast 1 Liege	0	1	1	1	1	1	1	0	6
Pro 2 Hotelgäste 1 Liege	1	0	0	0	0	0	0	1	2
Weniger	0	0	0	0	0	0	0	0	0

Freiluftbereich

Ja	1	1	1	1	1	1	1	1	8
Nein	0	0	0	0	0	0	0	0	0

Tageslicht im gesamten Spa und Behandlungsbereich

Ja	0	1	1	0	1	1	1	1	6
Nein	1	0	0	1	0	0	0	0	2

Geschultes Fachpersonal

Ja	1	1	1	1	1	1	1	1	8
Nein	0	0	0	0	0	0	0	0	0

Anwendungsangebot

1 bis 5	1	1	0	0	0	1	0	0	3
6 bis 10	0	0	0	1	1	0	0	0	2
11 bis 20	0	0	1	0	0	0	1	1	3
21 bis 30	0	0	0	0	0	0	0	0	0
31 bis 40	0	0	0	0	0	0	0	0	0
mehr als 40	0	0	0	0	0	0	0	0	0

Seit über 30 Jahren gibt es die Bewertung der Hotelsterne mit klar festgelegten Richtlinien.

Sind Ihrer Meinung nach die Hotelsterne:
Zeitgemäß

Ja	1	0	1	1	1	1	1	1	7
Nein	0	1	0	0	0	0	0	0	1

Eine sinnvolle Orientierungshilfe für Qualität

Ja	1	0	1	1	1	1	0	1	6
Nein	0	1	0	0	0	0	1	0	2

Die Kriterien und Überprüfungen ausreichend

Ja	0	0	1	0	0	0	0	0	1
Nein	1	1	0	1	1	1	1	1	7

Ist es möglich die Qualität eines Wellness- / Spabereiches klar zu erkennen?

Ja	1	0	0	1	1	1	0	0	4
Nein	0	1	1	0	0	0	1	1	4

Bei ja, woran

Sauberkeit	1	0	0	0	1	1	0	0	3
Geschultes Fachpersonal	1	0	0	0	0	1	0	0	2
Angebot	1	0	0	0	0	0	0	0	1
Kundentreue	0	0	0	1	0	0	0	0	1
gleichbleibende Qualität	0	0	0	1	0	0	0	0	1
Kundenzufriedenheit	0	0	0	1	0	0	0	0	1
Ausstattung	0	0	0	0	1	0	0	0	1
Information	0	0	0	0	0	1	0	0	1
Atmosphäre	0	0	0	0	0	0	0	0	0
Wasserqualität	0	0	0	0	0	0	0	0	0

Wollen Sie als Kunde ein einheitliches allgemein gültiges Gütesiegel?

Ja	0	1	1	1	1	1	1	1	7
Nein	1	0	0	0	0	0	0	0	1

Was erwarten Sie sich von einem allgemein gültigen Gütesiegel?

Einheitliche Kriterien	1	0	0	0	1	1	1	1	5
Qualitätsversprechen	0	0	0	1	0	1	1	1	4
Leichtere Orientierung	1	1	1	0	0	0	0	0	3
Regelmäßige Qualitätskontrollen	1	1	1	1	1	1	1	1	8
Klare Aussagen	0	0	1	0	0	1	0	0	2

Wie könnte so ein einheitliches Gütesiegel aussehen und wer könnte die Zertifizierung durchführen?

Überprüfung und Zertifizierung in Kombination mit den Hotelsternen	0	0	0	1	1	0	0	0	2
Zertifizierung über Kundenbewertungen im Internet	0	0	1	0	0	1	0	0	2
Zertifizierung über Kundenbewertung / Fragebogen für jeden Gast / Auswertung über unabhängiges Institut	1	0	1	1	0	1	1	1	6
Anonyme Überprüfung (Mystery Check)	1	1	1	0	0	1	0	0	4
Überprüfung mit Voranmeldung und folgender Beratung	0	0	0	0	0	0	0	0	0
Zertifizierung durch neue Institution mit komplett neuer Marke	0	0	0	0	0	1	1	0	2

Wie könnte eine neue Marke aussehen?

Wasserstrahl	0	0	0	0	0	0	0	0	0
Springbrunnen	0	0	0	0	0	0	0	0	0
Blubberblasen	0	0	0	0	0	0	0	0	0
Qualle	0	0	0	0	0	0	0	0	0
Sonne	0	0	0	0	0	0	0	0	0
Komet	0	0	0	0	0	0	0	0	0
Saunahütten	0	0	0	0	0	0	0	0	0
Sternenhimmel	0	0	0	0	0	0	0	0	0
Wellnesssterne	0	0	0	0	0	0	0	0	0
Rose	0	0	0	0	0	0	0	0	0
Wellnesslinien Farbe hellblau beinhalten	0	0	0	0	0	0	0	0	0

Wer könnte Zertifizierung durchführen?

Öffentliche Prüfanstalt (wie z.B. Land)	0	0	0	0	1	1	0	0	2
Fachverband (wie z.B. Wirtschaftskammer)	1	0	0	0	0	1	0	1	3
Private Anbieter	0	0	0	0	0	0	0	0	0
Kombination Öffentlich/Fachverband/Privat	0	0	0	0	0	1	0	0	1
Kunde (Fragebogen an jeden Gast und Auswertung über unabhängiges Institut)	1	0	1	1	0	0	1	1	5
Internetplattform (Gästebewertung)	1	0	1	0	0	0	0	0	2
Sonstiges									
keine Angabe	0	1	0	0	0	0	0	0	1

Welche Punkte sollte ein einheitliches Gütesiegel enthalten, welche Aussagen soll ein solches Gütesiegel enthalten?

Was soll überprüft werden:

Hardware (Architektur, Bauliches, Ambiente, Größe etc.)

Ja	1	1	1	1	1	1	1	1	8
Nein	0	0	0	0	0	0	0	0	0

Größe und Anzahl Wasserwelten allgemein

Ja	1	0	0	1	1	1	1	1	6
Nein	0	1	1	0	0	0	0	0	2

Größe und Anzahl Pools

Ja	1	0	0	1	1	1	1	1	6
Nein	0	1	1	0	0	0	0	0	2

Größe Spa im Verhältnis zu Hotelbetten

Ja	0	1	0	1	1	1	1	1	6
Nein	1	0	1	0	0	0	0	0	2

Größe und Anzahl Saunen

Ja	1	1	1	1	0	1	1	1	7
Nein	0	0	0	0	1	0	0	0	1

Größe und Anzahl Dampf-
bad

Ja	0	0	1	1	0	1	1	1	5
Nein	1	1	0	0	1	0	0	0	3

Größe Ruheräume im
Verhältnis zu Hotelbetten

Ja	1	1	1	1	1	1	1	1	8
Nein	0	0	0	0	0	0	0	0	0

Ausstattung und Alter der
Einrichtungen und Geräte

Ja	1	1	1	1	1	1	1	1	8
Nein	0	0	0	0	0	0	0	0	0

Sonstiges:

Funktionsfähigkeit der Einrichtungen	0	0	0	0	0	1	0	0	1

Software (Personal,
Angebot etc.)

Ja	1	1	1	1	1	1	1	1	8
Nein	0	0	0	0	0	0	0	0	0

Qualifikation und Ausbil-
dung der Mitarbeiter

Ja	1	1	1	1	1	1	1	1	8
Nein	0	0	0	0	0	0	0	0	0

Service (Beratung, Freund-
lichkeit)

Ja	1	1	1	1	1	1	1	1	8
Nein	0	0	0	0	0	0	0	0	0

Äußeres Erscheinungsbild
der Mitarbeiter

Ja	1	1	1	1	1	1	1	1	8
Nein	0	0	0	0	0	0	0	0	0

Angebot und Qualität der
Behandlungen

Ja	1	1	1	1	1	1	1	1	8
Nein	0	0	0	0	0	0	0	0	0

Sollen die Behandlungen einen gesundheitlichen Nutzen haben im Spa/Wellness?

Ja	0	1	1	0	1	1	1	1	6
Nein	1	0	0	1	0	0	0	0	2

Besonderheiten, individuelle Angebote, spezielle Küche (gesunde Ernährung) etc.

Ja	0	1	1	0	0	1	1	0	4
Nein	1	0	0	1	1	0	0	1	4

Hygiene, Sauberkeit

Ja	1	1	1	1	1	1	1	1	8
Nein	0	0	0	0	0	0	0	0	0

Unterhaltungsangebote/Freizeitangebote

Ja	0	0	1	0	1	0	1	1	4
Nein	1	1	0	1	0	1	0	0	4

Schöne Landschaft

Ja	0	0	1	0	1	1	1	0	4
Nein	1	1	0	1	0	0	0	1	4

Auf was soll mehr Augenmerk liegen bei einer Überprüfung:

Hardware	0	1	0	0	0	0	0	0	1
Software	0	0	0	1	0	0	0	0	1
Beides gleich	1	0	1	0	1	1	1	1	6

Haben Sie schon einmal einen Wellnessurlaub verbracht?

Ja	1	1	1	1	1	1	1	1	8
Nein	0	0	0	0	0	0	0	0	0

Haben Sie vor in nächster Zeit einen Wellnessurlaub zu buchen und wie werden Sie das geeignete Hotel aussuchen?

ja	0	1	0	0	0	0	0	0	1
nein	1	0	1	1	1	1	1	1	7

Ruhe und Entspannung	0	1	0	0	0	0	0	0	1
Erreichbarkeit	0	0	0	0	0	0	0	0	0
Geschenk	0	0	0	0	0	0	0	0	0

Nach welchen Kriterien haben Sie das Hotel ausgesucht?

habe Therme und Hotel gekannt von Tagestour	1	0	0	0	0	0	0	0	1
nach Wellnessbereich	0	0	0	1	0	0	0	0	1
günstige Angebote	0	0	0	1	0	1	0	1	3
Natur für Außenaktivitäten	0	0	0	0	0	1	0	0	1
Angebote im Wellnessbereich	0	0	0	0	0	1	0	0	1
Größe	0	0	0	0	0	1	0	0	1
Empfehlung	0	0	0	0	0	0	0	0	0
Prospekt	0	0	0	0	0	0	0	0	0
Internet	0	0	0	0	0	0	0	0	0
Reisebüro	0	0	0	0	0	0	0	0	0
Kulinarisches Angebot	0	0	0	0	0	0	0	0	0
nach Hotelkategorie	0	0	0	0	0	0	0	0	0
Zeitungsinserate	0	0	0	0	0	0	0	0	0

Wurden Ihre Erwartungen erfüllt?

Ja	1	1	1	1	1	1	1	1	8
Nein	0	0	0	0	0	0	0	0	0
keine Angabe	0	0	0	0	0	0	0	0	0

Bei Nein, weshalb?

Massenabfertigung	0	0	0	0	0	0	0	0	0
Einrichtung Spa veraltet	0	0	0	0	0	0	0	0	0
zu kleiner Wellnessbereich	0	0	0	0	0	0	0	0	0

Geschlecht:

weiblich	1	0	1	1	1	1	1	1	7
männlich	0	1	0	0	0	0	0	0	1

Alter

	33	40	52	28	23	42	40	47	
unter 20 Jahre	0	0	0	0	0	0	0	0	0
20 bis 30 Jahre	0	0	0	1	1	0	0	0	2
31 bis 40 Jahre	1	1	0	0	0	0	1	0	3
41 bis 50 Jahre	0	0	0	0	0	1	0	1	2
51 bis 60 Jahre	0	0	1	0	0	0	0	0	1
61 bis 70 Jahre	0	0	0	0	0	0	0	0	0
über 70 Jahre	0	0	0	0	0	0	0	0	0

Einzelantworten laut Fragebogen Kunde 9 bis 18

Frage	Kunde 9	Kunde 10	Kunde11	Kunde12	Kunde13	Kunde14	Kunde15	Kunde16	Kunde17	Kunde18	Summe
Was sollte ein Spa minimum beinhalten?											
Eigener Empfang/Spa-Rezeption											
Ja	1	1	1	1	1	1	1	1	1	1	10
Nein	0	0	0	0	0	0	0	0	0	0	0
Schwimmbad außen											
Ja	1	1	1	1	1	1	1	1	1	1	10
Nein	0	0	0	0	0	0	0	0	0	0	0
Wenn ja, Größe minimum?											
Bis 5 x 10 m	0	1	0	0	0	0	0	0	1	0	2
Mehr als 5 x 10 m	1	0	1	1	1	1	1	1	0	1	8
Temperatur											
Bis 26 Grad	0	0	0	1	0	0	0	1	0	0	2
27 bis 30 Grad	1	1	1	0	1	0	0	0	1	1	6
Mehr als 30 Grad	0	0	0	0	0	1	1	0	0	0	2
Schwimmbad innen											
Ja	1	0	1	1	1	1	1	1	1	1	9
Nein	0	1	0	0	0	0	0	0	0	0	1
Wenn ja, Größe minimum?											
Bis 5 x 10 m	0	0	0	1	0	0	0	0	1	0	2
Mehr als 5 x 10 m	1	1	1	0	1	1	1	1	0	1	8
Temperatur:											
Bis 26 Grad	1	0	0	1	0	0	0	1	0	0	3
27 bis 30 Grad	0	1	1	0	1	0	0	0	1	1	5
Mehr als 30 Grad	0	0	0	0	0	1	1	0	0	0	2
Whirlpool											
Ja	1	1	1	1	1	1	1	0	1	1	9
Nein	0	0	0	0	0	0	0	1	0	0	1
Sauna											
Ja	1	1	1	1	1	1	1	1	1	1	10
Nein	0	0	0	0	0	0	0	0	0	0	0

Anzahl Saunen:

1	0	0	0	0	0	0	0	0	0	0	0
2 bis 3	1	1	1	1	1	0	0	1	0	0	6
Mehr als 3	0	0	0	0	0	1	1	0	1	1	4

Dampfbad

Ja	1	1	1	1	1	1	1	1	1	1	10
Nein	0	0	0	0	0	0	0	0	0	0	0

Infrarot

Ja	0	1	1	1	1	1	1	1	1	1	9
Nein	1	0	0	0	0	0	0	0	0	0	1

Kneippbecken

Ja	1	0	1	1	1	1	0	1	1	1	8
Nein	0	1	0	0	0	0	1	0	0	0	2

Aromaduschen

Ja	0	0	1	1	0	1	1	0	1	1	6
Nein	1	1	0	0	1	0	0	1	0	0	4

Therapieräume

1 – 2	0	0	0	1	0	0	0	0	0	0	1
3 – 5	1	1	1	0	1	0	1	1	1	0	7
Mehr als 5	0	0	0	0	0	1	0	0	0	1	2

Kosmetik-/Beautyabteilung

Ja	0	1	1	1	1	1	1	1	1	1	9
Nein	1	0	0	0	0	0	0	0	0	0	1

Gymnastikraum

Ja	1	0	1	1	1	1	1	1	1	1	9
Nein	0	1	0	0	0	0	0	0	0	0	1

Fitnessraum mit Geräten

Ja	0	0	1	1	1	1	1	1	1	1	8
Nein	1	1	0	0	0	0	0	0	0	0	2

Ruheräume

1	0	0	0	0	1	0	0	0	0	0	1
2 bis 3	1	1	1	1	0	0	1	1	1	0	7
Mehr als 3	0	0	0	0	0	1	0	0	0	1	2

Ruheliegen

Pro Hotelgast 1 Liege	1	0	1	1	0	1	0	1	1	1	7
Pro 2 Hotelgäste 1 Liege	0	1	0	0	1	0	1	0	0	0	3
Weniger	0	0	0	0	0	0	0	0	0	0	0

Freiluftbereich

Ja	1	1	1	1	1	1	1	1	1	1	10
Nein	0	0	0	0	0	0	0	0	0	0	0

Tageslicht im gesamten Spa und Behandlungsbereich

Ja	0	1	1	1	1	1	1	1	1	1	9
Nein	1	0	0	0	0	0	0	0	0	0	1

Geschultes Fachpersonal

Ja	1	1	1	1	1	1	1	1	1	1	10
Nein	0	0	0	0	0	0	0	0	0	0	0

Anwendungsangebot

1 bis 5	0	0	0	0	0	0	0	1	0	0	1
6 bis 10	1	1	0	1	0	0	1	0	1	0	5
11 bis 20	0	0	1	0	1	1	0	0	0	0	3
21 bis 30	0	0	0	0	0	0	0	0	0	1	1
31 bis 40	0	0	0	0	0	0	0	0	0	0	0
mehr als 40	0	0	0	0	0	0	0	0	0	0	0

Seit über 30 Jahren gibt es die
Bewertung der Hotelsterne mit klar
festgelegten Richtlinien.
Sind Ihrer Meinung nach die Hotelsterne:

Zeitgemäß

Ja	0	0	1	1	1	1	0	1	1	1	7
Nein	1	1	0	0	0	0	1	0	0	0	3

Eine sinnvolle Orientierungshilfe für Qualität

Ja	0	1	1	1	1	1	1	1	1	1	9
Nein	1	0	0	0	0	0	0	0	0	0	1

Die Kriterien und Überprüfungen ausreichend

Ja	0	0	1	1	1	1	0	1	1	0	6
Nein	1	1	0	0	0	0	1	0	0	1	4

Ist es möglich die Qualität eines
Wellness- / Spabereiches klar zu
erkennen?

Ja	0	0	1	0	0	0	0	0	1	0	2
Nein	1	1	0	1	1	1	1	1	0	1	8

Bei ja, woran

Sauberkeit	0	0	0	0	0	0	0	0	0	0	0
Geschultes Fachpersonal	0	0	1	0	0	0	0	0	0	0	1
Angebot	0	0	1	0	0	0	0	0	0	0	1
Kundentreue	0	0	0	0	0	0	0	0	0	0	0
gleichbleibende Qualität	0	0	0	0	0	0	0	0	0	0	0
Kundenzufriedenheit	0	0	0	0	0	0	0	0	0	0	0
Ausstattung	0	0	1	0	0	0	0	0	1	0	2
Information	0	0	0	0	0	0	0	0	0	0	0
Atmosphäre	0	0	0	0	0	0	0	0	0	0	0
Wasserqualität	0	0	0	0	0	0	0	0	0	0	0

Wollen Sie als Kunde ein einheitliches
allgemein gültiges Gütesiegel?

Ja	1	1	1	1	1	1	1	1	1	1	10
Nein	0	0	0	0	0	0	0	0	0	0	0

Was erwarten Sie sich von einem
allgemein gültigen Gütesiegel?

Einheitliche Kriterien	1	1	0	0	1	0	1	1	1	1	7
Qualitätsversprechen	1	0	1	0	0	0	1	1	0	1	5
Leichtere Orientierung	1	0	0	0	0	0	1	0	0	0	2
Regelmäßige Qualitätskontrollen	1	1	1	1	1	1	1	1	1	1	10
Klare Aussagen	1	1	1	0	0	0	1	0	0	1	5

Wie könnte so ein einheitliches
Gütesiegel aussehen und wer könnte
die Zertifizierung durchführen?

Überprüfung und Zertifizierung in Kombination mit den Hotelsternen	1	0	1	1	1	0	1	1	1	1	8
Zertifizierung über Kundenbewertungen im Internet	0	0	0	0	0	0	0	0	0	0	0
Zertifizierung über Kundenbewertung / Fragebogen für jeden Gast / Auswertung über unabhängiges Institut	1	0	0	0	0	0	0	0	0	0	1
Anonyme Überprüfung (Mystery Check)	0	1	1	0	0	1	1	0	0	1	5
Überprüfung mit Voranmeldung und folgender Beratung	1	0	0	0	0	0	0	0	0	0	1
Zertifizierung durch neue Institution mit komplett neuer Marke	0	0	0	0	0	0	1	0	0	0	1

Wie könnte eine neue Marke aussehen?

Wasserstrahl	1	0	0	0	0	0	0	0	0	0	1
Springbrunnen	1	0	0	0	0	0	0	0	0	0	1
Blubberblasen	0	0	0	0	0	0	0	0	0	0	0
Qualle	0	0	0	0	0	0	0	0	0	0	0
Sonne	0	0	0	0	0	0	0	0	0	0	0
Komet	0	0	0	0	0	0	0	0	0	0	0
Saunahütten	0	0	0	0	0	0	0	0	0	0	0
Sternenhimmel	0	0	0	0	0	0	0	0	0	0	0
Wellnesssterne	0	0	0	0	0	0	0	0	0	0	0
Rose	0	0	0	0	0	0	0	0	0	0	0
Wellnesslinien Farbe hellblau beinhalten	0	0	0	0	0	0	0	0	0	0	0

Wer könnte Zertifizierung durchführen?

Öffentliche Prüfanstalt (wie z.B. Land)	0	0	0	0	0	0	0	0	0	0	0
Fachverband (wie z.B. Wirtschaftskammer)	0	0	0	1	0	0	0	1	0	0	2
Private Anbieter	0	0	0	0	0	0	0	0	0	0	0
Kombination Öffentlich/Fachverband/Privat	1	1	1	0	1	1	0	0	1	1	7
Kunde (Fragebogen an jeden Gast und Auswertung über unabhängiges Institut)	0	0	0	0	0	0	0	0	0	1	1
Internetplattform (Gästebewertung)	0	0	0	0	0	0	0	0	0	1	1

Sonstiges											
keine Angabe	0	0	0	0	0	0	1	0	0	0	1

Welche Punkte sollte ein einheitliches
Gütesiegel enthalten, welche Aussagen soll ein solches Gütesiegel
enthalten?
Was soll überprüft werden:

Hardware (Architektur, Bauliches,
Ambiente, Größe etc.)

Ja	1	1	1	1	1	1	0	1	1	1	9
Nein	0	0	0	0	0	0	1	0	0	0	1

Größe und Anzahl Wasserwelten
allgemein

Ja	1	1	1	1	1	1	1	0	1	1	9
Nein	0	0	0	0	0	0	0	1	0	0	1

Größe und Anzahl Pools

Ja	1	1	1	1	1	1	0	1	1	1	9
Nein	0	0	0	0	0	0	1	0	0	0	1

Größe Spa im Verhältnis zu Hotelbetten

Ja	1	1	1	1	0	0	1	1	1	1	8
Nein	0	0	0	0	1	1	0	0	0	0	2

Größe und Anzahl Saunen

Ja	1	1	0	1	1	1	0	1	1	1	8
Nein	0	0	1	0	0	0	1	0	0	0	2

Größe und Anzahl Dampfbad

Ja	1	0	0	1	0	1	0	1	1	1	6
Nein	0	1	1	0	1	0	1	0	0	0	4

Größe Ruheräume im Verhältnis zu
Hotelbetten

Ja	1	1	1	1	1	1	1	1	1	1	10
Nein	0	0	0	0	0	0	0	0	0	0	0

Ausstattung und Alter der Einrichtungen und Geräte

Ja	1	1	1	1	1	1	1	1	1	1	10
Nein	0	0	0	0	0	0	0	0	0	0	0

Sonstiges:

| Funktionsfähigkeit der Einrichtungen | 0 | 0 | 0 | 0 | 0 | 0 | 0 | 0 | 0 | 0 | 0 |

Software (Personal, Angebot etc.)

Ja	1	1	1	1	1	1	1	1	1	1	10
Nein	0	0	0	0	0	0	0	0	0	0	0

Qualifikation und Ausbildung der
Mitarbeiter

Ja	1	1	1	1	1	1	1	1	1	1	10
Nein	0	0	0	0	0	0	0	0	0	0	0

Service (Beratung, Freundlichkeit)

Ja	1	1	1	1	1	1	1	1	1	1	10
Nein	0	0	0	0	0	0	0	0	0	0	0

Äußeres Erscheinungsbild der
Mitarbeiter

Ja	1	0	1	1	0	0	1	1	1	1	7
Nein	0	1	0	0	1	1	0	0	0	0	3

Angebot und Qualität der Behandlungen

Ja	1	1	1	1	1	1	1	1	1	1	10
Nein	0	0	0	0	0	0	0	0	0	0	0

Sollen die Behandlungen einen
gesundheitlichen Nutzen haben im
Spa/Wellness?

Ja	1	1	1	1	1	1	1	1	0	1	9
Nein	0	0	0	0	0	0	0	0	1	0	1

Besonderheiten, individuelle Angebote,
spezielle Küche (gesunde Ernährung)
etc.

Ja	0	0	1	1	1	0	1	1	1	1	7
Nein	1	1	0	0	0	1	0	0	0	0	3

Hygiene, Sauberkeit

Ja	1	1	1	1	1	1	1	1	1	1	10
Nein	0	0	0	0	0	0	0	0	0	0	0

Unterhaltungsangebote/Freizeitangebote

Ja	1	1	1	1	0	0	0	1	0	1	6
Nein	0	0	0	0	1	1	1	0	1	0	4

Schöne Landschaft

Ja	1	1	1	1	0	0	0	1	0	0	5
Nein	0	0	0	0	1	1	1	0	1	1	5

Auf was soll mehr Augenmerk liegen bei einer Überprüfung:

Hardware	0	0	0	0	0	0	0	0	0	0	0
Software	0	0	0	0	0	0	0	0	0	0	0
Beides gleich	1	1	1	1	1	1	1	1	1	1	10

Haben Sie schon einmal einen Wellnessurlaub verbracht?

Ja	1	1	1	0	1	1	1	1	1	1	9
Nein	0	0	0	1	0	0	0	0	0	0	1

Haben Sie vor in nächster Zeit einen Wellnessurlaub zu buchen und wie werden Sie das geeignete Hotel aussuchen?

ja	0	0	0	0	1	1	0	0	1	0	3
nein	1	1	1	1	0	0	1	1	0	1	7
Ruhe und Entspannung	0	0	0	0	0	0	0	0	0	0	0
Erreichbarkeit	0	0	0	0	0	0	0	0	0	0	0
Geschenk	0	0	0	0	0	0	0	0	0	0	0

Nach welchen Kriterien haben Sie das Hotel ausgesucht?

habe Therme und Hotel gekannt von											
Tagestour	0	0	0	0	0	0	0	0	0	0	0
nach Wellnessbereich	0	0	0	0	0	0	0	1	0	1	2
günstige Angebote	0	0	0	0	1	0	0	0	0	0	1
Natur für Außenaktivitäten	0	0	0	0	0	0	0	0	0	0	0
Angebote im Wellnessbereich	0	0	0	0	0	0	0	1	0	0	1
Größe	0	0	0	0	0	0	0	0	0	1	1
Empfehlung	1	0	0	0	0	1	0	0	1	0	3
Prospekt	1	0	0	0	0	0	0	0	1	0	2
Internet	1	0	0	0	0	0	0	0	1	0	2
Reisebüro	0	0	0	0	0	0	0	0	0	0	0
Kulinarisches Angebot	0	0	0	0	0	0	0	1	0	0	1
nach Hotelkategorie	0	0	0	0	0	0	0	0	1	1
Zeitungsinserate	0	0	0	0	0	0	0	0	0	0	0

Wurden Ihre Erwartungen erfüllt?

Ja	1	1	1	0	1	1	1	1	1	1	9
Nein	0	0	0	0	0	0	0	0	0	0	0
keine Angabe	0	0	0	1	0	0	0	0	0	0	1

Bei Nein, weshalb?

Massenabfertigung	0	0	0	0	0	0	0	0	0	0	0
Einrichtung Spa veraltet	0	0	0	0	0	0	0	0	0	0	0
zu kleiner Wellnessbereich	0	0	0	0	0	0	0	0	0	0	0

Geschlecht:

weiblich	1	1	0	1	0	1	1	0	1	1	7
männlich	0	0	1	0	1	0	0	1	0	0	3

Alter	47	26	48	52	55	44	42	44	38	43	
unter 20 Jahre	0	0	0	0	0	0	0	0	0	0	0
20 bis 30 Jahre	0	1	0	0	0	0	0	0	0	0	1
31 bis 40 Jahre	0	0	0	0	0	0	0	0	1	0	1
41 bis 50 Jahre	1	0	1	0	0	1	1	1	0	1	6
51 bis 60 Jahre	0	0	0	1	1	0	0	0	0	0	2
61 bis 70 Jahre	0	0	0	0	0	0	0	0	0	0	0
über 70 Jahre	0	0	0	0	0	0	0	0	0	0	0

Einzelantworten laut Fragebogen Kunde 19 bis 27

Frage	Kunde 19	Kunde 20	Kunde21	Kunde22	Kunde23	Kunde24	Kunde25	Kunde26	Kunde27	Summe
Was sollte ein Spa minimum beinhalten?										
Eigener Empfang/Spa-Rezeption										
Ja	1	1	1	1	1	0	1	1	0	7
Nein	0	0	0	0	0	1	0	0	1	2
Schwimmbad außen										
Ja	1	1	1	0	1	1	1	1	0	7
Nein	0	0	0	1	0	0	0	0	1	2
Wenn ja, Größe minimum?										
Bis 5 x 10 m	0	0	1	0	0	1	0	1	1	4
Mehr als 5 x 10 m	1	1	0	1	1	0	1	0	0	5
Temperatur										
Bis 26 Grad	0	0	0	0	0	0	0	1	0	1
27 bis 30 Grad	1	1	1	1	1	1	0	0	0	6
Mehr als 30 Grad	0	0	0	0	0	0	1	0	1	2

Schwimmbad innen

Ja	1	1	1	1	1	1	1	1	1	9
Nein	0	0	0	0	0	0	0	0	0	0

Wenn ja, Größe minimum?

Bis 5 x 10 m	0	0	1	0	0	1	1	1	1	5
Mehr als 5 x 10 m	1	1	0	1	1	0	0	0	0	4

Temperatur:

Bis 26 Grad	0	0	0	0	0	0	0	1	0	1
27 bis 30 Grad	1	1	1	1	1	1	1	0	1	8
Mehr als 30 Grad	0	0	0	0	0	0	0	0	0	0

Whirlpool

Ja	1	1	0	1	1	1	1	1	1	8
Nein	0	0	1	0	0	0	0	0	0	1

Sauna

Ja	1	1	1	1	0	1	1	1	1	8
Nein	0	0	0	0	1	0	0	0	0	1

Anzahl Saunen:

1	0	0	0	0	0	0	0	0	0	0
2 bis 3	1	1	0	1	1	1	0	1	1	7
Mehr als 3	0	0	1	0	0	0	1	0	0	2

Dampfbad

Ja	1	1	1	1	1	1	1	1	1	9
Nein	0	0	0	0	0	0	0	0	0	0

Infrarot

Ja	1	1	1	1	1	1	1	1	1	9
Nein	0	0	0	0	0	0	0	0	0	0

Kneippbecken

Ja	1	1	0	1	1	0	1	1	0	6
Nein	0	0	1	0	0	1	0	0	1	3

Aromaduschen

Ja	1	1	1	1	0	0	1	0	0	5
Nein	0	0	0	0	1	1	0	1	1	4

Therapieräume

1 – 2	0	0	1	0	0	1	0	1	1	4
3 – 5	1	1	0	1	1	0	0	0	0	4
Mehr als 5	0	0	0	0	0	0	1	0	0	1

Kosmetik-/Beautyabteilung

Ja	1	1	1	1	1	0	1	1	1	8
Nein	0	0	0	0	0	1	0	0	0	1

Gymnastikraum

Ja	1	1	0	1	0	1	1	1	1	7
Nein	0	0	1	0	1	0	0	0	0	2

Fitnessraum mit Geräten

Ja	1	1	0	1	1	1	1	1	1	8
Nein	0	0	1	0	0	0	0	0	0	1

Ruheräume

1	0	0	0	0	0	0	0	1	0	1
2 bis 3	1	1	1	0	0	0	1	0	1	5
Mehr als 3	0	0	0	1	1	1	0	0	0	3

Ruheliegen

Pro Hotelgast 1 Liege	1	1	1	1	1	1	0	1	1	8
Pro 2 Hotelgäste 1 Liege	0	0	0	0	0	0	1	0	0	1
Weniger	0	0	0	0	0	0	0	0	0	0

Freiluftbereich

Ja	1	1	1	1	1	1	1	1	1	9
Nein	0	0	0	0	0	0	0	0	0	0

Tageslicht im gesamten Spa und Behandlungsbereich

Ja	1	1	0	1	0	1	1	1	1	7
Nein	0	0	1	0	1	0	0	0	0	2

Geschultes Fachpersonal

Ja	1	1	1	1	1	1	1	1	1	9
Nein	0	0	0	0	0	0	0	0	0	0

Anwendungsangebot

1 bis 5	0	0	1	0	0	0	0	0	0	1
6 bis 10	0	1	0	1	1	0	0	1	1	5
11 bis 20	0	0	0	0	0	0	1	0	0	1
21 bis 30	1	0	0	0	0	1	0	0	0	2
31 bis 40	0	0	0	0	0	0	0	0	0	0
mehr als 40	0	0	0	0	0	0	0	0	0	0

Seit über 30 Jahren gibt es die Bewertung der Hotelsterne mit klar festgelegten Richtlinien.

Sind Ihrer Meinung nach die Hotelsterne:
Zeitgemäß

Ja	1	0	0	1	1	0	0	0	1	4
Nein	0	1	1	0	0	1	1	1	0	5

Eine sinnvolle Orientierungshilfe für Qualität

Ja	1	1	1	1	1	0	1	1	1	8
Nein	0	0	0	0	0	1	0	0	0	1

Die Kriterien und Überprüfungen ausreichend

Ja	1	0	0	0	1	0	0	0	0	2
Nein	0	1	1	1	0	1	1	1	1	7

Ist es möglich die Qualität eines Wellness- / Spabereiches klar zu erkennen?

Ja	1	0	0	0	1	0	0	1	0	3
Nein	0	1	1	1	0	1	1	0	1	6

Bei ja, woran

Sauberkeit	1	0	0	0	1	0	0	0	0	2
Geschultes Fachpersonal	1	0	0	0	0	0	0	0	0	1
Angebot	0	0	0	0	0	0	0	0	0	0
Kundentreue	0	0	0	0	0	0	0	0	0	0
gleichbleibende Qualität	0	0	0	0	0	0	0	0	0	0
Kundenzufriedenheit	0	0	0	0	0	0	0	0	0	0
Ausstattung	0	0	0	0	1	0	0	1	0	2
Information	0	0	0	0	0	0	0	1	0	1
Atmosphäre	1	0	0	0	1	0	0	0	0	2
Wasserqualität	0	0	0	0	0	0	0	0	0	0

Wollen Sie als Kunde ein einheitliches allgemein gültiges Gütesiegel?

Ja	1	1	1	1	1	1	1	1	1	9
Nein	0	0	0	0	0	0	0	0	0	0

Was erwarten Sie sich von einem allgemein gültigen Gütesiegel?

Einheitliche Kriterien	0	1	0	0	0	1	0	0	0	2
Qualitätsversprechen	1	1	0	0	0	1	1	1	1	6
Leichtere Orientierung	0	1	1	0	0	0	1	0	1	4
Regelmäßige Qualitätskontrollen	1	1	1	0	1	1	1	0	1	7
Klare Aussagen	0	1	0	1	1	1	1	0	0	5

Wie könnte so ein einheitliches Gütesiegel aussehen und wer könnte die
Zertifizierung durchführen?

Überprüfung und Zertifizierung in Kombination mit den Hotelsternen	1	0	0	0	0	0	1	0	1	3
Zertifizierung über Kundenbewertungen im Internet	0	1	0	0	0	0	0	0	0	1
Zertifizierung über Kundenbewertung / Fragebogen für jeden Gast / Auswertung über unabhängiges Institut	0	0	1	0	1	1	1	0	0	4
Anonyme Überprüfung (Mystery Check)	0	1	1	1	0	1	0	0	0	4
Überprüfung mit Voranmeldung und folgender Beratung	0	0	0	0	0	0	0	0	0	0
Zertifizierung durch neue Institution mit komplett neuer Marke	0	0	0	0	0	1	1	1	1	4

Wie könnte eine neue Marke aussehen?

Wasserstrahl	0	0	0	0	0	0	0	0	0	0
Springbrunnen	0	0	0	0	0	0	0	0	0	0
Blubberblasen	0	0	0	0	0	0	0	0	0	0
Qualle	0	0	0	0	0	0	0	0	0	0
Sonne	0	0	0	1	1	0	1	0	0	3
Komet	0	0	0	1	0	0	0	0	0	1
Saunahütten	0	0	0	0	0	0	0	0	0	0
Sternenhimmel	0	0	0	0	0	0	0	0	0	0
Wellnesssterne	0	0	0	0	0	0	0	0	0	0
Rose	0	0	0	0	0	0	0	0	0	0
Wellnesslinien Farbe hellblau beinhalten	0	0	0	0	0	0	0	0	0	0

Wer könnte Zertifizierung durchführen?

Öffentliche Prüfanstalt (wie z.B. Land)	0	0	0	0	0	1	0	0	0	1
Fachverband (wie z.B. Wirtschaftskammer)	0	0	0	0	0	0	1	1	1	3
Private Anbieter	0	0	0	0	0	0	0	0	0	0
Kombination Öffentlich/Fachverband/Privat	0	1	1	1	0	0	0	0	0	3
Kunde (Fragebogen an jeden Gast und Auswertung über unabhängiges Institut)	1	0	0	0	1	0	0	0	0	2
Internetplattform (Gästebewertung)	0	0	0	0	0	1	0	0	1	2

Sonstiges

keine Angabe	0	0	0	0	0	0	0	0	0	0

Welche Punkte sollte ein einheitliches
Gütesiegel enthalten, welche Aussagen
soll ein solches Gütesiegel enthalten?

Was soll überprüft werden:

Hardware (Architektur, Bauliches,
Ambiente, Größe etc.)

Ja	1	1	1	1	1	1	1	1	1	9
Nein	0	0	0	0	0	0	0	0	0	0

Größe und Anzahl Wasserwelten
allgemein

Ja	0	1	1	1	1	1	1	1	1	8
Nein	1	0	0	0	0	0	0	0	0	1

Größe und Anzahl Pools

Ja	0	1	1	1	0	0	1	1	1	6
Nein	1	0	0	0	1	1	0	0	0	3

Größe Spa im Verhältnis zu Hotelbetten

Ja	1	1	1	1	0	1	1	1	1	8
Nein	0	0	0	0	1	0	0	0	0	1

Größe und Anzahl Saunen

Ja	0	1	1	1	0	1	0	1	1	6
Nein	1	0	0	0	1	0	1	0	0	3

Größe und Anzahl Dampfbad

Ja	0	1	1	1	0	0	1	1	1	6
Nein	1	0	0	0	1	1	0	0	0	3

Größe Ruheräume im Verhältnis zu
Hotelbetten

Ja	1	1	1	1	0	1	1	1	1	8
Nein	0	0	0	0	1	0	0	0	0	1

Ausstattung und Alter der Einrichtungen
und Geräte

Ja	1	1	0	1	1	1	1	1	1	8
Nein	0	0	1	0	0	0	0	0	0	1

Sonstiges:

Funktionsfähigkeit der Einrichtungen	0	0	0	0	0	0	0	0	0	0

Software (Personal, Angebot etc.)

Ja	1	1	1	1	1	1	1	1	1	9
Nein	0	0	0	0	0	0	0	0	0	0

Qualifikation und Ausbildung der Mitarbeiter

Ja	1	1	1	1	1	1	1	1	1	9
Nein	0	0	0	0	0	0	0	0	0	0

Service (Beratung, Freundlichkeit)

Ja	1	1	1	1	1	1	1	1	1	9
Nein	0	0	0	0	0	0	0	0	0	0

Äußeres Erscheinungsbild der Mitarbeiter

Ja	1	1	0	1	0	1	1	1	1	7
Nein	0	0	1	0	1	0	0	0	0	2

Angebot und Qualität der Behandlungen

Ja	1	1	1	1	1	1	1	1	1	9
Nein	0	0	0	0	0	0	0	0	0	0

Sollen die Behandlungen einen gesundheitlichen Nutzen haben im Spa/Wellness?

Ja	1	1	0	1	0	0	1	1	0	5
Nein	0	0	1	0	1	1	0	0	1	4

Besonderheiten, individuelle Angebote, spezielle Küche (gesunde Ernährung) etc.

Ja	1	1	0	1	0	1	1	1	0	6
Nein	0	0	1	0	1	0	0	0	1	3

Hygiene, Sauberkeit

Ja	1	1	1	1	1	1	1	1	1	9
Nein	0	0	0	0	0	0	0	0	0	0

Unterhaltungsangebote/Freizeitangebote

Ja	1	1	1	1	0	0	1	1	1	7
Nein	0	0	0	0	1	1	0	0	0	2

Schöne Landschaft

Ja	1	1	1	1	0	0	1	1	1	7
Nein	0	0	0	0	1	1	0	0	0	2

Auf was soll mehr Augenmerk liegen bei einer Überprüfung:

Hardware	0	0	0	0	0	1	0	1	0	2
Software	0	0	0	0	0	0	0	0	0	0
Beides gleich	1	1	1	1	1	0	1	0	1	7

Haben Sie schon einmal einen Wellnessurlaub verbracht?

Ja	1	1	1	1	1	1	0	1	1	8
Nein	0	0	0	0	0	0	1	0	0	1

Bei Nein:
Weshalb?
Haben Sie vor in nächster Zeit einen
Wellnessurlaub zu buchen und wie
werden Sie das geeignete Hotel aussu-
chen?

ja	0	0	0	0	0	0	0	0	0	0
nein	1	1	1	1	1	1	1	1	1	9

Ruhe und Entspannung	0	0	0	0	0	0	0	0	0	0
Erreichbarkeit	0	0	0	0	0	0	0	0	0	0
Geschenk	0	0	0	0	0	0	0	0	0	0

Bei Ja:
Nach welchen Kriterien haben Sie das
Hotel ausgesucht?

habe Therme und Hotel gekannt von Tagestour	0	0	0	0	0	0	0	0	0	0
nach Wellnessbereich	0	0	0	0	0	0	0	0	0	0
günstige Angebote	0	0	1	1	0	0	0	0	0	2
Natur für Außenaktivitäten	0	0	0	0	0	0	0	0	0	0
Angebote im Wellnessbereich	0	0	1	1		0	0	0	0	2
Größe	0	0	0	0	0	0	0	0	0	0
Empfehlung	0	0	0	0	1	1	0	1	0	3
Prospekt	0	0	0	0	0	1	0	0	0	1
Internet	0	0	0	0	0	0	0	0	0	0
Reisebüro	0	0	0	0	0	0	0	0	0	0
Kulinarisches Angebot	0	0	0	0	0	0	0	0	0	0
nach Hotelkategorie	0	0	0	0	0	0	0	0	0	0
Zeitungsinserate	0	0	0	0	0	0	0	0	0	0

Wurden Ihre Erwartungen erfüllt?

Ja	1	1	0	1	1	1	0	1	1	7
Nein	0	0	1	0	0	0	0	0	0	1
keine Angabe	0	0	0	0	0	0	1	0	0	1

Bei Nein, weshalb?

Massenabfertigung	0	0	0	0	0	0	0	0	0	0
Einrichtung Spa veraltet	0	0	1	0	0	0	0	1	0	2
zu kleiner Wellnessbereich	0	0	0	0	0	0	0	0	0	0

Geschlecht:

										Summe
weiblich	1	1	1	1	1	1	0	0	1	7
männlich	0	0	0	0	0	0	1	1	0	2

Alter	26	64	42	45	47	52	44	57	50	Summe
unter 20 Jahre	0	0	0	0	0	0	0	0	0	0
20 bis 30 Jahre	1	0	0	0	0	0	0	0	0	1
31 bis 40 Jahre	0	0	0	0	0	0	0	0	0	0
41 bis 50 Jahre	0	0	1	1	1	0	1	0	1	5
51 bis 60 Jahre	0	0	0	0	0	1	0	1	0	2
61 bis 70 Jahre	0	1	0	0	0	0	0	0	0	1
über 70 Jahre	0	0	0	0	0	0	0	0	0	0

Einzelantworten laut Fragebogen Kunde 28 bis 36

Frage	Kunde28	Kunde 29	Kunde30	Kunde31	Kunde32	Kunde33	Kunde34	Kunde35	Kunde36	Summe
Was sollte ein Spa minimum beinhalten?										
Eigener Empfang/Spa-Rezeption										
Ja	1	1	1	1	1	1	1	0	1	8
Nein	0	0	0	0	0	0	0	1	0	1
Schwimmbad außen										
Ja	1	1	1	1	0	0	1	0	1	6
Nein	0	0	0	0	1	1	0	1	0	3
Wenn ja, Größe minimum?										
Bis 5 x 10 m	0	1	0	0	0	0	1	0	0	2
Mehr als 5 x 10 m	1	0	1	1	1	1	0	1	1	7
Temperatur										
Bis 26 Grad	0	0	0	1	0	0	0	0	0	1
27 bis 30 Grad	1	1	1	0	1	1	1	1	1	8
Mehr als 30 Grad	0	0	0	0	0	0	0	0	0	0
Schwimmbad innen										
Ja	1	1	1	0	1	1	1	1	1	8
Nein	0	0	0	1	0	0	0	0	0	1
Wenn ja, Größe minimum?										
Bis 5 x 10 m	0	1	0	0	0	1	0	0	0	2
Mehr als 5 x 10 m	1	0	1	1	1	0	1	1	1	7

Temperatur:

Bis 26 Grad	0	1	1	0	0	0	0	0	0	2
27 bis 30 Grad	1	0	0	1	1	1	1	0	1	6
Mehr als 30 Grad	0	0	0	0	0	0	0	1	0	1

Whirlpool

Ja	0	1	1	0	1	1	1	0	1	6
Nein	1	0	0	1	0	0	0	1	0	3

Sauna

Ja	1	1	1	1	1	1	0	1	1	8
Nein	0	0	0	0	0	0	1	0	0	1

Anzahl Saunen:

1	0	0	1	0	0	0	0	1	0	2
2 bis 3	0	0	0	0	1	1	1	0	1	4
Mehr als 3	1	1	0	1	0	0	0	0	0	3

Dampfbad

Ja	1	1	0	1	1	1	1	0	1	7
Nein	0	0	1	0	0	0	0	1	0	2

Infrarot

Ja	1	1	1	0	1	0	1	1	1	7
Nein	0	0	0	1	0	1	0	0	0	2

Kneippbecken

Ja	1	0	1	1	0	0	0	0	1	4
Nein	0	1	0	0	1	1	1	1	0	5

Aromaduschen

Ja	0	0	1	0	0	1	1	0	0	3
Nein	1	1	0	1	1	0	0	1	1	6

Therapieräume

1 – 2	0	1	1	0	1	0	0	1	0	4
3 – 5	1	0	0	1	0	1	0	0	1	4
Mehr als 5	0	0	0	0	0	0	1	0	0	1

Kosmetik-/Beautyabteilung

Ja	1	1	1	1	1	1	1	0	1	8
Nein	0	0	0	0	0	0	0	1	0	1

Gymnastikraum

Ja	1	0	1	0	0	0	0	0	1	3
Nein	0	1	0	1	1	1	1	1	0	6

Fitnessraum mit Geräten

Ja	1	1	1	1	0	0	1	0	1	6
Nein	0	0	0	0	1	1	0	1	0	3

Ruheräume

1	0	0	0	0	0	1	0	1	0	2
2 bis 3	1	1	1	1	1	0	0	0	1	6
Mehr als 3	0	0	0	0	0	0	1	0	0	1

Ruheliegen

Pro Hotelgast 1 Liege	1	1	1	0	0	1	1	0	1	6
Pro 2 Hotelgäste 1 Liege	0	0	0	1	1	0	0	1	0	3
Weniger	0	0	0	0	0	0	0	0	0	0

Freiluftbereich

Ja	1	1	1	1	1	0	1	1	1	8
Nein	0	0	0	0	0	1	0	0	0	1

Tageslicht im gesamten Spa und Behandlungsbereich

Ja	1	1	1	1	1	1	1	1	1	9
Nein	0	0	0	0	0	0	0	0	0	0

Geschultes Fachpersonal

Ja	1	1	1	1	1	1	1	1	1	9
Nein	0	0	0	0	0	0	0	0	0	0

Anwendungsangebot

1 bis 5	1	0	0	0	0	0	0	0	0	1
6 bis 10	0	0	1	0	1	1	0	1	0	4
11 bis 20	0	1	0	1	0	0	0	0	1	3
21 bis 30	0	0	0	0	0	0	1	0	0	1
31 bis 40	0	0	0	0	0	0	0	0	0	0
mehr als 40	0	0	0	0	0	0	0	0	0	0

Seit über 30 Jahren gibt es die Bewertung der Hotelsterne mit klar festgelegten Richtlinien.
Sind Ihrer Meinung nach die Hotelsterne:
Zeitgemäß

Ja	1	1	1	1	1	0	1	1	1	8
Nein	0	0	0	0	0	1	0	0	0	1

Eine sinnvolle Orientierungshilfe für
Qualität

Ja	1	1	1	1	1	0	1	1	1	8
Nein	0	0	0	0	0	1	0	0	0	1

Die Kriterien und Überprüfungen
ausreichend

Ja	0	1	1	1	1	0	1	0	1	6
Nein	1	0	0	0	0	1	0	1	0	3

Ist es möglich die Qualität eines Well-
ness- / Spabereiches klar zu erkennen?

Ja	0	0	0	0	1	0	0	1	0	2
Nein	1	1	1	1	0	1	1	0	1	7

Bei ja, woran

Sauberkeit	0	0	0	0	1	0	0	1	0	2
Geschultes Fachpersonal	0	0	0	0	1	0	0	0	0	1
Angebot	0	0	0	0	0	0	0	1	0	1
Kundentreue	0	0	0	0	0	0	0	0	0	0
gleichbleibende Qualität	0	0	0	0	0	0	0	0	0	0

Kundenzufriedenheit	0	0	0	0	0	0	0	0	0	0
Ausstattung	0	0	0	0	1	0	0	0	0	1
Information	0	0	0	0	0	0	0	0	0	0

Atmosphäre	0	0	0	0	0	0	0	1	0	1
Wasserqualität	0	0	0	0	1	0	0	1	0	2

Wollen Sie als Kunde ein einheitliches
allgemein gültiges Gütesiegel?

Ja	1	1	1	1	0	1	1	1	0	7
Nein	0	0	0	0	1	0	0	0	1	2

Was erwarten Sie sich von einem
allgemein gültigen Gütesiegel?

Einheitliche Kriterien	1	1	1	0	0	1	1	1	0	6
Qualitätsversprechen	0	0	1	1	0	0	1	1	1	5
Leichtere Orientierung	0	0	0	0	0	1	0	1	0	2
Regelmäßige Qualitätskontrollen	1	1	1	0	0	1	1	1	0	6
Klare Aussagen	0	0	0	0	0	1	1	1	1	4

Wie könnte so ein einheitliches Gütesiegel aussehen und wer könnte die Zertifizierung durchführen?

Überprüfung und Zertifizierung in Kombination mit den Hotelsternen	0	1	1	0	1	0	1	1	0	5
Zertifizierung über Kundenbewertungen im Internet	0	0	0	0	1	0	1	0	0	2
Zertifizierung über Kundenbewertung / Fragebogen für jeden Gast / Auswertung über unabhängiges Institut	0	0	0	1	1	0	0	0	0	2
Anonyme Überprüfung (Mystery Check)	0	0	0	0	0	1	1	1	1	4
Überprüfung mit Voranmeldung und folgender Beratung	0	0	0	0	0	1	0	0	0	1
Zertifizierung durch neue Institution mit komplett neuer Marke	1	0	0	0	0	1	0	0	0	2

Wie könnte eine neue Marke aussehen?

Wasserstrahl	0	0	0	0	0	1	0	0	0	1
Springbrunnen	0	0	0	0	0	0	0	0	0	0
Blaue Blubberblasen	0	0	0	0	0	1	0	0	0	1
Qualle	0	0	0	0	0	0	0	0	0	0
Sonne	0	0	0	0	0	0	0	0	0	0
Komet	0	0	0	0	0	0	0	0	0	0
Saunahütten	0	0	0	0	0	0	0	0	0	0
Sternenhimmel	0	0	0	0	0	0	0	0	0	0
Wellnesssterne	0	0	0	0	0	0	0	0	0	0
Rose	0	0	0	0	0	0	0	0	0	0
Wellnesslinien Farbe hellblau beinhalten	0	0	0	0	0	0	0	0	0	0

Wer könnte Zertifizierung durchführen?

Öffentliche Prüfanstalt (wie z.B. Land)	1	0	1	0	0	0	1	0	0	3
Fachverband (wie z.B. Wirtschaftskammer)	0	0	0	0	1	1	0	1	1	4
Private Anbieter	0	0	0	0	0	0	0	0	0	0
Kombination Öffentlich/Fachverband/Privat	0	1	0	0	0	0	1	1	0	3
Kunde (Fragebogen an jeden Gast und Auswertung über unabhängiges Institut)	0	0	0	1	1	0	0	0	0	2
Internetplattform (Gästebewertung)	0	1	0	0	0	0	0	0	0	1

Sonstiges

keine Angabe	0	0	0	0	0	0	0	0	0	0

Welche Punkte sollte ein einheitliches
Gütesiegel enthalten, welche Aussagen
soll ein solches Gütesiegel enthalten?

Was soll überprüft werden:

Hardware (Architektur, Bauliches,
Ambiente, Größe etc.)

Ja	1	1	1	1	1	1	1	1	1	9
Nein	0	0	0	0	0	0	0	0	0	0

Größe und Anzahl Wasserwelten
allgemein

Ja	0	1	1	1	1	1	1	1	1	8
Nein	1	0	0	0	0	0	0	0	0	1

Größe und Anzahl Pools

Ja	0	1	1	1	1	1	1	1	1	8
Nein	1	0	0	0	0	0	0	0	0	1

Größe Spa im Verhältnis zu Hotelbetten

Ja	1	0	1	1	1	1	1	0	1	7
Nein	0	1	0	0	0	0	0	1	0	2

Größe und Anzahl Saunen

Ja	1	1	0	1	1	1	1	1	1	8
Nein	0	0	1	0	0	0	0	0	0	1

Größe und Anzahl Dampfbad

Ja	0	1	1	1	1	1	0	0	1	6
Nein	1	0	0	0	0	0	1	1	0	3

Größe Ruheräume im Verhältnis zu
Hotelbetten

Ja	1	1	1	0	1	1	1	0	1	7
Nein	0	0	0	1	0	0	0	1	0	2

Ausstattung und Alter der Einrichtungen
und Geräte

Ja	1	1	1	1	1	1	1	1	0	8
Nein	0	0	0	0	0	0	0	0	1	1

Sonstiges:

Funktionsfähigkeit der Einrichtungen	0	0	0	0	0	0	0	0	0	0

Software (Personal, Angebot etc.)

Ja	1	1	1	1	1	1	1	0	1	8
Nein	0	0	0	0	0	0	0	1	0	1

Qualifikation und Ausbildung der Mitarbeiter

Ja	1	1	1	1	1	1	1	1	1	9
Nein	0	0	0	0	0	0	0	0	0	0

Service (Beratung, Freundlichkeit)

Ja	1	1	1	1	1	1	1	1	1	9
Nein	0	0	0	0	0	0	0	0	0	0

Äußeres Erscheinungsbild der Mitarbeiter

Ja	0	0	0	1	1	0	1	0	1	4
Nein	1	1	1	0	0	1	0	1	0	5

Angebot und Qualität der Behandlungen

Ja	1	1	1	1	1	1	1	1	1	9
Nein	0	0	0	0	0	0	0	0	0	0

Sollen die Behandlungen einen gesundheitlichen Nutzen haben im Spa/Wellness?

Ja	1	1	1	1	0	0	1	1	1	7
Nein	0	0	0	0	1	1	0	0	0	2

Besonderheiten, individuelle Angebote, spezielle Küche (gesunde Ernährung) etc.

Ja	1	1	1	1	1	0	1	1	1	8
Nein	0	0	0	0	0	1	0	0	0	1

Hygiene, Sauberkeit

Ja	1	1	1	1	1	1	1	1	1	9
Nein	0	0	0	0	0	0	0	0	0	0

Unterhaltungsangebote/Freizeitangebote

Ja	1	0	0	1	1	0	1	0	1	5
Nein	0	1	1	0	0	1	0	1	0	4

Schöne Landschaft

Ja	1	1	0	1	0	0	1	0	0	4
Nein	0	0	1	0	1	1	0	1	1	5

Auf was soll mehr Augenmerk liegen bei
einer Überprüfung:

Hardware	0	0	0	0	0	0	0	1	0	1
Software	0	0	0	0	0	0	0	0	0	0
Beides gleich	1	1	1	1	1	1	1	0	1	8

Haben Sie schon einmal einen Wellnessurlaub verbracht?

| Ja | 1 | 1 | 1 | 1 | 1 | 1 | 1 | 1 | 1 | 9 |
| Nein | 0 | 0 | 0 | 0 | 0 | 0 | 0 | 0 | 0 | 0 |

Bei Nein:
Weshalb?
Haben Sie vor in nächster Zeit einen
Wellnessurlaub zu buchen und wie
werden Sie das geeignete Hotel aussu-
chen?

ja	0	0	0	0	0	1	1	1	0	3
nein	1	1	1	1	1	0	0	0	1	6
Ruhe und Entspannung	0	0	0	0	0	0	0	0	0	0
Erreichbarkeit	0	0	0	0	0	0	0	0	0	0
Geschenk	0	0	0	0	0	0	0	0	0	0

Bei Ja:
Nach welchen Kriterien haben Sie das
Hotel ausgesucht?

habe Therme und Hotel gekannt von Tagestour	0	0	0	0	0	0	0	0	0	0
nach Wellnessbereich	0	0	0	1	0	0	0	1	0	2
günstige Angebote	0	0	0	0	0	0	0	1	0	1
Natur für Außenaktivitäten	0	0	0	1	0	0	0	0	0	1
Angebote im Wellnessbereich	0	0	0	1	0	1	1	1	0	4
Größe	0	0	0	0	0	0	0	0	0	0
Empfehlung	1	0	1	0	0	1	1	0	0	4
Prospekt	0	0	0	0	0	0	0	0	0	0
Internet	1	0	0	0	0	1	1	1	0	4
Beratung im Reisebüro	0	0	0	0	0	0	0	0	0	0
Kulinarisches Angebot	0	0	0	0	0	0	0	0	0	0
Nach Hotelkategorie	0	0	0	0	0	0	0	0	0	0
Zeitungsinserate	0	0	0	0	0	0	0	0	0	0

Wurden Ihre Erwartungen erfüllt?

Ja	1	1	1	1	0	1	1	1	1	8
Nein	0	0	0	0	1	0	0	0	0	1
keine Angabe	0	0	0	0	0	0	0	0	0	0

Bei Nein, weshalb?

Massenabfertigung	0	0	0	0	0	0	0	0	0	0
Einrichtung Spa veraltet	0	0	0	0	0	0	0	0	0	0
zu kleiner Wellnessbereich	0	0	0	0	0	0	0	0	0	0

Geschlecht:

weiblich	1	1	1	1	1	1	1	1	0	8
männlich	0	0	0	0	0	0	0	0	1	1

Alter	48	31	23	52	59	38	51	55	46	
unter 20 Jahre	0	0	0	0	0	0	0	0	0	0
20 bis 30 Jahre	0	0	1	0	0	0	0	0	0	1
31 bis 40 Jahre	0	1	0	0	0	1	0	0	0	2
41 bis 50 Jahre	1	0	0	0	0	0	0	0	1	2
51 bis 60 Jahre	0	0	0	1	1	0	1	1	0	4
61 bis 70 Jahre	0	0	0	0	0	0	0	0	0	0
über 70 Jahre	0	0	0	0	0	0	0	0	0	0

Einzelantworten laut Fragebogen Kunde 37 bis 45

Frage	Kunde37	Kunde38	Kunde39	Kunde40	Kunde41	Kunde42	Kunde43	Kunde44	Kunde45	Summe
Was sollte ein Spa minimum beinhalten?										
Eigener Empfang/Spa-Rezeption										
Ja	0	1	1	1	1	1	1	1	1	8
Nein	1	0	0	0	0	0	0	0	0	1
Schwimmbad außen										
Ja	1	1	1	0	0	1	1	1	0	6
Nein	0	0	0	1	1	0	0	0	1	3
Wenn ja, Größe minimum?										
Bis 5 x 10 m	0	1	1	0	0	0	0	1	0	3
Mehr als 5 x 10 m	1	0	0	1	1	1	1	0	1	6
Temperatur										
Bis 26 Grad	0	0	1	0	0	0	0	0	0	1
27 bis 30 Grad	0	1	0	1	1	0	0	1	1	5
Mehr als 30 Grad	1	0	0	0	0	1	1	0	0	3

Schwimmbad innen

Ja	1	1	1	1	0	1	1	1	1	8
Nein	0	0	0	0	1	0	0	0	0	1

Wenn ja, Größe minimum?

Bis 5 x 10 m	0	1	0	0	0	0	0	0	1	2
Mehr als 5 x 10 m	1	0	1	1	1	1	1	1	0	7

Temperatur:

Bis 26 Grad	0	0	1	0	0	0	0	0	0	1
27 bis 30 Grad	0	1	0	1	1	0	0	1	1	5
Mehr als 30 Grad	1	0	0	0	0	1	1	0	0	3

Whirlpool

Ja	1	1	1	1	1	1	1	1	0	8
Nein	0	0	0	0	0	0	0	0	1	1

Sauna

Ja	1	1	1	1	1	1	1	1	1	9
Nein	0	0	0	0	0	0	0	0	0	0

Anzahl Saunen:

1	0	0	0	0	0	0	0	0	0	0
2 bis 3	0	0	1	1	1	1	0	0	1	5
Mehr als 3	1	1	0	0	0	0	1	1	0	4

Dampfbad

Ja	1	1	1	1	0	1	1	1	1	8
Nein	0	0	0	0	1	0	0	0	0	1

Infrarot

Ja	0	1	1	1	0	1	0	1	1	6
Nein	1	0	0	0	1	0	1	0	0	3

Kneippbecken

Ja	0	0	0	1	0	0	1	0	1	3
Nein	1	1	1	0	1	1	0	1	0	6

Aromaduschen

Ja	0	0	1	0	1	1	1	0	0	4
Nein	1	1	0	1	0	0	0	1	1	5

Therapieräume

1 – 2	0	0	1	0	0	0	1	1	0	3
3 – 5	1	1	0	1	1	1	0	0	1	6
Mehr als 5	0	0	0	0	0	0	0	0	0	0

Kosmetik-/Beautyabteilung

Ja	1	1	1	1	0	0	0	0	1	5
Nein	0	0	0	0	1	1	1	1	0	4

Gymnastikraum

Ja	0	1	1	0	0	0	0	1	1	4
Nein	1	0	0	1	1	1	1	0	0	5

Fitnessraum mit Geräten

Ja	0	1	1	1	0	0	0	1	0	4
Nein	1	0	0	0	1	1	1	0	1	5

Ruheräume

1	0	0	0	0	0	0	0	0	1	1
2 bis 3	1	0	1	1	1	0	0	1	0	5
Mehr als 3	0	1	0	0	0	1	1	0	0	3

Ruheliegen

Pro Hotelgast 1 Liege	0	1	0	0	0	1	1	1	0	4
Pro 2 Hotelgäste 1 Liege	1	0	1	1	1	0	0	0	1	5
Weniger	0	0	0	0	0	0	0	0	0	0

Freiluftbereich

Ja	1	1	1	1	1	1	1	1	1	9
Nein	0	0	0	0	0	0	0	0	0	0

Tageslicht im gesamten Spa und Behandlungsbereich

Ja	1	1	0	1	1	0	1	1	0	6
Nein	0	0	1	0	0	1	0	0	1	3

Geschultes Fachpersonal

Ja	1	1	1	1	1	1	1	1	1	9
Nein	0	0	0	0	0	0	0	0	0	0

Anwendungsangebot

1 bis 5	1	0	0	0	0	0	0	0	0	1
6 bis 10	0	0	0	0	1	1	0	0	1	3
11 bis 20	0	0	0	0	0	0	1	1	0	2
21 bis 30	0	1	1	1	0	0	0	0	0	3
31 bis 40	0	0	0	0	0	0	0	0	0	0
mehr als 40	0	0	0	0	0	0	0	0	0	0

Seit über 30 Jahren gibt es die Bewertung der Hotelsterne mit klar festgelegten Richtlinien.

Sind Ihrer Meinung nach die Hotelsterne:

Zeitgemäß

Ja	0	0	0	1	1	0	0	1	0	3
Nein	1	1	1	0	0	1	1	0	1	6

Eine sinnvolle Orientierungshilfe für Qualität 0

Ja	1	1	0	1	1	1	1	1	1	8
Nein	0	0	1	0	0	0	0	0	0	1

Die Kriterien und Überprüfungen ausreichend

Ja	0	0	0	1	1	0	0	0	0	2
Nein	1	1	1	0	0	1	1	1	1	7

Ist es möglich die Qualität eines Wellness- / Spabereiches klar zu erkennen?

Ja	1	0	0	1	0	0	0	1	1	4
Nein	0	1	1	0	1	1	1	0	0	5

Bei ja, woran

Sauberkeit	1	0	0	0	0	0	0	0	0	1
Geschultes Fachpersonal	1	0	0	0	0	0	0	0	1	2
Angebot	0	0	0	0	0	0	0	0	0	0
Kundentreue	0	0	0	0	0	0	0	0	0	0
gleichbleibende Qualität	0	0	0	0	0	0	0	0	0	0
Kundenzufriedenheit	0	0	0	0	0	0	0	0	0	0
Ausstattung	0	0	0	0	0	0	0	0	1	1
Information	0	0	0	0	0	0	0	0	0	0
Atmosphäre	0	0	0	0	0	0	0	0	0	0
Wasserqualität	0	0	0	0	0	0	0	0	0	0

Wollen Sie als Kunde ein einheitliches allgemein gültiges Gütesiegel?

Ja	1	1	1	1	0	1	1	1	1	8
Nein	0	0	0	0	1	0	0	0	0	1

Was erwarten Sie sich von einem allgemein gültigen Gütesiegel?

Einheitliche Kriterien	0	1	1	0	0	1	1	0	1	5
Qualitätsversprechen	1	1	1	0	0	1	1	0	0	5
Leichtere Orientierung	0	1	0	1	0	1	0	0	0	3
Regelmäßige Qualitätskontrollen	1	1	1	1	0	1	1	1	1	8
Klare Aussagen	0	1	1	0	0	0	0	0	1	3

Wie könnte so ein einheitliches Gütesiegel aussehen und wer könnte die Zertifizierung durchführen?

Überprüfung und Zertifizierung in Kombination mit den Hotelsternen	1	1	1	1	0	0	0	1	0	5
Zertifizierung über Kundenbewertungen im Internet	1	0	0	0	0	0	1	0	0	2
Zertifizierung über Kundenbewertung / Fragebogen für jeden Gast / Auswertung über unabhängiges Institut	0	1	0	0	0	0	1	1	1	4
Anonyme Überprüfung (Mystery Check)	1	0	0	0	0	1	1	0	1	4
Überprüfung mit Voranmeldung und folgender Beratung	0	0	0	0	0	0	0	0	0	0
Zertifizierung durch neue Institution mit komplett neuer Marke	0	1	0	0	0	0	0	1	1	3

Wie könnte eine neue Marke aussehen?

Wasserstrahl	0	0	0	0	0	0	0	0	0	0
Springbrunnen	0	0	0	0	0	0	0	0	0	0
Blaue Blubberblasen	0	0	0	0	0	0	0	0	0	0
Qualle	0	0	0	0	0	0	0	0	0	0
Sonne	0	0	0	0	0	0	0	0	0	0
Komet	0	0	0	0	0	0	0	0	0	0
Saunahütten	0	1	0	0	0	0	0	0	0	1
Sternenhimmel	0	0	1	0	0	0	0	0	0	1
Wellnesssterne	0	0	0	1	0	0	0	0	0	1
Rose	0	0	0	0	0	0	0	1	0	1
Wellnesslinien Farbe hellblau beinhalten	0	0	0	0	0	0	0	0	0	0

Wer könnte Zertifizierung durchführen?

Öffentliche Prüfanstalt (wie z.B. Land)	0	0	0	0	0	0	1	0	0	1
Fachverband (wie z.B. Wirtschaftskammer)	1	1	0	1	0	0	1	1	0	5
Private Anbieter	0	0	0	0	0	0	0	0	0	0
Kombination Öffentlich/Fachverband/Privat	0	0	1	0	0	1	0	0	1	3
Kunde (Fragebogen an jeden Gast und Auswertung über unabhängiges Institut)	0	0	0	0	0	0	1	0	1	2
Internetplattform (Gästebewertung)	1	0	0	0	0	0	0	0	0	1

Sonstiges

keine Angabe	0	0	0	0	0	0	0	0	0	0

Welche Punkte sollte ein einheitliches
Gütesiegel enthalten, welche Aussagen
soll ein solches Gütesiegel enthalten?

Was soll überprüft werden:

Hardware (Architektur, Bauliches,
Ambiente, Größe etc.)

| Ja | 0 | 1 | 0 | 1 | 0 | 1 | 1 | 1 | 1 | 6 |
| Nein | 1 | 0 | 1 | 0 | 1 | 0 | 0 | 0 | 0 | 3 |

Größe und Anzahl Wasserwelten
allgemein

| Ja | 1 | 1 | 1 | 1 | 1 | 1 | 1 | 0 | 0 | 7 |
| Nein | 0 | 0 | 0 | 0 | 0 | 0 | 0 | 1 | 1 | 2 |

Größe und Anzahl Pools

| Ja | 0 | 1 | 1 | 1 | 1 | 1 | 1 | 1 | 0 | 7 |
| Nein | 1 | 0 | 0 | 0 | 0 | 0 | 0 | 0 | 1 | 2 |

Größe Spa im Verhältnis zu Hotelbetten

| Ja | 0 | 1 | 1 | 1 | 1 | 1 | 0 | 1 | 1 | 7 |
| Nein | 1 | 0 | 0 | 0 | 0 | 0 | 1 | 0 | 0 | 2 |

Größe und Anzahl Saunen

| Ja | 1 | 1 | 1 | 0 | 1 | 1 | 1 | 1 | 1 | 8 |
| Nein | 0 | 0 | 0 | 1 | 0 | 0 | 0 | 0 | 0 | 1 |

Größe und Anzahl Dampfbad

| Ja | 0 | 1 | 1 | 0 | 0 | 1 | 1 | 0 | 0 | 4 |
| Nein | 1 | 0 | 0 | 1 | 1 | 0 | 0 | 1 | 1 | 5 |

Größe Ruheräume im Verhältnis zu
Hotelbetten

| Ja | 1 | 1 | 1 | 1 | 0 | 1 | 1 | 1 | 1 | 8 |
| Nein | 0 | 0 | 0 | 0 | 1 | 0 | 0 | 0 | 0 | 1 |

Ausstattung und Alter der Einrichtungen
und Geräte

| Ja | 1 | 1 | 1 | 1 | 1 | 1 | 1 | 1 | 1 | 9 |
| Nein | 0 | 0 | 0 | 0 | 0 | 0 | 0 | 0 | 0 | 0 |

Sonstiges:

| Funktionsfähigkeit der Einrichtungen | 0 | 0 | 0 | 0 | 0 | 0 | 0 | 0 | 0 | 0 |

Software (Personal, Angebot etc.)

| Ja | 0 | 1 | 1 | 1 | 1 | 1 | 1 | 1 | 1 | 8 |
| Nein | 1 | 0 | 0 | 0 | 0 | 0 | 0 | 0 | 0 | 1 |

Qualifikation und Ausbildung der Mitarbeiter

Ja	1	1	1	1	1	1	1	1	1	9
Nein	0	0	0	0	0	0	0	0	0	0

Service (Beratung, Freundlichkeit)

Ja	1	1	1	1	1	1	1	1	1	9
Nein	0	0	0	0	0	0	0	0	0	0

Äußeres Erscheinungsbild der Mitarbeiter

Ja	1	1	1	1	1	1	1	1	1	9
Nein	0	0	0	0	0	0	0	0	0	0

Angebot und Qualität der Behandlungen

Ja	1	1	1	1	1	1	1	1	1	9
Nein	0	0	0	0	0	0	0	0	0	0

Sollen die Behandlungen einen gesundheitlichen Nutzen haben im Spa/Wellness?

Ja	1	0	1	1	1	1	1	0	1	7
Nein	0	1	0	0	0	0	0	1	0	2

Besonderheiten, individuelle Angebote, spezielle Küche (gesunde Ernährung) etc.

Ja	1	1	1	1	1	1	1	1	1	9
Nein	0	0	0	0	0	0	0	0	0	0

Hygiene, Sauberkeit

Ja	1	1	1	1	1	1	1	1	1	9
Nein	0	0	0	0	0	0	0	0	0	0

Unterhaltungsangebote/Freizeitangebote

Ja	0	1	1	0	1	1	0	1	0	5
Nein	1	0	0	1	0	0	1	0	1	4

Schöne Landschaft

Ja	1	1	1	0	1	0	0	1	0	5
Nein	0	0	0	1	0	1	1	0	1	4

Auf was soll mehr Augenmerk liegen bei einer Überprüfung:

Hardware	0	0	0	0	0	0	0	0	0	0
Software	1	0	0	0	1	0	0	0	1	3
Beides gleich	0	1	1	1	0	1	1	1	0	6

Haben Sie schon einmal einen Wellnessurlaub verbracht?

Ja	0	1	1	1	1	0	1	1	0	6
Nein	1	0	0	0	0	1	0	0	1	3

Bei Nein:
Weshalb?
Haben Sie vor in nächster Zeit einen
Wellnessurlaub zu buchen und wie
werden Sie das geeignete Hotel aussu-
chen?

ja	0	1	1	1	1	0	0	1	0	5
nein	1	0	0	0	0	1	1	0	1	4
Ruhe und Entspannung	0	0	0	0	0	0	0	0	0	0
Erreichbarkeit	0	0	0	0	0	0	0	0	0	0
Geschenk	0	0	0	1	0	0	0	0	0	1

Bei Ja:
Nach welchen Kriterien haben Sie das
Hotel ausgesucht?

habe Therme und Hotel gekannt von Tagestour	0	0	0	0	0	0	0	0	0	0
nach Wellnessbereich	0	0	1	0	0	0	0	1	0	2
günstige Angebote	0	0	0	0	0	0	0	0	0	0
Natur für Außenaktivitäten	0	0	0	0	0	0	0	1	0	1
Angebote im Wellnessbereich	0	0	0	0	0	0	0	0	0	0
Größe	0	1	0	0	0	0	0	0	0	1
Empfehlung	0	1	0	0	0	0	0	1	0	2
Prospekt	0	0	0	0	0	0	0	1	0	1
Internet	0	0	0	0	1	0	0	0	0	1
Beratung im Reisebüro	0	0	1	0	0	0	0	0	0	1
Kulinarisches Angebot	0	0	1	0	0	0	0	0	0	1
Nach Hotelkategorie	0	0	0	0	0	0	0	0	0	0
Zeitungsinserate	0	0	0	0	0	0	0	1	0	1

Wurden Ihre Erwartungen erfüllt?

Ja	0	1	1	1	0	0	1	1	0	5
Nein	0	0	0	0	1	0	0	0	0	1
keine Angabe	1	0	0	0	0	1	0	0	1	3

Bei Nein, weshalb?

Massenabfertigung	0	0	0	0	0	0	0	0	0	0
Einrichtung Spa veraltet	0	0	0	0	0	0	0	0	0	0
zu kleiner Wellnessbereich	0	0	0	0	1	0	0	0	0	1

Geschlecht:

weiblich	1	1	1	1	0	0	1	1	0	6
männlich	0	0	0	0	1	1	0	0	1	3

Alter	23	50	63	51	32	21	22	54	42	
unter 20	0	0	0	0	0	0	0	0	0	0
20 bis 30 Jahre	1	0	0	0	0	1	1	0	0	3
31 bis 40 Jahre	0	0	0	0	1	0	0	0	0	1
41 bis 50 Jahre	0	1	0	0	0	0	0	0	1	2
51 bis 60 Jahre	0	0	0	1	0	0	0	1	0	2
61 bis 70 Jahre	0	0	1	0	0	0	0	0	0	1
über 70 Jahre	0	0	0	0	0	0	0	0	0	0

Einzelantworten laut Fragebogen Kunde 46 bis 54

Frage	Kunde46	Kunde47	Kunde48	Kunde49	Kunde50	Kunde51	Kunde52	Kunde53	Kunde54	Summe
Was sollte ein Spa minimum beinhalten?										
Eigener Empfang/Spa-Rezeption										
Ja	0	1	1	1	1	1	1	1	0	7
Nein	1	0	0	0	0	0	0	0	1	2
Schwimmbad außen										
Ja	1	1	1	1	1	1	1	1	1	9
Nein	0	0	0	0	0	0	0	0	0	0
Wenn ja, Größe minimum?										
Bis 5 x 10 m	0	0	1	1	1	1	0	0	0	4
Mehr als 5 x 10 m	1	1	0	0	0	0	1	1	1	5
Temperatur										
Bis 26 Grad	0	0	0	0	0	0	0	1	0	1
27 bis 30 Grad	1	0	1	0	0	1	1	0	1	5
Mehr als 30 Grad	0	1	0	1	1	0	0	0	0	3
Schwimmbad innen										
Ja	1	1	1	1	1	1	1	1	1	9
Nein	0	0	0	0	0	0	0	0	0	0

Wenn ja, Größe minimum?

Bis 5 x 10 m	0	0	0	1	1	0	0	0	0	2
Mehr als 5 x 10 m	1	1	1	0	0	1	1	1	1	7

Temperatur:

Bis 26 Grad	0	0	0	1	1	0	0	1	1	4
27 bis 30 Grad	1	0	1	0	0	1	1	0	0	4
Mehr als 30 Grad	0	1	0	0	0	0	0	0	0	1

Whirlpool

Ja	1	1	1	1	1	1	1	1	0	8
Nein	0	0	0	0	0	0	0	0	1	1

Sauna

Ja	1	1	1	1	1	1	1	1	1	9
Nein	0	0	0	0	0	0	0	0	0	0

Anzahl Saunen:

1	1	0	0	0	0	0	0	0	0	1
2 bis 3	0	0	1	1	1	1	1	1	0	6
Mehr als 3	0	1	0	0	0	0	0	0	1	2

Dampfbad

Ja	1	1	1	1	1	1	1	1	1	9
Nein	0	0	0	0	0	0	0	0	0	0

Infrarot

Ja	0	1	1	1	1	1	1	1	1	8
Nein	1	0	0	0	0	0	0	0	0	1

Kneippbecken

Ja	1	1	1	1	1	1	0	1	1	8
Nein	0	0	0	0	0	0	1	0	0	1

Aromaduschen

Ja	0	1	1	1	1	0	1	1	0	6
Nein	1	0	0	0	0	1	0	0	1	3

Therapieräume

1 – 2	1	1	1	0	0	0	0	0	1	4
3 – 5	0	0	0	1	1	1	1	1	0	5
Mehr als 5	0	0	0	0	0	0	0	0	0	0

Kosmetik-/Beautyabteilung

Ja	0	1	1	1	1	1	1	1	0	7
Nein	1	0	0	0	0	0	0	0	1	2

Gymnastikraum

Ja	1	1	0	0	0	1	0	1	1	5
Nein	0	0	1	1	1	0	1	0	0	4

Fitnessraum mit Geräten

Ja	1	1	1	1	1	1	0	1	0	7
Nein	0	0	0	0	0	0	1	0	1	2

Ruheräume

1	0	0	0	0	1	0	0	0	0	1
2 bis 3	1	1	1	1	0	1	1	0	0	6
Mehr als 3	0	0	0	0	0	0	0	1	1	2

Ruheliegen

Pro Hotelgast 1 Liege	0	1	1	1	1	1	1	1	1	8
Pro 2 Hotelgäste 1 Liege	1	0	0	0	0	0	0	0	0	1
Weniger	0	0	0	0	0	0	0	0	0	0

Freiluftbereich

Ja	1	1	1	1	1	1	0	1	1	8
Nein	0	0	0	0	0	0	1	0	0	1

Tageslicht im gesamten Spa und Behandlungsbereich

Ja	1	1	0	1	1	0	0	1	1	6
Nein	0	0	1	0	0	1	1	0	0	3

Geschultes Fachpersonal

Ja	1	1	1	1	1	1	1	1	1	9
Nein	0	0	0	0	0	0	0	0	0	0

Anwendungsangebot

1 bis 5	1	0	0	0	0	0	0	0	0	1
6 bis 10	0	0	1	0	0	0	0	1	1	3
11 bis 20	0	1	0	0	1	1	1	0	0	4
21 bis 30	0	0	0	1	0	0	0	0	0	1
31 bis 40	0	0	0	0	0	0	0	0	0	0
mehr als 40	0	0	0	0	0	0	0	0	0	0

Seit über 30 Jahren gibt es die Bewertung der Hotelsterne mit klar festgelegten Richtlinien.

Sind Ihrer Meinung nach die Hotelsterne:

Zeitgemäß

Ja	1	1	0	1	1	1	0	0	0	5
Nein	0	0	1	0	0	0	1	1	1	4

Eine sinnvolle Orientierungshilfe für Qualität

Ja	1	1	0	1	1	0	1	0	0	5
Nein	0	0	1	0	0	1	0	1	1	4

Die Kriterien und Überprüfungen ausreichend

Ja	1	1	0	1	1	0	0	0	0	4
Nein	0	0	1	0	0	1	1	1	1	5

Ist es möglich die Qualität eines Wellness- / Spabereiches klar zu erkennen?

Ja	0	0	1	1	1	0	0	1	0	4
Nein	1	1	0	0	0	1	1	0	1	5

Bei ja, woran

Sauberkeit	0	0	1	1	1	0	0	1	0	4
Geschultes Fachpersonal	0	0	0	0	0	0	0	0	0	0
Angebot	0	0	0	0	0	0	0	0	0	0
Kundentreue	0	0	0	0	0	0	0	0	0	0
gleichbleibende Qualität	0	0	0	0	0	0	0	0	0	0
Kundenzufriedenheit	0	0	0	0	0	0	0	1	0	1
Ausstattung	0	0	0	0	0	0	0	1	0	1
Information	0	0	0	0	0	0	0	0	0	0
Atmosphäre	0	0	0	0	0	0	0	0	0	0
Wasserqualität	0	0	0	0	0	0	0	1	0	1

Wollen Sie als Kunde ein einheitliches allgemein gültiges Gütesiegel?

Ja	0	1	1	1	1	1	1	1	0	7
Nein	1	0	0	0	0	0	0	0	1	2

Was erwarten Sie sich von einem allgemein gültigen Gütesiegel?

Einheitliche Kriterien	0	0	1	1	1	1	1	1	0	6
Qualitätsversprechen	0	1	1	1	1	0	1	1	1	7
Leichtere Orientierung	0	0	1	1	1	1	0	1	0	5
Regelmäßige Qualitätskontrollen	0	0	1	0	1	0	1	1	1	5
Klare Aussagen	0	0	1	0	0	1	1	1	0	4

Wie könnte so ein einheitliches Gütesiegel aussehen und wer könnte die Zertifizierung durchführen?

Überprüfung und Zertifizierung in Kombination mit den Hotelsternen	0	1	1	1	1	0	1	1	0	6
Zertifizierung über Kundenbewertungen im Internet	0	0	1	1	1	0	0	1	0	4
Zertifizierung über Kundenbewertung / Fragebogen für jeden Gast / Auswertung über unabhängiges Institut	0	0	1	1	1	1	0	0	1	5
Anonyme Überprüfung (Mystery Check)	1	0	0	0	1	1	1	0	1	5
Überprüfung mit Voranmeldung und folgender Beratung	0	0	0	1	0	0	0	1	0	2
Zertifizierung durch neue Institution mit komplett neuer Marke	0	0	0	1	1	0	1	1	0	4

Wie könnte eine neue Marke aussehen?

Wasserstrahl	0	0	0	0	0	0	0	0	0	0
Springbrunnen	0	0	0	0	0	0	0	0	0	0
Blubberblasen	0	0	0	0	0	0	0	0	0	0
Qualle	0	0	0	0	0	0	0	0	0	0
Sonne	0	0	0	0	0	0	0	1	0	1
Komet	0	0	0	0	0	0	0	0	0	0
Saunahütten	0	0	0	0	0	0	0	0	0	0
Sternenhimmel	0	0	0	0	0	0	0	0	0	0
Wellnesssterne	0	0	0	0	0	0	0	0	0	0
Rose	0	0	0	0	0	0	0	0	0	0
Wellnesslinien Farbe hellblau beinhalten	0	0	0	0	0	0	0	0	0	0

Wer könnte Zertifizierung durchführen?

Öffentliche Prüfanstalt (wie z.B. Land)	1	0	0	1	1	1	0	0	0	4
Fachverband (wie z.B. Wirtschaftskammer)	0	1	0	1	1	0	0	0	0	3
Private Anbieter	0	0	0	0	0	0	0	0	0	0
Kombination Öffentlich/Fachverband/Privat	0	0	0	1	1	1	1	1	1	6
Kunde (Fragebogen an jeden Gast und Auswertung über unabhängiges Institut)	0	0	1	1	1	1	0	0	0	4
Internetplattform (Gästebewertung)	0	0	1	1	1	1	0	0	0	4

Sonstiges

keine Angabe	0	0	0	0	0	0	0	0	0	0

Welche Punkte sollte ein einheitliches
Gütesiegel enthalten, welche Aussagen
soll ein solches Gütesiegel enthalten?

Was soll überprüft werden:

Hardware (Architektur, Bauliches,
Ambiente, Größe etc.)

Ja	1	1	1	1	1	1	1	1	1	9
Nein	0	0	0	0	0	0	0	0	0	0

Größe und Anzahl Wasserwelten
allgemein

Ja	1	0	1	1	1	1	1	1	1	8
Nein	0	1	0	0	0	0	0	0	0	1

Größe und Anzahl Pools

Ja	1	1	1	1	1	1	1	1	1	9
Nein	0	0	0	0	0	0	0	0	0	0

Größe Spa im Verhältnis zu Hotelbetten

Ja	0	1	1	1	1	1	1	1	1	8
Nein	1	0	0	0	0	0	0	0	0	1

Größe und Anzahl Saunen

Ja	1	1	1	1	1	1	1	1	1	9
Nein	0	0	0	0	0	0	0	0	0	0

Größe und Anzahl Dampfbad

Ja	1	1	1	1	1	0	1	1	0	7
Nein	0	0	0	0	0	1	0	0	1	2

Größe Ruheräume im Verhältnis zu
Hotelbetten

Ja	1	0	1	1	1	0	1	1	1	7
Nein	0	1	0	0	0	1	0	0	0	2

Ausstattung und Alter der Einrichtungen
und Geräte

Ja	1	1	1	1	1	0	1	1	1	8
Nein	0	0	0	0	0	1	0	0	0	1

Sonstiges:

Funktionsfähigkeit der Einrichtungen	0	0	0	0	0	0	0	0	0	0

Software (Personal, Angebot etc.)

Ja	1	1	1	1	1	1	1	1	1	9
Nein	0	0	0	0	0	0	0	0	0	0

Qualifikation und Ausbildung der Mitarbeiter

Ja	1	1	1	1	1	1	1	1	1	9
Nein	0	0	0	0	0	0	0	0	0	0

Service (Beratung, Freundlichkeit)

Ja	1	1	1	1	1	1	1	1	0	8
Nein	0	0	0	0	0	0	0	0	1	1

Äußeres Erscheinungsbild der Mitarbeiter

Ja	1	1	1	1	1	0	1	1	1	8
Nein	0	0	0	0	0	1	0	0	0	1

Angebot und Qualität der Behandlungen

Ja	1	1	1	1	1	1	1	1	1	9
Nein	0	0	0	0	0	0	0	0	0	0

Sollen die Behandlungen einen gesundheitlichen Nutzen haben im Spa/Wellness?

Ja	1	0	1	1	1	1	1	1	0	7
Nein	0	1	0	0	0	0	0	0	1	2

Besonderheiten, individuelle Angebote, spezielle Küche (gesunde Ernährung) etc.

Ja	0	0	1	1	1	1	1	1	1	7
Nein	1	1	0	0	0	0	0	0	0	2

Hygiene, Sauberkeit

Ja	1	1	1	1	1	1	1	1	1	9
Nein	0	0	0	0	0	0	0	0	0	0

Unterhaltungsangebote/Freizeitangebote

Ja	0	1	1	0	0	1	1	1	0	5
Nein	1	0	0	1	1	0	0	0	1	4

Schöne Landschaft

Ja	1	1	0	1	1	0	1	1	0	6
Nein	0	0	1	0	0	1	0	0	1	3

Auf was soll mehr Augenmerk liegen bei
einer Überprüfung:

Hardware	0	0	0	0	0	1	0	0	0	1
Software	1	0	1	0	0	0	0	1	0	3
Beides gleich	0	1	0	1	1	0	1	0	1	5

Haben Sie schon einmal einen Wellnessurlaub verbracht?

Ja	1	1	1	0	1	1	1	1	1	8
Nein	0	0	0	1	0	0	0	0	0	1

Bei Nein:
Weshalb?
Haben Sie vor in nächster Zeit einen
Wellnessurlaub zu buchen und wie
werden Sie das geeignete Hotel
aussuchen?

ja	1	1	0	0	1	1	0	0	0	4
nein	0	0	1	1	0	0	1	1	1	5
Ruhe und Entspannung	0	0	0	0	0	0	0	0	1	1
Erreichbarkeit	1	0	0	0	0	0	0	0	0	1
Geschenk	0	0	0	0	0	0	0	1	0	1

Bei Ja:
Nach welchen Kriterien haben Sie das
Hotel ausgesucht?

habe Therme und Hotel gekannt von Tagestour	0	0	0	0	1	0	0	0	0	1
nach Wellnessbereich	0	0	0	0	1	0	1	1	1	4
günstige Angebote	1	0	0	0	0	0	0	0	0	1
Natur für Außenaktivitäten	1	0	0	0	0	0	1	0	0	2
Angebote im Wellnessbereich	0	0	0	0	0	0	0	0	0	0
Größe	0	0	0	0	0	0	0	1	0	1
Empfehlung	0	0	1	0	0	1	0	0	1	3
Prospekt	0	0	0	0	0	0	1	0	0	1
Internet	0	0	0	0	0	0	0	0	0	0
Reisebüro	0	0	0	0	0	0	0	0	0	0
Kulinarisches Angebot	0	0	0	0	0	0	0	0	0	0
nach Hotelkategorie	0	0	0	0	0	0	0	0	0	0
Zeitungsinserate	0	0	0	0	0	0	0	0	1	1

Wurden Ihre Erwartungen erfüllt?

Ja	0	1	1	0	1	1	1	0	1	6
Nein	1	0	0	0	0	0	0	1	0	2
keine Angabe	0	0	0	1	0	0	0	0	0	1

Bei Nein, weshalb?

Massenabfertigung	1	0	0	0	0	0	0	0	0	1
Einrichtung Spa veraltet	0	0	0	0	0	0	0	0	0	0
zu kleiner Wellnessbereich	0	0	0	0	0	0	0	1	0	1

Geschlecht:

weiblich	1	1	1	1	1	0	1	1	1	8
männlich	0	0	0	0	0	1	0	0	0	1

Alter	56	35	23	18	34	45	42	59	46	
unter 20	0	0	0	1	0	0	0	0	0	1
20 bis 30 Jahre	0	0	1	0	0	0	0	0	0	1
31 bis 40 Jahre	0	1	0	0	1	0	0	0	0	2
41 bis 50 Jahre	0	0	0	0	0	1	1	0	1	3
51 bis 60 Jahre	1	0	0	0	0	0	0	1	0	2
61 bis 70 Jahre	0	0	0	0	0	0	0	0	0	0
über 70 Jahre	0	0	0	0	0	0	0	0	0	0

Einzelantworten laut Fragebogen Kunde 55 bis 63

Frage	Kunde55	Kunde56	Kunde57	Kunde58	Kunde59	Kunde60	Kunde61	Kunde62	Kunde63	Summe
Was sollte ein Spa minimum beinhalten?										
Eigener Empfang/Spa-Rezeption										
Ja	1	1	1	1	1	0	0	1	0	6
Nein	0	0	0	0	0	1	1	0	1	3
Schwimmbad außen										
Ja	0	1	1	1	0	0	0	0	1	4
Nein	1	0	0	0	1	1	1	1	0	5
Wenn ja, Größe minimum?										
Bis 5 x 10 m	0	1	0	0	1	0	0	0	0	2
Mehr als 5 x 10 m	1	0	1	1	0	1	1	1	1	7
Temperatur										
Bis 26 Grad	0	1	1	0	0	0	0	0	0	2
27 bis 30 Grad	1	0	0	1	1	1	1	1	1	7
Mehr als 30 Grad	0	0	0	0	0	0	0	0	0	0

Schwimmbad innen

Ja	1	1	1	1	1	1	1	1	1	9
Nein	0	0	0	0	0	0	0	0	0	0

Wenn ja, Größe minimum?

Bis 5 x 10 m	0	0	0	1	0	1	0	1	0	3
Mehr als 5 x 10 m	1	1	1	0	1	0	1	0	1	6

Temperatur:

Bis 26 Grad	0	1	0	0	1	0	0	0	0	2
27 bis 30 Grad	1	0	1	1	0	1	1	1	1	7
Mehr als 30 Grad	0	0	0	0	0	0	0	0	0	0

Whirlpool

Ja	0	1	1	1	1	1	1	1	1	8
Nein	1	0	0	0	0	0	0	0	0	1

Sauna

Ja	1	1	1	0	1	1	1	1	1	8
Nein	0	0	0	1	0	0	0	0	0	1

Anzahl Saunen:

1	0	0	0	0	0	1	0	0	0	1
2 bis 3	1	1	1	1	1	0	1	1	1	8
Mehr als 3	0	0	0	0	0	0	0	0	0	0

Dampfbad

Ja	1	1	1	1	1	1	1	1	1	9
Nein	0	0	0	0	0	0	0	0	0	0

Infrarot

Ja	0	0	1	0	0	0	0	0	0	1
Nein	1	1	0	1	1	1	1	1	1	8

Kneippbecken

Ja	1	0	1	0	1	0	1	0	1	5
Nein	0	1	0	1	0	1	0	1	0	4

Aromaduschen

Ja	0	1	0	1	0	0	0	0	1	3
Nein	1	0	1	0	1	1	1	1	0	6

Therapieräume

1 – 2	0	1	0	0	1	1	1	1	1	6
3 – 5	1	0	1	1	0	0	0	0	0	3
Mehr als 5	0	0	0	0	0	0	0	0	0	0

Kosmetik-/Beautyabteilung

Ja	0	0	1	0	0	1	1	1	1	5
Nein	1	1	0	1	1	0	0	0	0	4

Gymnastikraum

Ja	0	0	1	0	1	1	1	0	1	5
Nein	1	1	0	1	0	0	0	1	0	4

Fitnessraum mit Geräten

Ja	1	0	1	1	1	1	1	0	1	7
Nein	0	1	0	0	0	0	0	1	0	2

Ruheräume

1	0	0	0	0	1	1	1	0	1	4
2 bis 3	1	1	1	1	0	0	0	1	0	5
Mehr als 3	0	0	0	0	0	0	0	0	0	0

Ruheliegen

Pro Hotelgast 1 Liege	1	0	1	0	0	0	0	0	1	3
Pro 2 Hotelgäste 1 Liege	0	1	0	1	0	1	0	0	0	3
Weniger	0	0	0	0	1	0	1	1	0	3

Freiluftbereich

Ja	1	1	1	1	1	1	0	0	1	7
Nein	0	0	0	0	0	0	1	1	0	2

Tageslicht im gesamten Spa und Behandlungsbereich

Ja	1	1	1	1	1	0	0	0	1	6
Nein	0	0	0	0	0	1	1	1	0	3

Geschultes Fachpersonal

Ja	1	1	1	1	1	1	1	1	1	9
Nein	0	0	0	0	0	0	0	0	0	0

Anwendungsangebot

1 bis 5	0	0	0	0	1	0	1	1	0	3
6 bis 10	1	1	1	0	0	0	0	0	0	3
11 bis 20	0	0	0	0	0	1	0	0	0	1
21 bis 30	0	0	0	1	0	0	0	0	1	2
31 bis 40	0	0	0	0	0	0	0	0	0	0
mehr als 40	0	0	0	0	0	0	0	0	0	0

Seit über 30 Jahren gibt es die Bewertung der Hotelsterne mit klar festgelegten Richtlinien.

Sind Ihrer Meinung nach die Hotelsterne:
Zeitgemäß

Ja	1	1	1	1	1	1	1	1	1	9
Nein	0	0	0	0	0	0	0	0	0	0

Eine sinnvolle Orientierungshilfe für Qualität

Ja	1	1	1	1	1	1	1	1	1	9
Nein	0	0	0	0	0	0	0	0	0	0

Die Kriterien und Überprüfungen ausreichend

Ja	0	1	1	1	0	1	0	1	1	6
Nein	1	0	0	0	1	0	1	0	0	3

Ist es möglich die Qualität eines Wellness- / Spabereiches klar zu erkennen?

Ja	0	1	1	1	1	1	0	1	1	7
Nein	1	0	0	0	0	0	1	0	0	2
Bei ja, woran										
Sauberkeit	0	1	0	0	0	1	0	1	1	4
Geschultes Fachpersonal	0	1	1	0	1	1	0	0	0	4
Angebot	0	0	1	0	0	0	0	0	1	2
Kundentreue	0	0	0	0	0	0	0	0	0	0
gleichbleibende Qualität	0	0	0	0	0	0	0	0	0	0
Kundenzufriedenheit	0	0	0	0	0	0	0	0	0	0
Ausstattung	0	0	0	0	0	1	0	1	0	2
Information	0	0	1	0	0	0	0	0	0	1
Atmosphäre	0	0	0	0	0	0	0	0	0	0
Wasserqualität	0	0	0	1	0	0	0	1	0	2

Wollen Sie als Kunde ein einheitliches allgemein gültiges Gütesiegel?

Ja	1	1	1	1	1	1	1	1	1	9
Nein	0	0	0	0	0	0	0	0	0	0

Was erwarten Sie sich von einem allgemein gültigen Gütesiegel?

Einheitliche Kriterien	1	1	1	1	1	1	1	1	1	9
Qualitätsversprechen	1	1	1	1	1	1	0	1	1	8
Leichtere Orientierung	1	1	0	0	1	1	0	1	1	6
Regelmäßige Qualitätskontrollen	1	1	1	0	1	1	0	1	1	7
Klare Aussagen	1	1	0	0	1	0	0	1	1	5

Wie könnte so ein einheitliches Gütesiegel aussehen und wer könnte die Zertifizierung durchführen?

Überprüfung und Zertifizierung in Kombination mit den Hotelsternen	0	0	0	1	0	0	1	0	1	3
Zertifizierung über Kundenbewertungen im Internet	0	0	0	0	0	0	0	0	0	0
Zertifizierung über Kundenbewertung / Fragebogen für jeden Gast / Auswertung über unabhängiges Institut	1	0	0	0	0	0	0	0	0	1
Anonyme Überprüfung (Mystery Check)	1	0	1	0	1	1	0	1	1	6
Überprüfung mit Voranmeldung und folgender Beratung	0	0	0	0	0	1	0	0	0	1
Zertifizierung durch neue Institution mit komplett neuer Marke	1	1	1	0	1	0	0	1	0	5

Wie könnte eine neue Marke aussehen?

Wasserstrahl	0	0	0	0	0	0	0	0	0	0
Springbrunnen	0	0	0	0	0	0	0	0	0	0
Blubberblasen	0	0	0	0	0	0	0	0	0	0
Qualle	0	0	0	0	0	0	0	0	0	0
Sonne	0	1	0	0	0	0	0	0	0	1
Komet	0	0	0	0	0	0	0	0	0	0
Saunahütten	0	0	0	0	0	0	0	0	0	0
Sternenhimmel	0	0	0	0	0	0	0	0	0	0
Wellnesssterne	0	1	0	0	0	0	0	0	0	1
Rose	0	1	0	0	0	0	0	0	0	1
Wellnesslinien Farbe hellblau beinhalten	0	0	0	0	0	0	0	0	0	0

Wer könnte Zertifizierung durchführen?

Öffentliche Prüfanstalt (wie z.B. Land)	0	0	0	0	0	1	0	0	0	1
Fachverband (wie z.B. Wirtschaftskammer)	0	0	0	1	0	1	1	0	0	3
Private Anbieter	0	0	1	0	0	0	0	0	1	2
Kombination Öffentlich/Fachverband/Privat	1	1	0	0	1	1	0	1	0	5
Kunde (Fragebogen an jeden Gast und Auswertung über unabhängiges Institut)	1	0	0	0	0	0	0	0	0	1
Internetplattform (Gästebewertung)	1	0	0	0	0	0	0	0	0	1

Sonstiges

keine Angabe	0	0	0	0	0	0	0	0	0	0

Welche Punkte sollte ein einheitliches
Gütesiegel enthalten, welche Aussagen
soll ein solches Gütesiegel enthalten?

Was soll überprüft werden:

Hardware (Architektur, Bauliches,
Ambiente, Größe etc.)

Ja	1	1	1	1	0	1	1	1	1	8
Nein	0	0	0	0	1	0	0	0	0	1

Größe und Anzahl Wasserwelten
allgemein

Ja	1	0	1	1	1	1	1	0	1	7
Nein	0	1	0	0	0	0	0	1	0	2

Größe und Anzahl Pools

Ja	1	0	1	1	0	1	1	1	1	7
Nein	0	1	0	0	1	0	0	0	0	2

Größe Spa im Verhältnis zu Hotelbetten

Ja	0	1	1	1	0	1	0	0	0	4
Nein	1	0	0	0	1	0	1	1	1	5

Größe und Anzahl Saunen

Ja	1	1	1	0	0	1	1	1	1	7
Nein	0	0	0	1	1	0	0	0	0	2

Größe und Anzahl Dampfbad

Ja	1	1	1	1	0	1	0	1	1	7
Nein	0	0	0	0	1	0	1	0	0	2

Größe Ruheräume im Verhältnis zu
Hotelbetten

Ja	1	1	1	1	0	1	0	0	1	6
Nein	0	0	0	0	1	0	1	1	0	3

Ausstattung und Alter der Einrichtungen
und Geräte

Ja	1	1	1	1	1	1	0	1	1	8
Nein	0	0	0	0	0	0	1	0	0	1

Sonstiges:

Funktionsfähigkeit der Einrichtungen	0	0	1	0	0	0	0	0	0	1

Software (Personal, Angebot etc.)

Ja	1	1	1	1	1	1	1	1	1	9
Nein	0	0	0	0	0	0	0	0	0	0

Qualifikation und Ausbildung der Mitarbeiter

Ja	1	1	1	1	1	1	1	1	1	9
Nein	0	0	0	0	0	0	0	0	0	0

Service (Beratung, Freundlichkeit)

Ja	1	1	1	1	1	1	0	1	1	8
Nein	0	0	0	0	0	0	1	0	0	1

Äußeres Erscheinungsbild der Mitarbeiter

Ja	0	0	1	1	0	1	0	1	1	5
Nein	1	1	0	0	1	0	1	0	0	4

Angebot und Qualität der Behandlungen

Ja	1	1	1	1	1	1	0	1	1	8
Nein	0	0	0	0	0	0	1	0	0	1

Sollen die Behandlungen einen gesundheitlichen Nutzen haben im Spa/Wellness?

Ja	0	1	1	1	1	0	0	0	1	5
Nein	1	0	0	0	0	1	1	1	0	4

Besonderheiten, individuelle Angebote, spezielle Küche (gesunde Ernährung) etc.

Ja	0	1	1	1	1	0	0	1	1	6
Nein	1	0	0	0	0	1	1	0	0	3

Hygiene, Sauberkeit

Ja	1	1	1	1	1	1	1	1	1	9
Nein	0	0	0	0	0	0	0	0	0	0

Unterhaltungsangebote/Freizeitangebote

Ja	0	0	1	1	1	0	0	0	1	4
Nein	1	1	0	0	0	1	1	1	0	5

Schöne Landschaft

Ja	0	1	1	1	0	0	0	0	1	4
Nein	1	0	0	0	1	1	1	1	0	5

Auf was soll mehr Augenmerk liegen bei einer Überprüfung:

Hardware	0	0	0	0	0	0	1	0	0	1
Software	0	0	0	0	1	0	0	0	0	1
Beides gleich	1	1	1	1	0	1	0	1	1	7

Haben Sie schon einmal einen Wellnessurlaub verbracht?

| Ja | 1 | 1 | 1 | 1 | 1 | 1 | 0 | 1 | 0 | 7 |
| Nein | 0 | 0 | 0 | 0 | 0 | 0 | 1 | 0 | 1 | 2 |

Bei Nein:
Weshalb?

Haben Sie vor in nächster Zeit einen
Wellnessurlaub zu buchen und wie
werden Sie das geeignete Hotel aussuchen?

ja	0	0	1	1	0	0	0	0	0	2
nein	1	1	0	0	1	1	1	1	1	7
Ruhe und Entspannung	0	1	0	1	0	0	0	0	0	2
Erreichbarkeit	0	0	0	0	0	0	0	0	0	0
Geschenk	0	0	0	0	0	0	0	0	0	0

Bei Ja:
Nach welchen Kriterien haben Sie das
Hotel ausgesucht?

habe Therme und Hotel gekannt von Tagestour	0	0	0	0	0	0	0	0	0	0
nach Wellnessbereich	1	1	1	0	0	0	0	1	0	4
günstige Angebote	1	0	0	0	0	0	0	0	0	1
Natur für Außenaktivitäten	1	1	1	1	0	0	0	0	0	4
Angebote im Wellnessbereich	0	1	0	0	0	0	0	1	0	2
Größe	0	1	0	0	0	0	0	0	0	1
Empfehlung	0	1	0	0	1	1	0	0	0	3
Prospekt	0	0	0	0	0	0	0	0	0	0
Internet	0	0	1	1	0	0	0	0	0	2
Reisebüro	0	0	0	0	0	0	0	0	0	0
Kulinarisches Angebot	0	0	1	0	0	0	0	0	0	1
nach Hotelkategorie	0	0	1	0	0	0	0	0	1	2
Zeitungsinserate	0	0	0	0	0	0	0	0	0	0

Wurden Ihre Erwartungen erfüllt?

Ja	1	1	1	0	1	1	0	1	0	6
Nein	0	0	0	1	0	0	0	0	0	1
keine Angabe	0	0	0	0	0	0	1	0	1	2

Bei Nein, weshalb?

Massenabfertigung	0	0	0	1	0	0	0	0	0	1
Einrichtung Spa veraltet	0	0	0	0	0	0	0	0	0	0
zu kleiner Wellnessbereich	0	0	0	0	0	0	0	0	0	0

Geschlecht:

										Summe
weiblich	1	1	1	1	1	0	0	1	0	6
männlich	0	0	0	0	0	1	1	0	1	3

Alter	42	41	40	42	52	33	31	36	20	
unter 20	0	0	0	0	0	0	0	0	0	0
20 bis 30 Jahre	0	0	0	0	0	0	0	0	1	1
31 bis 40 Jahre	0	0	1	0	0	1	1	1	0	4
41 bis 50 Jahre	1	1	0	1	0	0	0	0	0	3
51 bis 60 Jahre	0	0	0	0	1	0	0	0	0	1
61 bis 70 Jahre	0	0	0	0	0	0	0	0	0	0
über 70 Jahre	0	0	0	0	0	0	0	0	0	0

Einzelantworten laut Fragebogen Kunde 64 bis 72

Frage	Kunde64	Kunde65	Kunde66	Kunde67	Kunde68	Kunde69	Kunde70	Kunde71	Kunde72	Summe
Was sollte ein Spa minimum beinhalten?										
Eigener Empfang/Spa-Rezeption										
Ja	1	1	1	0	1	1	1	1	1	8
Nein	0	0	0	1	0	0	0	0	0	1
Schwimmbad außen										
Ja	1	1	1	1	1	1	1	1	1	9
Nein	0	0	0	0	0	0	0	0	0	0
Wenn ja, Größe minimum?										
Bis 5 x 10 m	0	0	0	0	0	0	0	1	0	1
Mehr als 5 x 10 m	1	1	1	1	1	1	1	0	1	8
Temperatur										
Bis 26 Grad	0	1	0	0	0	0	0	0	0	1
27 bis 30 Grad	1	0	0	1	1	1	1	1	1	7
Mehr als 30 Grad	0	0	1	0	0	0	0	0	0	1
Schwimmbad innen										
Ja	1	1	1	1	1	1	1	1	1	9
Nein	0	0	0	0	0	0	0	0	0	0

Wenn ja, Größe minimum?

Bis 5 x 10 m	0	1	0	0	0	0	0	1	0	2
Mehr als 5 x 10 m	1	0	1	1	1	1	1	0	1	7

Temperatur:

Bis 26 Grad	0	0	1	0	0	0	1	0	0	2
27 bis 30 Grad	1	1	0	1	1	1	0	1	1	7
Mehr als 30 Grad	0	0	0	0	0	0	0	0	0	0

Whirlpool

Ja	1	0	1	1	1	0	1	0	1	6
Nein	0	1	0	0	0	1	0	1	0	3

Sauna

Ja	1	1	1	1	1	1	1	1	1	9
Nein	0	0	0	0	0	0	0	0	0	0

Anzahl Saunen:

1	0	0	0	0	0	0	0	0	0	0
2 bis 3	1	1	0	1	1	1	1	1	1	8
Mehr als 3	0	0	1	0	0	0	0	0	0	1

Dampfbad

Ja	1	1	1	1	1	0	1	1	1	8
Nein	0	0	0	0	0	1	0	0	0	1

Infrarot

Ja	1	0	1	1	1	0	0	1	0	5
Nein	0	1	0	0	0	1	1	0	1	4

Kneippbecken

Ja	1	0	1	1	1	1	1	1	0	7
Nein	0	1	0	0	0	0	0	0	1	2

Aromaduschen

Ja	0	0	1	1	1	0	0	1	0	4
Nein	1	1	0	0	0	1	1	0	1	5

Therapieräume

1 – 2	0	1	0	0	0	0	0	0	0	1
3 – 5	1	0	1	1	1	1	1	1	1	8
Mehr als 5	0	0	0	0	0	0	0	0	0	0

Kosmetik-/Beautyabteilung

Ja	1	1	1	1	1	0	1	1	1	8
Nein	0	0	0	0	0	1	0	0	0	1

Gymnastikraum

Ja	0	1	1	1	0	1	0	0	1	5
Nein	1	0	0	0	1	0	1	1	0	4

Fitnessraum mit Geräten

Ja	0	1	1	0	1	1	1	1	1	7
Nein	1	0	0	1	0	0	0	0	0	2

Ruheräume

1	0	0	0	1	0	0	0	1	1	3
2 bis 3	1	1	1	0	1	1	1	0	0	6
Mehr als 3	0	0	0	0	0	0	0	0	0	0

Ruheliegen

Pro Hotelgast 1 Liege	1	1	1	1	0	1	1	0	1	7
Pro 2 Hotelgäste 1 Liege	0	0	0	0	1	0	0	1	0	2
Weniger	0	0	0	0	0	0	0	0	0	0

Freiluftbereich

Ja	1	0	1	1	1	1	1	1	1	8
Nein	0	1	0	0	0	0	0	0	0	1

Tageslicht im gesamten Spa und Behandlungsbereich

Ja	1	0	1	1	1	1	1	1	0	7
Nein	0	1	0	0	0	0	0	0	1	2

Geschultes Fachpersonal

Ja	1	1	1	1	1	1	1	1	1	9
Nein	0	0	0	0	0	0	0	0	0	0

Anwendungsangebot

1 bis 5	0	0	0	0	0	0	0	0	0	0
6 bis 10	0	0	0	0	0	0	0	1	1	2
11 bis 20	1	1	0	0	0	1	1	0	0	4
21 bis 30	0	0	1	1	1	0	0	0	0	3
31 bis 40	0	0	0	0	0	0	0	0	0	0
mehr als 40	0	0	0	0	0	0	0	0	0	0

Seit über 30 Jahren gibt es die Bewertung der Hotelsterne mit klar festgelegten Richtlinien.

Sind Ihrer Meinung nach die Hotelsterne:
Zeitgemäß

Ja	0	0	0	1	1	1	1	1	1	6
Nein	1	1	1	0	0	0	0	0	0	3

Eine sinnvolle Orientierungshilfe für Qualität

Ja	0	1	0	1	1	1	1	1	1	7
Nein	1	0	1	0	0	0	0	0	0	2

Die Kriterien und Überprüfungen ausreichend

Ja	0	0	0	1	1	0	1	0	1	4
Nein	1	1	1	0	0	1	0	1	0	5

Ist es möglich die Qualität eines Wellness- / Spabereiches klar zu erkennen?

Ja	0	1	0	0	1	1	0	0	1	4
Nein	1	0	1	1	0	0	1	1	0	5

Bei ja, woran

Sauberkeit	0	1	0	0	1	0	0	0	0	2
Geschultes Fachpersonal	0	0	0	0	0	1	0	0	0	1
Angebot	0	0	0	0	1	1	0	0	0	2
Kundentreue	0	0	0	0	0	0	0	0	0	0
gleichbleibende Qualität	0	0	0	0	0	0	0	0	0	0
Kundenzufriedenheit	0	0	0	0	0	0	0	0	0	0
Ausstattung	0	1	0	0	1	1	0	0	0	3
Information	0	0	0	0	0	0	0	0	0	0
Atmosphäre	0	0	0	0	1	1	0	0	0	2
Wasserqualität	0	0	0	0	1	0	0	0	1	2

Wollen Sie als Kunde ein einheitliches allgemein gültiges Gütesiegel?

Ja	1	1	1	1	1	1	1	1	1	9
Nein	0	0	0	0	0	0	0	0	0	0

Was erwarten Sie sich von einem allgemein gültigen Gütesiegel?

Einheitliche Kriterien	1	1	1	1	1	1	0	0	1	7
Qualitätsversprechen	1	0	0	1	1	1	1	1	1	7
Leichtere Orientierung	0	0	0	1	1	0	0	0	1	3
Regelmäßige Qualitätskontrollen	1	0	1	1	1	1	1	1	1	8
Klare Aussagen	1	1	0	1	1	0	0	0	0	4

Wie könnte so ein einheitliches Gütesiegel aussehen und wer könnte die Zertifizierung durchführen?

Überprüfung und Zertifizierung in Kombination mit den Hotelsternen	0	0	0	0	0	1	1	1	1	4
Zertifizierung über Kundenbewertungen im Internet	0	0	0	1	0	0	0	0	0	1
Zertifizierung über Kundenbewertung / Fragebogen für jeden Gast / Auswertung über unabhängiges Institut	0	0	0	1	0	0	0	0	0	1
Anonyme Überprüfung (Mystery Check)	0	1	1	0	0	1	0	1	0	4
Überprüfung mit Voranmeldung und folgender Beratung	0	0	0	1	0	0	0	0	1	2
Zertifizierung durch neue Institution mit komplett neuer Marke	1	0	1	1	1	1	0	0	0	5

Wie könnte eine neue Marke aussehen?

Wasserstrahl	0	0	0	0	0	0	0	0	0	0
Springbrunnen	0	0	0	0	0	0	0	0	0	0
Blaue Blubberblasen	0	0	0	0	0	0	0	0	0	0
Qualle	0	0	0	0	0	0	0	0	0	0
Sonne	0	0	0	0	0	0	0	0	0	0
Komet	0	0	0	0	0	0	0	0	0	0
Saunahütten	0	0	0	0	0	0	0	0	0	0
Sternenhimmel	0	0	0	0	0	0	0	0	0	0
Wellnesssterne	0	0	0	1	0	0	0	0	0	1
Rose	0	0	0	0	0	0	0	0	0	0
Wellnesslinien Farbe hellblau beinhalten	0	0	0	0	0	0	0	0	0	0

Wer könnte Zertifizierung durchführen?

Öffentliche Prüfanstalt (wie z.B. Land)	0	0	0	0	1	0	0	0	1	2
Fachverband (wie z.B. Wirtschaftskammer)	0	0	0	0	1	0	0	1	1	3
Private Anbieter	0	0	1	1	0	0	1	0	0	3
Kombination Öffentlich/Fachverband/Privat	1	1	0	1	0	1	1	0	0	5
Kunde (Fragebogen an jeden Gast und Auswertung über unabhängiges Institut)	0	1	0	1	0	0	0	0	0	2
Internetplattform (Gästebewertung)	0	0	1	1	0	0	0	0	0	2

Sonstiges

keine Angabe	0	0	0	0	0	0	0	0	0	0

Welche Punkte sollte ein einheitliches
Gütesiegel enthalten, welche Aussagen
soll ein solches Gütesiegel enthalten?

Was soll überprüft werden:

Hardware (Architektur, Bauliches,
Ambiente, Größe etc.)

Ja	1	1	1	1	1	1	1	1	1	9
Nein	0	0	0	0	0	0	0	0	0	0

Größe und Anzahl Wasserwelten
allgemein

Ja	1	1	1	1	1	1	1	1	1	9
Nein	0	0	0	0	0	0	0	0	0	0

Größe und Anzahl Pools

Ja	1	1	1	1	1	1	1	0	1	8
Nein	0	0	0	0	0	0	0	1	0	1

Größe Spa im Verhältnis zu Hotelbetten

Ja	1	1	1	1	1	0	1	1	1	8
Nein	0	0	0	0	0	1	0	0	0	1

Größe und Anzahl Saunen

Ja	1	1	1	1	0	1	1	1	1	8
Nein	0	0	0	0	1	0	0	0	0	1

Größe und Anzahl Dampfbad

Ja	1	1	1	1	0	0	1	0	0	5
Nein	0	0	0	0	1	1	0	1	1	4

Größe Ruheräume im Verhältnis zu
Hotelbetten

Ja	1	1	1	1	0	1	1	0	0	6
Nein	0	0	0	0	1	0	0	1	1	3

Ausstattung und Alter der Einrichtungen
und Geräte

Ja	1	1	0	1	1	1	1	1	1	8
Nein	0	0	1	0	0	0	0	0	0	1

Sonstiges:

Funktionsfähigkeit der Einrichtungen	0	0	0	0	0	0	0	0	0	0

Software (Personal, Angebot etc.)

Ja	1	1	1	1	1	1	1	1	1	9
Nein	0	0	0	0	0	0	0	0	0	0

Qualifikation und Ausbildung der Mitarbeiter

Ja	1	1	1	1	1	1	1	1	1	9
Nein	0	0	0	0	0	0	0	0	0	0

Service (Beratung, Freundlichkeit)

Ja	1	1	1	1	1	1	1	1	1	9
Nein	0	0	0	0	0	0	0	0	0	0

Äußeres Erscheinungsbild der Mitarbeiter

Ja	1	0	1	1	1	1	1	1	1	8
Nein	0	1	0	0	0	0	0	0	0	1

Angebot und Qualität der Behandlungen

Ja	1	1	1	1	1	1	1	1	1	9
Nein	0	0	0	0	0	0	0	0	0	0

Sollen die Behandlungen einen gesundheitlichen Nutzen haben im Spa/Wellness?

Ja	1	0	1	1	1	0	1	0	1	6
Nein	0	1	0	0	0	1	0	1	0	3

Besonderheiten, individuelle Angebote, spezielle Küche (gesunde Ernährung) etc.

Ja	1	1	1	1	1	1	1	1	1	9
Nein	0	0	0	0	0	0	0	0	0	0

Hygiene, Sauberkeit

Ja	1	1	1	1	1	1	1	1	1	9
Nein	0	0	0	0	0	0	0	0	0	0

Unterhaltungsangebote/Freizeitangebote

Ja	0	0	0	1	1	0	0	0	0	2
Nein	1	1	1	0	0	1	1	1	1	7

Schöne Landschaft

Ja	1	0	0	0	1	0	1	0	1	4
Nein	0	1	1	1	0	1	0	1	0	5

Auf was soll mehr Augenmerk liegen bei einer Überprüfung:

Hardware	0	0	0	0	0	0	0	0	0	0
Software	0	0	0	0	0	0	0	0	1	1
Beides gleich	1	1	1	1	1	1	1	1	0	8

Haben Sie schon einmal einen Wellnessurlaub verbracht?

Ja	1	1	1	1	1	1	1	0	1	8
Nein	0	0	0	0	0	0	0	1	0	1

Bei Nein:
Weshalb?

Haben Sie vor in nächster Zeit einen
Wellnessurlaub zu buchen und wie
werden Sie das geeignete Hotel aussuchen?

ja	1	1	1	0	1	0	1	0	0	5
nein	0	0	0	1	0	1	0	1	1	4
Ruhe und Entspannung	1	0	0	0	0	0	0	0	0	1
Erreichbarkeit	0	0	1	0	0	1	0	0	0	2
Geschenk	0	0	0	0	0	0	0	0	0	0

Bei Ja:
Nach welchen Kriterien haben Sie das
Hotel ausgesucht?

habe Therme und Hotel gekannt von Tagestour	0	0	0	0	0	0	1	0	0	1
nach Wellnessbereich	0	1	1	1	0	1	0	0	1	5
günstige Angebote	0	0	0	0	0	1	0	0	1	2
Natur für Außenaktivitäten	0	1	0	0	0	0	0	0	0	1
Angebote im Wellnessbereich	0	0	0	1	0	0	0	0	1	2
Größe	0	1	0	0	0	0	0	0	1	2
Empfehlung	0	0	1	0	1	0	0	0	0	2
Prospekt	0	1	0	0	0	1	0	0	0	2
Internet	1	0	0	1	0	0	1	0	0	3
Beratung im Reisebüro	1	0	0	0	0	0	0	0	0	1
Kulinarisches Angebot	0	0	1	0	0	0	0	0	0	1
Nach Hotelkategorie	0	0	0	0	0	0	0	0	0	0
Zeitungsinserate	0	1	0	0	0	0	0	0	0	1

Wurden Ihre Erwartungen erfüllt?

Ja	1	1	1	1	1	1	1	0	1	8
Nein	0	0	0	0	0	0	0	0	0	0
keine Angabe	0	0	0	0	0	0	0	1	0	1

Bei Nein, weshalb?

Massenabfertigung	1	0	0	0	0	0	0	0	0	1
Einrichtung Spa veraltet	0	0	0	0	0	0	0	0	0	0
zu kleiner Wellnessbereich	0	0	0	0	0	0	0	0	0	0

Geschlecht:

										Summe
weiblich	0	1	0	1	0	0	1	1	1	5
männlich	1	0	1	0	1	1	0	0	0	4

Alter	35	43	23	28	39	42	41	33	24	Summe
unter 20	0	0	0	0	0	0	0	0	0	0
20 bis 30 Jahre	0	0	1	1	0	0	0	0	1	3
31 bis 40 Jahre	1	0	0	0	1	0	0	1	0	3
41 bis 50 Jahre	0	1	0	0	0	1	1	0	0	3
51 bis 60 Jahre	0	0	0	0	0	0	0	0	0	0
61 bis 70 Jahre	0	0	0	0	0	0	0	0	0	0
über 70 Jahre	0	0	0	0	0	0	0	0	0	0

Einzelantworten laut Fragebogen Kunde 73 bis 81

Frage	Kunde73	Kunde74	Kunde75	Kunde76	Kunde77	Kunde78	Kunde79	Kunde80	Kunde81	Summe
Was sollte ein Spa minimum beinhalten?										
Eigener Empfang/Spa-Rezeption										
Ja	1	1	1	1	1	1	1	1	1	9
Nein	0	0	0	0	0	0	0	0	0	0
Schwimmbad außen										
Ja	1	1	0	1	0	1	1	1	1	7
Nein	0	0	1	0	1	0	0	0	0	2
Wenn ja, Größe minimum?										
Bis 5 x 10 m	1	0	0	0	0	0	0	0	0	1
Mehr als 5 x 10 m	0	1	1	1	1	1	1	1	1	8
Temperatur										
Bis 26 Grad	1	0	0	0	0	0	1	0	0	2
27 bis 30 Grad	0	0	1	1	0	0	1	0	1	4
Mehr als 30 Grad	0	1	0	0	0	1	0	1	0	3
Schwimmbad innen										
Ja	1	1	1	1	1	1	1	1	1	9
Nein	0	0	0	0	0	0	0	0	0	0

Wenn ja, Größe minimum?

Bis 5 x 10 m	0	0	1	0	1	0	0	0	0	2
Mehr als 5 x 10 m	1	1	0	1	0	1	1	1	1	7

Temperatur:

Bis 26 Grad	1	0	0	0	1	0	0	0	0	2
27 bis 30 Grad	0	1	1	1	0	1	1	0	1	6
Mehr als 30 Grad	0	0	0	0	0	0	0	1	0	1

Whirlpool

Ja	1	0	1	1	1	1	1	1	1	8
Nein	0	1	0	0	0	0	0	0	0	1

Sauna

Ja	1	1	1	1	1	1	1	1	1	9
Nein	0	0	0	0	0	0	0	0	0	0

Anzahl Saunen:

1	0	0	0	0	0	0	0	0	0	0
2 bis 3	1	1	1	0	1	0	1	0	1	6
Mehr als 3	0	0	0	1	0	1	0	1	0	3

Dampfbad

Ja	1	1	1	1	1	1	1	1	1	9
Nein	0	0	0	0	0	0	0	0	0	0

Infrarot

Ja	1	0	0	1	1	1	1	1	1	7
Nein	0	1	1	0	0	0	0	0	0	2

Kneippbecken

Ja	1	1	0	1	1	1	1	1	0	7
Nein	0	0	1	0	0	0	0	0	1	2

Aromaduschen

Ja	1	0	0	1	0	1	1	1	0	5
Nein	0	1	1	0	1	0	0	0	1	4

Therapieräume

1 – 2	0	0	1	1	1	0	0	0	0	3
3 – 5	1	1	0	0	0	1	1	1	1	6
Mehr als 5	0	0	0	0	0	0	0	0	0	0

Kosmetik-/Beautyabteilung

Ja	1	1	1	1	0	1	1	1	1	8
Nein	0	0	0	0	1	0	0	0	0	1

Gymnastikraum

Ja	1	1	0	1	1	1	1	1	1	8
Nein	0	0	1	0	0	0	0	0	0	1

Fitnessraum mit Geräten

Ja	1	1	1	1	1	0	1	1	1	8
Nein	0	0	0	0	0	1	0	0	0	1

Ruheräume

1	0	0	1	0	0	0	0	0	0	1
2 bis 3	1	0	0	1	1	1	1	1	1	7
Mehr als 3	0	1	0	0	0	0	0	0	0	1

Ruheliegen

Pro Hotelgast 1 Liege	1	1	0	0	1	1	0	0	1	5
Pro 2 Hotelgäste 1 Liege	0	0	1	1	0	0	1	1	0	4
Weniger	0	0	0	0	0	0	0	0	0	0

Freiluftbereich

Ja	1	1	0	1	1	1	1	1	1	8
Nein	0	0	1	0	0	0	0	0	0	1

Tageslicht im gesamten Spa und Behandlungsbereich

Ja	1	1	0	1	1	1	1	1	0	7
Nein	0	0	1	0	0	0	0	0	1	2

Geschultes Fachpersonal

Ja	1	1	1	1	1	1	1	1	1	9
Nein	0	0	0	0	0	0	0	0	0	0

Anwendungsangebot

1 bis 5	0	0	0	0	1	0	0	0	0	1
6 bis 10	0	1	0	1	0	0	1	1	1	5
11 bis 20	1	0	1	0	0	1	0	0	0	3
21 bis 30	0	0	0	0	0	0	0	0	0	0
31 bis 40	0	0	0	0	0	0	0	0	0	0
mehr als 40	0	0	0	0	0	0	0	0	0	0

Seit über 30 Jahren gibt es die Bewertung der Hotelsterne mit klar festgelegten Richtlinien.

Sind Ihrer Meinung nach die Hotelsterne:
Zeitgemäß

Ja	1	1	1	0	1	1	0	0	1	6
Nein	0	0	0	1	0	0	1	1	0	3

Eine sinnvolle Orientierungshilfe für Qualität

Ja	1	1	1	0	1	1	0	0	1	6
Nein	0	0	0	1	0	0	1	1	0	3

Die Kriterien und Überprüfungen ausreichend

Ja	1	1	1	0	0	0	0	0	1	4
Nein	0	0	0	1	1	1	1	1	0	5

Ist es möglich die Qualität eines Wellness- / Spabereiches klar zu erkennen?

Ja	0	1	1	0	1	0	0	0	1	4
Nein	1	0	0	1	0	1	1	1	0	5

Bei ja, woran

Sauberkeit	0	0	1	0	0	0	0	0	1	2
Geschultes Fachpersonal	0	0	1	0	1	0	0	0	1	3
Angebot	0	1	1	0	0	0	0	0	0	2
Kundentreue	0	0	0	0	0	0	0	0	0	0
gleichbleibende Qualität	0	0	0	0	0	0	0	0	0	0
Kundenzufriedenheit	0	0	0	0	0	0	0	0	0	0
Ausstattung	0	1	1	0	0	0	0	0	0	2
Information	0	1	0	0	0	0	0	0	0	1
Atmosphäre	0	0	0	0	0	0	0	0	0	0
Wasserqualität	0	0	0	0	0	0	0	0	0	0

Wollen Sie als Kunde ein einheitliches allgemein gültiges Gütesiegel?

Ja	1	1	1	1	1	1	1	0	0	7
Nein	0	0	0	0	0	0	0	1	1	2

Was erwarten Sie sich von einem allgemein gültigen Gütesiegel?

Einheitliche Kriterien	1	1	1	0	1	1	1	1	1	8
Qualitätsversprechen	1	0	0	1	0	1	1	0	1	5
Leichtere Orientierung	0	1	1	0	0	1	0	1	0	4
Regelmäßige Qualitätskontrollen	1	1	1	1	0	1	1	0	1	7
Klare Aussagen	0	1	1	1	0	1	1	1	0	6

Wie könnte so ein einheitliches Gütesiegel aussehen und wer könnte die Zertifizierung durchführen?

										Σ
Überprüfung und Zertifizierung in Kombination mit den Hotelsternen	1	0	0	1	0	1	1	1	0	5
Zertifizierung über Kundenbewertungen im Internet	0	1	0	1	0	0	1	1	0	4
Zertifizierung über Kundenbewertung / Fragebogen für jeden Gast / Auswertung über unabhängiges Institut	1	0	0	0	0	0	0	0	0	1
Anonyme Überprüfung (Mystery Check)	1	1	0	1	0	1	1	1	1	7
Überprüfung mit Voranmeldung und folgender Beratung	0	0	0	0	1	0	0	0	0	1
Zertifizierung durch neue Institution mit komplett neuer Marke	1	0	1	0	0	0	0	0	0	2

Wie könnte eine neue Marke aussehen?

										Σ
Wasserstrahl	0	0	0	0	0	0	0	0	0	0
Springbrunnen	0	0	0	0	0	0	0	0	0	0
Blubberblasen	0	0	0	0	0	0	0	0	0	0
Qualle	0	0	0	0	0	0	0	0	0	0
Sonne	0	0	0	0	0	0	0	0	0	0
Komet	0	0	0	0	0	0	0	0	0	0
Saunahütten	0	0	0	0	0	0	0	0	0	0
Sternenhimmel	0	0	0	0	0	0	0	0	0	0
Wellnesssterne	0	0	0	0	0	0	0	0	0	0
Rose	0	0	0	0	0	0	0	0	0	0
Wellnesslinien Farbe hellblau beinhalten	0	0	1	0	0	0	0	0	0	1

Wer könnte Zertifizierung durchführen?

										Σ
Öffentliche Prüfanstalt (wie z.B. Land)	1	0	0	1	0	1	1	1	0	5
Fachverband (wie z.B. Wirtschaftskammer)	1	0	0	1	0	0	1	1	0	4
Private Anbieter	0	0	0	0	1	0	0	0	0	1
Kombination Öffentlich/Fachverband/Privat	0	0	0	1	0	0	0	0	0	1
Kunde (Fragebogen an jeden Gast und Auswertung über unabhängiges Institut)	1	1	0	0	1	0	1	1	0	5
Internetplattform (Gästebewertung)	0	1	0	1	0	0	1	0	0	3

Sonstiges

										Σ
keine Angabe	0	0	1	0	0	0	0	0	1	2

Welche Punkte sollte ein einheitliches
Gütesiegel enthalten, welche Aussagen
soll ein solches Gütesiegel enthalten?
Was soll überprüft werden:
Hardware (Architektur, Bauliches,
Ambiente, Größe etc.)

Ja	1	1	1	1	1	1	1	1	1	9
Nein	0	0	0	0	0	0	0	0	0	0

Größe und Anzahl Wasserwelten
allgemein

Ja	1	1	1	1	1	1	1	1	1	9
Nein	0	0	0	0	0	0	0	0	0	0

Größe und Anzahl Pools

Ja	1	1	1	1	1	1	1	1	1	9
Nein	0	0	0	0	0	0	0	0	0	0

Größe Spa im Verhältnis zu Hotelbetten

Ja	1	1	1	1	1	1	1	1	1	9
Nein	0	0	0	0	0	0	0	0	0	0

Größe und Anzahl Saunen

Ja	1	1	1	1	1	1	1	1	1	9
Nein	0	0	0	0	0	0	0	0	0	0

Größe und Anzahl Dampfbad

Ja	1	1	1	1	1	1	1	1	1	9
Nein	0	0	0	0	0	0	0	0	0	0

Größe Ruheräume im Verhältnis zu
Hotelbetten

Ja	1	1	1	1	1	1	1	1	1	9
Nein	0	0	0	0	0	0	0	0	0	0

Ausstattung und Alter der Einrichtungen
und Geräte

Ja	1	1	1	1	1	1	1	1	1	9
Nein	0	0	0	0	0	0	0	0	0	0

Sonstiges:

Funktionsfähigkeit der Einrichtungen	0	0	0	0	0	0	0	0	0	0

Software (Personal, Angebot etc.)

Ja	1	1	1	1	1	1	1	1	1	9
Nein	0	0	0	0	0	0	0	0	0	0

Qualifikation und Ausbildung der Mitarbeiter

Ja	1	1	1	1	1	1	1	1	1	9
Nein	0	0	0	0	0	0	0	0	0	0

Service (Beratung, Freundlichkeit)

Ja	1	1	1	1	1	1	1	1	1	9
Nein	0	0	0	0	0	0	0	0	0	0

Äußeres Erscheinungsbild der Mitarbeiter

Ja	1	1	1	1	1	1	1	1	1	9
Nein	0	0	0	0	0	0	0	0	0	0

Angebot und Qualität der Behandlungen

Ja	1	1	1	1	1	1	1	1	1	9
Nein	0	0	0	0	0	0	0	0	0	0

Sollen die Behandlungen einen gesundheitlichen Nutzen haben im
Spa/Wellness?

Ja	1	1	0	1	1	1	1	1	1	8
Nein	0	0	1	0	0	0	0	0	0	1

Besonderheiten, individuelle Angebote,
spezielle Küche (gesunde Ernährung)
etc.

Ja	1	1	0	1	1	0	1	1	1	7
Nein	0	0	1	0	0	1	0	0	0	2

Hygiene, Sauberkeit

Ja	1	1	1	1	1	1	1	1	1	9
Nein	0	0	0	0	0	0	0	0	0	0

Unterhaltungsangebote/Freizeitangebote

Ja	1	0	0	1	1	0	1	1	1	6
Nein	0	1	1	0	0	1	0	0	0	3

Schöne Landschaft

Ja	1	0	0	1	1	1	1	1	1	7
Nein	0	1	1	0	0	0	0	0	0	2

Auf was soll mehr Augenmerk liegen bei
einer Überprüfung:

Hardware	0	0	0	0	0	0	0	0	0	0
Software	0	0	0	0	0	0	0	0	0	0
Beides gleich	1	1	1	1	1	1	1	1	1	9

Haben Sie schon einmal einen Wellnessurlaub verbracht?

Ja	1	1	0	1	1	1	1	1	1	8
Nein	0	0	1	0	0	0	0	0	0	1

Bei Nein:
Weshalb?
Haben Sie vor in nächster Zeit einen
Wellnessurlaub zu buchen und wie
werden Sie das geeignete Hotel aussu-
chen?

ja	0	1	0	0	0	0	0	0	0	1
nein	1	0	1	1	1	1	1	1	1	8
Ruhe und Entspannung	0	0	0	0	0	0	0	0	0	0
Erreichbarkeit	0	0	0	0	0	0	0	0	0	0
Geschenk	0	0	0	0	0	0	0	0	0	0

Bei Ja:
Nach welchen Kriterien haben Sie das
Hotel ausgesucht?

habe Therme und Hotel gekannt von Tagestour	0	0	0	0	0	0	0	0	0	0
nach Wellnessbereich	0	0	0	1	0	0	0	0	0	1
günstige Angebote	0	0	0	0	0	0	0	0	0	0
Natur für Außenaktivitäten	0	0	1	0	0	0	0	0	0	1
Angebote im Wellnessbereich	0	0	0	0	0	1	0	0	0	1
Größe	0	0	0	1	0	0	0	0	0	1
Empfehlung	0	1	0	1	1	0	0	0	0	3
Prospekt	0	0	0	0	0	0	0	0	0	0
Internet	0	1	0	1	0	0	0	0	0	2
Reisebüro	0	0	0	0	0	0	0	0	0	0
Kulinarisches Angebot	0	0	0	0	0	0	0	0	0	0
nach Hotelkategorie	0	0	0	0	0	0	0	0	0	0
Zeitungsinserate	0	0	0	0	0	0	0	0	0	0

Wurden Ihre Erwartungen erfüllt?

Ja	0	1	0	1	1	1	1	0	0	5
Nein	1	0	0	0	0	0	0	1	1	3
keine Angabe	0	0	1	0	0	0	0	0	0	1

Bei Nein, weshalb?

Massenabfertigung	0	0	0	0	0	0	0	0	0	0
Einrichtung Spa veraltet	0	0	0	0	0	0	0	0	0	0
zu kleiner Wellnessbereich	1	0	0	0	0	0	0	1	0	2

Geschlecht:

weiblich	1	1	1	1	0	0	1	0	1	6
männlich	0	0	0	0	1	1	0	1	0	3

Alter	36	36	30	20	75	21	46	35	40	
unter 20	0	0	0	0	0	0	0	0	0	0
20 bis 30 Jahre	0	0	1	1	0	1	0	0	0	3
31 bis 40 Jahre	1	1	0	0	0	0	0	1	1	4
41 bis 50 Jahre	0	0	0	0	0	0	1	0	0	1
51 bis 60 Jahre	0	0	0	0	0	0	0	0	0	0
61 bis 70 Jahre	0	0	0	0	0	0	0	0	0	0
über 70 Jahre	0	0	0	0	1	0	0	0	0	1

Gesamtergebnis Fragebögen Kunden

Erklärung:
Tabelle 1 bis Tabelle 9 = Auswertung einzelne Kundentabellen:
Tabelle 1 = Kunden 1 bis 8
Tabelle 2 = Kunden 9 bis 18
Tabelle 3 = Kunden 19 bis 27
Tabelle 4 = Kunden 28 bis 36
Tabelle 5 = Kunden 37 bis 45
Tabelle 6 = Kunden 46 bis 54
Tabelle 7 = Kunden 55 bis 63
Tabelle 8 = Kunden 64 bis 72
Tabelle 9 = Kunden 73 bis 81
Gesamt = Summe aller Antworten zu jeweiliger Frage
Basiszahl = Summe aller Befragungen

Frage	Tabelle 1	Tabelle 2	Tabelle 3	Tabelle 4	Tabelle 5	Tabelle 6	Tabelle 7	Tabelle 8	Tabelle 9	Gesamt	Basiszahl	Prozent
Was sollte ein Spa minimum beinhalten?												
Eigener Empfang/Spa-Rezeption												
Ja	8	10	7	8	8	7	6	8	9	71	81	87,65%
Nein	0	0	2	1	1	2	3	1	0	10	81	12,35%
												100,00%
Schwimmbad außen												
Ja	8	10	7	6	6	9	4	9	7	66	81	81,48%
Nein	0	0	2	3	3	0	5	0	2	15	81	18,52%
												100,00%

Wenn ja, Größe minimum?

Bis 5 x 10 m	2	2	4	2	3	4	2	1	1	21	81	25,93%
Mehr als 5 x 10 m	6	8	5	7	6	5	7	8	8	60	81	74,07%
												100,00%

Temperatur

Bis 26 Grad	1	2	1	1	1	1	2	1	2	12	81	14,81%
27 bis 30 Grad	5	6	6	8	5	5	7	7	4	53	81	65,43%
Mehr als 30 Grad	2	2	2	0	3	3	0	1	3	16	81	19,75%
												100,00%

Schwimmbad innen

Ja	8	9	9	8	8	9	9	9	9	78	81	96,30%
Nein	0	1	0	1	1	0	0	0	0	3	81	3,70%
												100,00%

Wenn ja, Größe minimum?

Bis 5 x 10 m	3	2	5	2	2	2	3	2	2	23	81	28,40%
Mehr als 5 x 10 m	5	8	4	7	7	7	6	7	7	58	81	71,60%
												100,00%

Temperatur:

Bis 26 Grad	2	3	1	2	1	4	2	2	2	19	81	23,46%
27 bis 30 Grad	5	5	8	6	5	4	7	7	6	53	81	65,43%
Mehr als 30 Grad	1	2	0	1	3	1	0	0	1	9	81	11,11%
												100,00%

Whirlpool

Ja	7	9	8	6	8	8	8	6	8	68	81	83,95%
Nein	1	1	1	3	1	1	1	3	1	13	81	16,05%
												100,00%

Sauna

Ja	7	10	8	8	9	9	8	9	9	77	81	95,06%
Nein	1	0	1	1	0	0	1	0	0	4	81	4,94%
												100,00%

Anzahl Saunen:

1	0	0	0	2	0	1	1	0	0	4	81	4,94%
2 bis 3	6	6	7	4	5	6	8	8	6	56	81	69,14%
Mehr als 3	2	4	2	3	4	2	0	1	3	21	81	25,93%
												100,00%

Dampfbad

Ja	7	10	9	7	8	9	9	8	9	76	81	93,83%
Nein	1	0	0	2	1	0	0	1	0	5	81	6,17%
												100,00%

Infrarot

Ja	6	9	9	7	6	8	1	5	7	58	81	71,60%
Nein	2	1	0	2	3	1	8	4	2	23	81	28,40%
												100,00%

Kneippbecken

Ja	7	8	6	4	3	8	5	7	7	55	81	67,90%
Nein	1	2	3	5	6	1	4	2	2	26	81	32,10%
												100,00%

Aromaduschen

Ja	6	6	5	3	4	6	3	4	5	42	81	51,85%
Nein	2	4	4	6	5	3	6	5	4	39	81	48,15%
												100,00%

Therapieräume

1 – 2	1	1	4	4	3	4	6	1	3	27	81	33,33%
3 – 5	7	7	4	4	6	5	3	8	6	50	81	61,73%
Mehr als 5	0	2	1	1	0	0	0	0	0	4	81	4,94%
												100,00%

Kosmetik-/Beautyabteilung

Ja	8	9	8	8	5	7	5	8	8	66	81	81,48%
Nein	0	1	1	1	4	2	4	1	1	15	81	18,52%
												100,00%

Gymnastikraum

Ja	6	9	7	3	4	5	5	5	8	52	81	64,20%
Nein	2	1	2	6	5	4	4	4	1	29	81	35,80%
												100,00%

Fitnessraum mit Geräten

Ja	4	8	8	6	4	7	7	7	8	59	81	72,84%
Nein	4	2	1	3	5	2	2	2	1	22	81	27,16%
												100,00%

Ruheräume

1	1	1	1	2	1	1	4	3	1	15	81	18,52%
2 bis 3	5	7	5	6	5	6	5	6	7	52	81	64,20%
Mehr als 3	2	2	3	1	3	2	0	0	1	14	81	17,28%
												100,00%

Ruheliegen

Pro Hotelgast 1 Liege	6	7	8	6	4	8	3	7	5	54	81	66,67%
Pro 2 Hotelgäste 1 Liege	2	3	1	3	5	1	3	2	4	24	81	29,63%
Weniger	0	0	0	0	0	0	3	0	0	3	81	3,70%
												100,00%

Freiluftbereich

Ja	8	10	9	8	9	8	7	8	8	75	81	92,59%
Nein	0	0	0	1	0	1	2	1	1	6	81	7,41%
												100,00%

Tageslicht im gesamten Spa und Behandlungsbereich

Ja	6	9	7	9	6	6	6	7	7	63	81	77,78%
Nein	2	1	2	0	3	3	3	2	2	18	81	22,22%
												100,00%

Geschultes Fachpersonal

Ja	8	10	9	9	9	9	9	9	9	81	81	100,00%
Nein	0	0	0	0	0	0	0	0	0	0	81	0,00%
												100,00%

Anwendungsangebot

1 bis 5	3	1	1	1	1	1	3	0	1	12	81	14,81%
6 bis 10	2	5	5	4	3	3	3	2	5	32	81	39,51%
11 bis 20	3	3	1	3	2	4	1	4	3	24	81	29,63%
21 bis 30	0	1	2	1	3	1	2	3	0	13	81	16,05%
31 bis 40	0	0	0	0	0	0	0	0	0	0	81	0,00%
mehr als 40	0	0	0	0	0	0	0	0	0	0	81	0,00%
												100,00%

Seit über 30 Jahren gibt es die Bewertung der Hotelsterne mit klar festgelegten Richtlinien.
Sind Ihrer Meinung nach die Hotelsterne:
Zeitgemäß

Ja	7	7	4	8	3	5	9	6	6	55	81	67,90%
Nein	1	3	5	1	6	4	0	3	3	26	81	32,10%
												100,00%

Eine sinnvolle Orientierungshilfe für Qualität

Ja	6	9	8	8	8	5	9	7	6	66	81	81,48%
Nein	2	1	1	1	1	4	0	2	3	15	81	18,52%
												100,00%

Die Kriterien und Überprüfungen ausreichend

Ja	1	6	2	6	2	4	6	4	4	35	81	43,21%
Nein	7	4	7	3	7	5	3	5	5	46	81	56,79%
												100,00%

Ist es möglich die Qualität eines Wellness- / Spabereiches klar zu erkennen?

Ja	4	2	3	2	4	4	7	4	4	34	81	41,98%
Nein	4	8	6	7	5	5	2	5	5	47	81	58,02%
												100,00%

Bei ja, woran

Sauberkeit	3	0	2	2	1	4	4	2	2	20	79	25,32%
Geschultes Fachpersonal	2	1	1	1	2	0	4	1	3	15	79	18,99%
Angebot	1	1	0	1	0	0	2	2	2	9	79	11,39%
Kundentreue	1	0	0	0	0	0	0	0	0	1	79	1,27%
gleichbleibende Qualität	1	0	0	0	0	0	0	0	0	1	79	1,27%
Kundenzufriedenheit	1	0	0	0	0	1	0	0	0	2	79	2,53%
Ausstattung	1	2	2	1	1	1	2	3	2	15	79	18,99%
Information	1	0	1	0	0	0	1	0	1	4	79	5,06%
Atmosphäre	0	0	2	1	0	0	0	2	0	5	79	6,33%
Wasserqualität	0	0	0	2	0	1	2	2	0	7	79	8,86%
												100,00%

Wollen Sie als Kunde ein einheitliches allgemein gültiges Gütesiegel?

Ja	7	10	9	7	8	7	9	9	7	73	81	90,12%
Nein	1	0	0	2	1	2	0	0	2	8	81	9,88%
												100,00%

Was erwarten Sie sich von einem allgemein gültigen Gütesiegel?

Einheitliche Kriterien	5	7	2	6	5	6	9	7	8	55	243	22,63%
Qualitätsversprechen	4	5	6	5	5	7	8	7	5	52	243	21,40%
Leichtere Orientierung	3	2	4	2	3	5	6	3	4	32	243	13,17%
Regelmäßige Qualitätskontrollen	8	10	7	6	8	5	7	8	7	66	243	27,16%
Klare Aussagen	2	5	5	4	3	4	5	4	6	38	243	15,64%
												100,00%

Wie könnte so ein einheitliches Gütesiegel aussehen und wer könnte die Zertifizierung durchführen?

Überprüfung und Zertifizierung in Kombination mit den Hotelsternen	2	8	3	5	5	6	3	4	5	41	161	25,47%
Zertifizierung über Kundenbewertungen im Internet	2	0	1	2	2	4	0	1	4	16	161	9,94%
Zertifizierung über Kundenbewertung / Fragebogen für jeden Gast / Auswertung über unabhängiges Institut	6	1	4	2	4	5	1	1	1	25	161	15,53%
Anonyme Überprüfung (Mystery Check)	4	5	4	4	4	5	6	4	7	43	161	26,71%
Überprüfung mit Voranmeldung und folgender Beratung	0	1	0	1	0	2	1	2	1	8	161	4,97%
Zertifizierung durch neue Institution mit komplett neuer Marke	2	1	4	2	3	4	5	5	2	28	161	17,39%
												100,00%

Wie könnte eine neue Marke aussehen?

Wasserstrahl	0	1	0	1	0	0	0	0	0	2	18	11,11%
Springbrunnen	0	1	0	0	0	0	0	0	0	1	18	5,56%
Blubberblasen	0	0	0	1	0	0	0	0	0	1	18	5,56%
Qualle	0	0	0	0	0	0	0	0	0	0	18	0,00%
Sonne	0	0	3	0	0	1	1	0	0	5	18	27,78%
Komet	0	0	1	0	0	0	0	0	0	1	18	5,56%
Saunahütten	0	0	0	0	1	0	0	0	0	1	18	5,56%
Sternenhimmel	0	0	0	0	1	0	0	0	0	1	18	5,56%
Wellnesssterne	0	0	0	0	1	0	1	1	0	3	18	16,67%
Rose	0	0	0	0	1	0	1	0	0	2	18	11,11%
Wellnesslinien Farbe hellblau beinhalten	0	0	0	0	0	0	0	0	1	1	18	5,56%
												100,00%

Wer könnte Zertifizierung durchführen?

Öffentliche Prüfanstalt (wie z.B. Land)	2	0	1	3	1	4	1	2	5	19	134	14,18%
Fachverband (wie z.B. Wirtschaftskammer)	3	2	3	4	5	3	3	3	4	30	134	22,39%
Private Anbieter	0	0	0	0	0	0	2	3	1	6	134	4,48%
Kombination Öffentlich/Fachverband/Privat	1	7	3	3	3	6	5	5	1	34	134	25,37%
Kunde (Fragebogen an jeden Gast und Auswertung über unabhängiges Institut)	5	1	2	2	2	4	1	2	5	24	134	17,91%
Internetplattform (Gästebewertung)	2	1	2	1	1	4	1	2	3	17	134	12,69%
keine Angabe	1	1	0	0	0	0	0	0	2	4	134	2,99%
												100,00%

Welche Punkte sollte ein einheitliches Gütesiegel enthalten, welche Aussagen soll ein solches Gütesiegel enthalten?

Was soll überprüft werden:

Hardware (Architektur, Bauliches, Ambiente, Größe etc.)

Ja	8	9	9	9	6	9	8	9	9	76	81	93,83%
Nein	0	1	0	0	3	0	1	0	0	5	81	6,17%
												100,00%

Größe und Anzahl Wasserwelten allgemein

Ja	6	9	8	8	7	8	7	9	9	71	81	87,65%
Nein	2	1	1	1	2	1	2	0	0	10	81	12,35%
												100,00%

Größe und Anzahl Pools

Ja	6	9	6	8	7	9	7	8	9	69	81	85,19%
Nein	2	1	3	1	2	0	2	1	0	12	81	14,81%
												100,00%

Größe Spa im Verhältnis zu Hotelbetten

Ja	6	8	8	7	7	8	4	8	9	65	81	80,25%
Nein	2	2	1	2	2	1	5	1	0	16	81	19,75%
												100,00%

Größe und Anzahl Saunen

Ja	7	8	6	8	8	9	7	8	9	70	81	86,42%
Nein	1	2	3	1	1	0	2	1	0	11	81	13,58%
												100,00%

Größe und Anzahl Dampfbad

Ja	5	6	6	6	4	7	7	5	9	55	81	67,90%
Nein	3	4	3	3	5	2	2	4	0	26	81	32,10%
												100,00%

Größe Ruheräume im Verhältnis zu Hotelbetten

Ja	8	10	8	7	8	7	6	6	9	69	81	85,19%
Nein	0	0	1	2	1	2	3	3	0	12	81	14,81%
												100,00%

Ausstattung und Alter der Einrichtungen und Geräte

Ja	8	10	8	8	9	8	8	8	9	76	81	93,83%
Nein	0	0	1	1	0	1	1	1	0	5	81	6,17%
												100,00%

Sonstiges:

Funktionsfähigkeit der Einrichtungen	1	0	0	0	0	0	1	0	0	2	81	2,47%

Software (Personal, Angebot etc.)

Ja	8	10	9	8	8	9	9	9	9	79	81	97,53%
Nein	0	0	0	1	1	0	0	0	0	2	81	2,47%
												100,00%

Qualifikation und Ausbildung der Mitarbeiter

Ja	8	10	9	9	9	9	9	9	9	81	81	100,00%
Nein	0	0	0	0	0	0	0	0	0	0	81	0,00%
												100,00%

Service (Beratung, Freundlichkeit)

Ja	8	10	9	9	9	8	8	9	9	79	81	97,53%
Nein	0	0	0	0	0	1	1	0	0	2	81	2,47%
												100,00%

Äußeres Erscheinungsbild der Mitarbeiter

Ja	8	7	7	4	9	8	5	8	9	65	81	80,25%
Nein	0	3	2	5	0	1	4	1	0	16	81	19,75%
												100,00%

Angebot und Qualität der Behandlungen

Ja	8	10	9	9	9	9	8	9	9	80	81	98,77%
Nein	0	0	0	0	0	0	1	0	0	1	81	1,23%
												100,00%

Sollen die Behandlungen einen gesundheitlichen Nutzen haben im Spa/Wellness?

Ja	6	9	5	7	7	7	5	6	8	60	81	74,07%
Nein	2	1	4	2	2	2	4	3	1	21	81	25,93%
												100,00%

Besonderheiten, individuelle Angebote, spezielle Küche (gesunde Ernährung) etc.

Ja	4	7	6	8	9	7	6	9	7	63	81	77,78%
Nein	4	3	3	1	0	2	3	0	2	18	81	22,22%
												100,00%

Hygiene, Sauberkeit

Ja	8	10	9	9	9	9	9	9	9	81	81	100,00%
Nein	0	0	0	0	0	0	0	0	0	0	81	0,00%
												100,00%

Unterhaltungsangebote/Freizeitangebote

Ja	4	6	7	5	5	5	4	2	6	44	81	54,32%
Nein	4	4	2	4	4	4	5	7	3	37	81	45,68%
												100,00%

Schöne Landschaft

Ja	4	5	7	4	5	6	4	4	7	46	81	56,79%
Nein	4	5	2	5	4	3	5	5	2	35	81	43,21%
												100,00%

Auf was soll mehr Augenmerk liegen bei einer Überprüfung:

Hardware	1	0	2	1	0	1	1	0	0	6	81	7,41%
Software	1	0	0	0	3	3	1	1	0	9	81	11,11%
Beides gleich	6	10	7	8	6	5	7	8	9	66	81	81,48%
												100,00%

Haben Sie schon einmal einen Wellnessurlaub verbracht?

Ja	8	9	8	9	6	8	7	8	8	71	81	87,65%
Nein	0	1	1	0	3	1	2	1	1	10	81	12,35%
												100,00%

Haben Sie vor in nächster Zeit einen Wellnessurlaub zu buchen und wie werden Sie das geeignete Hotel aussuchen?

ja	1	3	0	3	5	4	2	5	1	24	81	29,63%
nein	7	7	9	6	4	5	7	4	8	57	81	70,37%
												100,00%

Ruhe und Entspannung	1	0	0	0	0	1	2	1	0	5	10	50,00%
Erreichbarkeit	0	0	0	0	0	1	0	2	0	3	10	30,00%
Geschenk	0	0	0	0	1	1	0	0	0	2	10	20,00%
												100,00%

Nach welchen Kriterien haben Sie bisher das Hotel ausgesucht?

habe Therme und Hotel gekannt von Tagestour	1	0	0	0	0	1	0	1	0	3	123	2,44%
nach Wellnessbereich	1	2	0	2	2	4	4	5	1	21	123	17,07%
günstige Angebote	3	1	2	1	0	1	1	2	0	11	123	8,94%
Natur für Außenaktivitäten	1	0	0	1	1	2	4	1	1	11	123	8,94%
Angebote im Wellnessbereich	1	1	2	4	0	0	2	2	1	13	123	10,57%
Größe	1	1	0	0	1	1	1	2	1	8	123	6,50%
Empfehlung	0	3	3	4	2	3	3	2	3	23	123	18,70%
Prospekt	0	2	1	0	1	1	0	2	0	7	123	5,69%
Internet	0	2	0	4	1	0	2	3	2	14	123	11,38%
Reisebüro	0	0	0	0	1	0	0	1	0	2	123	1,63%
Kulinarisches Angebot	0	1	0	0	1	0	1	1	0	4	123	3,25%
nach Hotelkategorie	0	1	0	0	0	0	2	0	0	3	123	2,44%
Zeitungsinserate	0	0	0	0	1	1	0	1	0	3	123	2,44%
												100,00%

Wurden Ihre Erwartungen erfüllt?

Ja	8	9	7	8	5	6	6	8	5	62	81	76,54%
Nein	0	0	1	1	1	2	1	0	3	9	81	11,11%
keine Angabe	0	1	1	0	3	1	2	1	1	10	81	12,35%
												100,00%

Bei Nein, weshalb?

Massenabfertigung	0	0	0	0	0	1	1	1	0	3	9	33,33%
Einrichtung Spa veraltet	0	0	2	0	0	0	0	0	0	2	9	22,22%
zu kleiner Wellnessbereich	0	0	0	0	1	1	0	0	2	4	9	44,44%
												100,00%

Statistik:

Geschlecht:

weiblich	7	7	7	8	6	8	6	5	6	60	81	74,07%
männlich	1	3	2	1	3	1	3	4	3	21	81	25,93%
												100,00%

Alter

unter 20	0	0	0	0	0	1	0	0	0	1	81	1,23%
20 bis 30 Jahre	2	1	1	1	3	1	1	3	3	16	81	19,75%
31 bis 40 Jahre	3	1	0	2	1	2	4	3	4	20	81	24,69%
41 bis 50 Jahre	2	6	5	2	2	3	3	3	1	27	81	33,33%
51 bis 60 Jahre	1	2	2	4	2	2	1	0	0	14	81	17,28%
61 bis 70 Jahre	0	0	1	0	1	0	0	0	0	2	81	2,47%
über 70 Jahre	0	0	0	0	0	0	0	0	1	1	81	1,23%
												100,00%

Expertengespräche im Detail

Thema: Gütesiegel Wellness-/Spa-Betriebe

Ist-Analyse:
Welche Gütesiegel gibt es?
Kriterien zur Erfüllung?
Wer vergibt diese?

Marktanalyse:
Was soll ein SPA minimum enthalten?
Allgemein gültiges (einheitliches Gütesiegel) – Bedarf SPA Betreiber / Bedarf Kunden
Welche Punkte soll so ein Siegel enthalten?
Vorstellungen Betreiber / Kunden?
Kosten?

> 1.Schritt zur Marktforschung Expertengespräche als Basis zur Erstellung der Fragebögen

Einführung Begriff Wellness / SPA:
Wellness:
Harmonie von Körper, Geist und Seele
"well-being" (Gesundheit, Wohlbefinden) und "fitness" (Kondition) bzw. "happiness" (Glücksgefühl)

SPA:
"sanus per aquam" (gesund durch Wasser)
Begriff SPA in den deutschsprachigen Raum
In England, USA und Skandinavien wird Wellness unter SPA vermarktet.

10.9. Expertengespräch Adolf Lang

Datum: 23. Jänner 2009
Zeit: 9 Uhr
Ort: Wirtschaftskammer Salzburg, 1. Stock, Zimmer 141
Gesprächspartner: Hr. Adolf Lang
Dauer: 50 min.

1. Wie funktioniert die Hotelsternevergabe in der Praxis?

Seit über 30 Jahren sind die „Hotelsterne" nunmehr eine geschützte Marke. Gesamteindruck, Erhaltungszustand, Sauberkeit des Betriebes sind Voraussetzung für die Aufnahme in die Österreichische Hotelklassifizierung. Klassifizierung ist freiwillig, nicht jedes Hotel muss sich klassifizieren lassen. Derzeit von ca. 3.500 Betrieben über 2.000 kategorisiert. Die Qualität der Dienstleistung, dazu zählen auch Auftreten, Kleidung, Freundlichkeit und Kompetenz der Geschäftsführung und der Mitarbeiter.
Außerdem das äußere Erscheinungsbild, unter anderem die Beschilderung, Zufahrt, Vorfahrt, Parkplätze, Gartenanlage.
Hoteleigene Freizeit- und Zusatzeinrichtungen (z.B. Hallenbad, Sauna, Tagungsräume, Gartenanlage, Garagenparkplätze). Zufriedenheit der Gäste (Häufigkeit von und der Umgang mit Gästebeschwerden). Kriterienkatalog für 1 – 5* verschieden.
Antragstellung – Prüfung durch unabhängige Kommission (Tourismus/ Hoteliers/Fachgruppe – nicht wenn bekannt mit zu überprüfendem Betrieb, immer unabhängig) – Landeskommission
Im Bundesland Salzburg: eine Überprüfung 2 – 3 Personen vom Fach und eine kompetente Person WK.
Überprüfung Wien – bei Kategorisierung geht jemand vom Tourismusverband mit.
Die Zusammensetzung der Prüfer ist länderverschieden.

Es wird kontrolliert:
1* - 4* Bundesland, Fachverband Tourismus WK
5* zentral über WK Wien

Ab 4*Superior verpflichtende Mystery-Guest-Analyse (4*Superior Mystery Guest Fragenkatalog sehr genau und umfangreich)
Kosten für Mystery Guest Analyse bei 4* Euro 942,-- inkl. (5* Euro 1.302,-- inkl.) plus Nächtigung und Konsumation.

Mystery Guest Analyse wird von Fa. Gastlichkeit & Co, Pasching durchgeführt.
Die derzeitigen Kriterien wurden 2002 erstellt mit ständig kleinen Änderungen.

Bei ca. 4 – 5 Erneuerungen wird überarbeitet und es werden neue Richtlinien geschaffen. Zuletzt wurde auch eine persönliche Befragung bei Kunden über deren Bedürfnisse durchgeführt und diese Ergebnisse wurden ebenfalls in die neuen Richtlinien mit übernommen. Es wurden nach Hotelkategorien unterteilt befragt und es kamen erstaunliche Ergebnisse heraus, z.B. ist es den Kunden egal wie groß das Badezimmer ist, viel wichtiger ist die Sauberkeit für den Kunden.

2. **Weshalb ist es bis heute nicht gelungen in Europa einheitliche Kriterien für Hotelsterne festzulegen? Was sind die Gründe dafür?**

Es gibt bereits seit über 20 Jahren Bestrebungen einheitliche Kriterien festzulegen. Es ist bisher nicht gelungen, weil die Struktur der Betriebe nicht vergleichbar ist. Es beginnt schon bei der Ausstattung z.B. in Griechenland und Spanien ist eine Klimaanlage notwendig, in Skandinavien Heizung ....
Die Anforderungen bei der Kontrolle sind ebenfalls sehr verschieden. In Griechenland ist die Hotelsternevergabe komplett an PRIVAT ausgelagert und sehr kostspielig. Einheitliche Kriterien länderübergreifend werden auch in Zukunft fast nicht machbar sein.

3. **Sehen Sie persönlich die Hotelsterne als zeitgemäß, als sinnvolle Orientierungshilfe für Qualität und die Kriterien als ausreichend?**

Ja
Die Hotelsterne sind eine bekannte Marke und es werden immer wieder Erneuerungen und Überarbeitungen durchgeführt.

4. **Wenn ja:**
Gibt es besondere Herausforderungen für die Zukunft?

Nein, keine speziellen.

5. **Wellness ist ein nicht geschützter Begriff, wie glauben Sie erkennt man die Qualität eines Wellness-/Spabereiches?**

Durch entsprechende Überprüfungen, wie z.B. Best Wellness

6. **Glauben Sie, dass die Hotelbetreiber ein einheitliches (allgemein gültiges) Gütesiegel für SPA wollen?**

Ja, aber wer soll das testen?
Theoretisch könnte man auch Selbstbeurteilungsfragebögen ausfüllen lassen, aber es bringt in der Praxis nichts, denn vor Ort sieht alles anders aus als am Fragebogen.
Es ist in Praxis so, dass bei Selbstbeurteilung und Selbstkontrolle nicht die Wahrheit gesagt wird.

7. **Wenn ja:**
Was erwartet sich der Hotelier von so einem Siegel?

Keine Angabe.

8. Glauben Sie, dass der Kunde ein einheitliches (allgemein gültiges) Güte-siegel für SPA will?

Ja.

9. Was erwartet sich der Kunde von so einem Siegel?

Qualitätskontrolle, Qualitätsversprechen, ein gutes System zur Kontrolle damit seine Erwartungen erfüllt werden.

10. Hotelsterne sind ja seit mehr als 30 Jahren eine geschützte Marke. Könn-ten Sie sich im Bereich Wellness-/Spa-Betriebe eine Bewertung ähnlich wie bei den Hotelsternen als geschützte Marke vorstellen?

Ja

11. Wie kann so eine Marke aussehen?

An Hand von Mystery Checks, nach Angeboten und Kategorien differenziert, Hard- und Software-Testung.

WELLEN z.B. / 1 Welle, 2 Wellen, 3 Wellen, 4 Wellen = maximum

Wer könnte diese Bewertung durchführen?

Viele Institutionen, auch z.B. Gastlichkeit & Co.
Hygienevorschriften und Wasser bleibt ja Überprüfung sowieso bei Behörde.

12. Welche Gütesiegel im Wellness-/SPA-Bereich kennen Sie?

Best Wellness

13. Haben Sie schon einmal einen Wellnessurlaub verbracht?

Ja

14. Was waren Ihre Erwartungen?

Großzügiger Schwimmbereich, großzügiger Saunabereich, relaxen und Ent-spannung.

15. Nach welchen Kriterien haben Sie das Hotel ausgesucht?

Großzügige Anlage, großzüger Spa Bereich, Angebot Spa Bereich + Ther-menzugang.
Das zweite Haus habe ich auf Empfehlung gebucht.
(Geinberg, AquaDome)

16. Was sollte ein Wellness-/ Spa-Betrieb minimum enthalten?

Hier sollte unterschieden werden nach Hotelsternen.
Bei einem 3* Haus erwarte ich mir maximal eine Sauna, ein Dampfbad und diverse Duschen, mehr kann ich bei 3* nicht erwarten.
Bei höheren Kategorien erwarte ich mir ein großzügiges Schwimmbad mit Indoor- und Outdoorpool. Die Wassertemperatur innen ab 28 Grad, außen ab 31 Grad.
Das Behandlungsangebot ist mir nicht wichtig.
Die Küche sollte mindestens ein Alternativangebot gesunde Ernährung anbieten.
Eine Saftbar im Spabereich.

17. Sollten alle SPA Betriebe ein einheitliches Gütesiegel haben?

Ja

18. Welche Punkte soll ein einheitliches Siegel mindestens enthalten?

1. Dienstleistung
2. Ausstattung / differenzieren nach Kategorien
   Je höher Qualitätsstandard (anlehnen an Hotelsterne) umso höher Niveau bei Gütesiegel.

19. Was darf so eine Prüfung und einheitliches Gütesiegel kosten?

Im Bereich von Euro 700,-- bis 800,-- ca.

20. Welche Barrieren haben bisher die Einführung eines einheitlichen Gütesiegels verhindert?

Die Verschiedenheit der Angebote. Wellness ist als Marke nicht schützbar. Manche Betriebe haben eine Sauna und nennen sich Wellnesshotel und sind meilenweit davon entfernt.

21. Könnten Sie sich vorstellen die Qualität Wellness- Spabereich in Kombination mit Hotelsternen zu zertifizieren?

nein

22. Weshalb?

Als Folgewirkung haben die Hotelsterne keine Aussagekraft mehr, es werden immer noch mehr Hotelpickerl (Wanderhotel.....)
Eine Bewertung muss unbedingt getrennt von den Hotelsternen durchgeführt werden.
Einzige Ausnahme wenn es für Wellness eigene Richtlinien gäbe.

10.10. Expertengespräch Herbert Ebner

Datum: 26. Jänner 2009
Zeit: 16 Uhr
Ort: Ebner's Waldhof, Fuschl

Gesprächspartner: Hr. Ebner Herbert

Einleitung: Hr. Ebner spricht über:
              Alpine Wellness Information, Broschüre mit Hotels, Best Health Infor-
              mation

              Bei Alpine Wellness (Österreich, Schweiz, Südtirol, Deutschland) ist die
              Zertifizierung in allen 4 Ländern gleich, dieselben Kriterien.
              Derzeit haben 14 Betriebe das Siegel „Alpine Wellness".
              Beruht auf 4 Säulen, Informationen „Gütesiegel".

              Früher mussten die Betriebe von Best Health zertifiziert sein um für „Al-
              pine Wellness" ansuchen zu können Seit einem Jahr ist dies nicht mehr
              notwendig, es kann zusätzlich oder auch nur für „Alpine Wellness" an-
              gesucht werden.
              Überprüfungen finden alle 3 Jahre statt (Best Health und Alpine Über-
              prüfungen sind getrennt.
              Best Health Mystery Check.
              Alpine Überprüfungen über 1 ½ - 2 Tage nicht anonym.

Hr. Ebner - persönlich zum Betrieb:
„In der Wellnessabteilung sind derzeit 5 Ganztageskräfte und eine Halbtages-
kraft angestellt, nach Fertigstellung des Neubaugebäudes (Kostenpunkt Euro
7 Mio.) wird das Personal im Wellnessbereich auf 10 aufgestockt.

Von den Best Wellness Hotels ist Waldhof herausgegangen, hat sich nichts
mehr gesehen in dieser Mitgliedschaft.
Jetzt Mitglied bei Alpine Wellness (Alpine Wellness ist Verein, Obmann ist Hr.
Ebner)
Alpine Wellness baut auf 4 Säulen auf. Bei Alpine Wellness steht das Land
Salzburg dahinter, Salzburg ist da sehr stark. Tirol hat sowieso höheren Stan-
dard, weil sie schon lange Schweizer Gäste haben und diese sehr anspruchs-
voll sind. In der Schweiz ist von vornherein ein höherer Standard."

**1. Sehen Sie persönlich die Hotelsterne als zeitgemäß, als sinnvolle Orien-
tierungshilfe für Qualität und die Kriterien als ausreichend?**

Ja

2. Wenn ja: Gibt es besondere Herausforderungen für die Zukunft?

Das Problem sind die 4 Sterne Betriebe, alles flüchtet in 4 Stern und es gibt
fast keine 3 Stern Betriebe mehr. Das ist ein Problem, in Fuschl z.B. gibt es
bereits 4 Vier-Stern-Betriebe! Die Kriterien für 4 Sterne gehören nachgebes-

sert, damit auch die 3 Stern Betriebe wieder eine Chance haben. Die Überprüfungen für 4-Stern-Superior sind sehr gut, 2 Tage Mystery Check. Hotelsterne sind weltweit bekannt und eine gute Einrichtung. Im Salzburger Land gibt es zu wenigen 5 Sternen Betriebe.

3. **Hotelsterne sind ja bereits seit mehr als 30 Jahren eine geschützte Marke, die Richtlinien klar festgelegt.**
   Wellness ist ein nicht geschützter Begriff, woran glauben Sie erkennt man die Qualität eines Wellness-/Spabereiches?

   Das ist schwierig von der Überprüfungsseite her, z.B. Relax Guide hat sich hervorgehoben, Cape Diem ist gestorben. Die Kosten sind das nächste Problem. Außerdem müsste das Ganze anonym sein. Es ist kein Problem die Top's herauszufiltern, ansonsten ist es schwierig die Qualität zu filtern. Bei der Hardware ist es einfacher, Software ist sehr schwierig.

4. **Weshalb ist es bis heute nicht gelungen in Österreich, geschweige denn in ganz Europa einheitliche Kriterien für Wellnesshotels / Spabetriebe festzulegen? Was sind die Gründe dafür? Welche Barrieren haben bisher die Einführung eines einheitlichen Gütesiegels verhindert?**

   Bisher ist es keiner Institution gelungen, der Gesetzgeber ist überfordert, es ist auch eine Frage der Kosten (müsste auf jeden Fall freiwillig sein). Bei Alpine Wellness ist es schon angedacht eine Einheitlichkeit zu erreichen, die Vorgaben sind für alle Länder gleich (Deutschland, Österreich, Schweiz, Südtirol), Bei Alpine Wellness gibt es 4 Säulen und dafür gibt es Punkte, die dann in % ausgerechnet werden, z.B. für den Behandlungsbereich 95% erreicht usw.

5. **Glauben Sie, dass die Hotelbetreiber ein einheitliches (allgemein gültiges) Gütesiegel für Wellness/SPA wollen?**

   Nicht ja und nicht nein – ich sehe das eher kritisch, so etwas muss wachsen, es ist so viel am Markt. Der Gesetzgeber will sich nicht die Finger verbrennen, Best Health ist zu wenig bekannt.
   Für mich persönlich ist es derzeit eine Überlegung dem Dt. Wellnessverband beizutreten, da meine Gäste großteils aus Deutschland kommen und ich denke das wäre was.

6. **Glauben Sie, dass der Kunde ein einheitliches (allgemein gültiges) Gütesiegel für SPA will?**

   Ja

7. **Wenn ja:**
   Was erwartet sich der Kunde von so einem Siegel?

   Eine Aussage, als Orientierung.

8. Könnten Sie sich im Bereich Wellness-/Spa-Betriebe eine Bewertung ähnlich wie bei den Hotelsternen als geschützte Marke vorstellen?

Nicht ja und nicht nein. Es gibt es ja schon, denn Best Health ist eine geschützte Marke, ist aber zu allgemein. Es ist meist ein Marketinginstrument.

9. Welche Gütesiegel im Wellness-/SPA-Bereich kennen Sie?

Best Health, Alpine Wellness, Dt. Wellnessverband, Relaxguide

10. Haben Sie schon einmal einen Wellnessurlaub verbracht?

Ja

11. Wenn ja:
Was waren Ihre Erwartungen?

Keine Erwartungen, nur aus Neugierde (Mitbewerber)
Nach welchen Kriterien haben Sie das Hotel ausgesucht?

Keine besonderen Kriterien, Schwimmbad innen und außen müssen vorhanden seine, mehrere Saunen, es müssen Außenaktivitäten angeboten werden, Anwendungen mache ich nur aus Neugier (Mitbewerber)

12. Was sollte ein Wellness-/ Spa-Betrieb minimum enthalten?

Schönes Schwimmbad, innen und außen, mehrere Saunen, Außenaktivitäten sollen möglich sein, unbedingt ein Behandlungsbereich verschiedene Richtungen, sehr wichtig verschiedene Massagen – breites Angebot, genügend Ruheliegen (es gibt 2 Kategorien Wellnessgäste – eine verlässt das Haus den ganzen Tag nicht/genießen Wellnessbereich, haben Behandlungen gebucht usw. – für diese Gäste muss es möglich sein eine Liege für den ganzen Tag zu blockieren: er kommt z.B. um 11 Uhr schlägt sein Basislager auf, von da aus besucht er die Behandlungen und kommt dann nach einer Stunde wieder, das muss möglich sein)
Kosmetikbereich gehört auch dazu, zwar nicht übergeordnet
Schwimmbad und Sauna ist sowieso Standard (mehrere Saunen)
Der Bogen der Angebote soll groß sein.

13. Sollten alle SPA Betriebe ein einheitliches Gütesiegel haben?

Nein

14. Wenn nein:
Weshalb nicht? Gründe?

Eine Überprüfung muss zu breit angelegt sein. So etwas sind gewachsene Geschichten.
Diese Mystery Checks sind überzogen worden, es ist nur eine Geldmacherei.
Ich war z.B. bei Best Wellness = Mystery Check, 4-Stern-Superior = Mystery

Check, Best Health = Mystery Check und selber will ich ja auch wissen wo ich stehe, also auch noch der Eigenauftrag Mystery Check, d.h. ich hatte 4 x Mystery Checks im Haus für ca. 1 ½ Tage, Kosten der Checks – das war einfach zu viel, das geht nicht. Bei Alpine Wellness werden keine Mystery Checks gemacht, es werden Überprüfungen gemacht, die Prüfer sind auch ca. 1 ½ Tage im Haus und das Haus wird komplett überprüft, Hard- und Software. Kostenpunkt Euro 1.200,--. Die Südtiroler Hotels sind die Besten!

15. Was darf so eine Prüfung und einheitliches Gütesiegel kosten?

Keine Angabe

16. Könnten Sie sich vorstellen die Qualität Wellness- Spabereich in Kombination mit Hotelsternen zu zertifizieren?

Ja, aber ich finde es nicht so gut, es wäre halt effizienter.

17. Wenn ja:
Wie könnte das in der Praxis aussehen?

Die 4-Stern Hotels werden zu oberflächlich überprüft, derzeit nur mit Prüfungskommission.
4-Stern-Superior Überprüfung o.k., mit 4-Stern-Superior könnte man zusammen auch Wellness überprüfen, müsste aber unbedingt in der Qualität gemacht werden, nicht darunter. Es wäre dann Hotel+Küche+Wellness+Sterne in einem. Die Fachgruppen sind dazu aber zu schwach und außerdem ist es eine Interessengruppe, die tut sich gegenseitig nicht weh…. Es wäre auch zu aufwendig.
Die Kunden geben keine Bewertung!
Internetbewertungen:
Es ist eine Gefahr dabei – bei geringen Problemen kann der Kunde über Internet so negativ schreiben und sehr großen Schaden anrichten. Mir ist einmal passiert, dass bei frühzeitiger Abreise die lt. Bedingungen Mindesttage (3) mitverrechnet wurden, der Gast so sauer war und im Internet in Holiday check so vernichtend schrieb, dass es schwierig war hier den Schaden zu begrenzen. Der Hotelier kann hier nichts tun, denn ich kann schon dementieren – auf irgendeiner Seite, später…. – der Schaden ist schon da. Manche Menschen suchen das Haar in der Suppe, diese können hier auch ganz schön Schaden anrichten. Das ganze Haus wird negativ bewertet bei kleineren Problemen.

10.11. Expertengespräch Maximilian Fischbach

Datum: 27. Jänner 2009
Zeit: 10 Uhr
Ort: telefonisch
55 min.

Gesprächspartner: Hr. Maximilian Fischbach

1. **Sehen Sie persönlich die Hotelsterne als zeitgemäß, als sinnvolle Orientierungshilfe für Qualität und die Kriterien als ausreichend?**

   Nein

2. **Wenn nein:**
   Weshalb?
   Was könnte verändert werden?

   Die Hotelsterne sind überholt, bis 3-Stern ist es für den Österreicher sowieso uninteressant, dabei gibt es 2-Stern Betriebe wo die Qualität besser ist als in so manchen 3-Stern Betrieben.

   Es gibt 4-Stern Betriebe die schon längst 5-Sterne wären, sich jedoch die strengen Auflagen nicht antun – wie z.B. Rezeption ganze Nacht besetzt, Silberbesteck usw.
   Andererseits gibt es wieder 5-Stern Betriebe wo die Zimmer so alt sind, dass 5-Sterne nicht gerechtfertigt sind, jedoch keiner entzogen wird.

   Das Problem ist sicher auch die Differenz zwischen 4 und 5 Stern.

   Wer würde einem 5-Stern Betrieb, weil die Auflagen nicht erfüllt sind, das Haus renovierungsbedürftig und abgewohnt ist, Einrichtung nicht mehr zeitgemäß, wer würde sich da trauen einen Stern abzuverlangen, es sind Arbeitsplätze gefährdet…. Es gibt zwar Fristen zur Abänderung der Missstände, es fehlt oft die neuerliche Kontrolle.

   Die Leute die das kontrollieren kennen sich auch manchmal nicht aus, es muss jemand sein der es dem Hotel gut meint und nicht nur negatives sucht. Wenn nur nach Negativem gesucht wird geht auch sicher was schief und das ist nicht fair dem Haus gegenüber.

   Es gehört außerdem gesondert beurteilt:
   1. Hardware
   2. Software
   3. Umwelt

   Beim Wasser ist ja der Gesetzgeber gefordert, wobei hier die Obergrenzen für Chemikalien viel zu hoch sind.

Hoteliers sind oft nicht bereit Verbesserungen durchzuführen.

3. **Hotelsterne sind ja bereits seit mehr als 30 Jahren eine geschützte Marke, die Richtlinien klar festgelegt.**
   Wellness ist ein nicht geschützter Begriff, woran glauben Sie erkennt man die Qualität eines Wellness-/Spabereiches?

Wie gesagt, ich finde die Hotelsterne überholt….

Bei Wellnessbetrieben geht nur: genau schauen und sich auskennen, jemand der sich nicht auskennt kann es nicht beurteilen, der Laie tut sich schwer Qualität, Qualität der Behandlungen, Wasserqualität usw. zu beurteilen.

4. **Weshalb ist es bis heute nicht gelungen in Österreich, geschweige denn in ganz Europa einheitliche Kriterien für Wellnesshotel / Spabetriebe festzulegen? Was sind die Gründe dafür? Welche Barrieren haben bisher die Einführung eines einheitlichen Gütesiegels verhindert?**

Es laufen zu viele inoffizielle Geschichten. Es müsste eine unantastbare Institution geben, die unbestechlich ist. Betriebe die etabliert sind müssten was tun und die wollen das nicht. Wenn man genau hinschaut findet man katastrophale Zustände, Hygiene, Sauberkeit, ranzige Öle…. Es fehlt die Kontrolle.

5. **Glauben Sie, dass die Hotelbetreiber ein einheitliches (allgemein gültiges) Gütesiegel für Wellness/SPA wollen?**

Ja, aber nur wenn ihnen jemand garantieren würde, dass sie gut abschneiden würden, Missstände wollen nicht ausgemerzt werden, es soll nicht gerüttelt werden an bestehenden Zuständen….

6. **Wenn ja:**
   Was erwartet sich der Hotelier von so einem Siegel?

Es soll einfach nur laufen….

7. **Glauben Sie, dass der Kunde ein einheitliches (allgemein gültiges) Gütesiegel für SPA will?**

Ja, absolut!

8. **Wenn ja:**
   Was erwartet sich der Kunde von so einem Siegel?

Dass er sich auf diese Klassifizierung verlassen kann.

9. **Könnten Sie sich im Bereich Wellness-/Spa-Betriebe eine Bewertung ähnlich wie bei den Hotelsternen als geschützte Marke vorstellen?**

Ja

10. **Wenn ja:**
    Wie könnte so eine Marke aussehen?

Eher so wie bei der Olympiade, farblich / gelber Stern……
Eventuell mit Beurteilungen, EBay als Vorlage (ein Jahr lang wird bewertet….
99% positiv….), EBay wäre eine gute Vorlage, es ist ein gutes System.

Wer könnte eine solche Bewertung durchführen?
Es müsste eine Institution geschaffen werden, diese müsste unbestechlich
sein, es müsste mit wenig Geld ablaufen

11. **Welche Gütesiegel im Wellness-/SPA-Bereich kennen Sie?**

Relax Guide, Dt. Wellnessverband
Ist auch so eine Sache: es wird einmal im Jahr kontrolliert. Es gibt Ausnahme-
situationen wie z.B. der Masseur ist krank – die Aushilfe liefert schlechtere
Leistung – schon stimmt das Gesamtbild nicht mehr. Auf Grund **einer** Leistung
im Wellnessbereich wird dann z.B. die Vergabe der Lilien festgelegt! Da müsste öfter kontrolliert werden. Es sollte außerdem eine eigene Klassifizierung
geben in welche Richtung der Betrieb spezialisiert ist.

12. **Haben Sie schon einmal einen Wellnessurlaub verbracht?**

Ja, schon oft.

13. **Wenn ja:**
    Was waren Ihre Erwartungen?

Allgemeine Erwartungen, diese deckten sich meist nicht mit der Realität.
Sauberkeit und Dienstleistung sind sehr wichtig, baulich soll es geschmackvoll
sein, mindestens 2 Saunen.
Das Personal soll den Wellnessgedanken tragen, sie sollten keinen Stress
verbreiten, ein bestimmtes Auftreten, äußeres Erscheinungsbild adrett, sauber
und ordentlich.

14. **Nach welchen Kriterien haben Sie das Hotel ausgesucht?**

Nach den Möglichkeiten, Aktivitäten.

15. **Was sollte ein Wellness-/ Spa-Betrieb minimum enthalten?**

Eine gewisse Größe, Pool, mindestens 2 Saunen, mindestens 2 Fixangestellte
für Behandlungen, mindestens 5 verschiedene Massagen im Angebot der Behandlungen, mindestens 3 Kabinen für Behandlungen, Kosmetik.

16. **Sollten alle SPA Betriebe ein einheitliches Gütesiegel haben?**

Ja

17. Wenn ja:
Welche Punkte soll ein einheitliches Siegel mindestens enthalten?

In folgender Reihenfolge:
1. Freundlichkeit und Qualifikation der Mitarbeiter
2. Qualität der Behandlungen
3. Hardware

18. Was darf so eine Prüfung und einheitliches Gütesiegel kosten?

Ca. 500,-- Euro

19. Könnten Sie sich vorstellen die Qualität Wellness- Spabereich in Kombination mit Hotelsternen zu zertifizieren?

Nein

20. Wenn nein:
Weshalb?

Weil die Hotelsterne überholt sind!

10.12. Expertengespräch Mag. Nina Rauchenschwandtner

Datum: 28. Jänner 2009
Zeit: 9 Uhr
Ort: Wirtschaftskammer Salzburg, 1. Stock

Gesprächspartner: Frau Mag. Nina Rauchenschwandtner

1. Wie funktioniert die Hotelsternevergabe in der Praxis?

Landeskommission, 5 Sterne – Bundeskommission
Es kann auch Einspruch gemacht werden
Teilweise hart im Ergebnis
Es wird dann Termin gemacht und dann wird kontrolliert ob die erteilten Auflagen erfüllt wurden.
Viele Betriebe wurden schon länger nicht mehr angeschaut....

2. Weshalb ist es bis heute nicht gelungen in Europa einheitliche Kriterien für Hotelsterne festzulegen? Was sind die Gründe dafür?

Es fehlt von oben die Kompetenz (EU z.B.)
Die Frage ist wer macht die Kategorisierung.

In Österreich ist die Wirtschaftskammer zuständig wo alle Mitglieder sind, das ist aber in anderen Ländern eher selten. Es ist ein freiwilliges System, wenn es ein Verein ist kann es gar nicht flächendeckend, es wird zum Marketinginstrument.

Es gibt vom Fachverband der WK Bestrebungen mit Deutschland und der Schweiz Harmonisierungen zu treffen. Es gab schon Gespräche und Treffen. Es muss auf ein Punktesystem umgestellt werden, das derzeitige System ist nicht ausreichend.

Die 4-Sternbetriebe sind Problembereich, dies war auch der Grund für die Einführung der 4-Stern Superior. Es wäre auch ein 3-Stern Superior gewünscht, ich persönlich bin gegen zu viele Abstufungen. Besser wäre die 4-Sterne Bereiche besser in den Griff zu bekommen, 3-Sterne aufzuwerten.

Viele 3-Stern Betriebe sind in 4-Stern geflüchtet, weil bis 4-Sterne die Dienstleistung nicht überprüft wird, erst bei 4-Stern-S. Derzeit scheitert es an den Überprüfungen, es ist für die Interessensverbände schwierig einen Betrieb herunter zu kategorisieren….
Preisdumping = schlechte Dienstleistung.

Wellness kann nicht kostendeckend sein, es muss im Zimmerpreis einkalkuliert werden, Personal und Investitionen sind sehr hoch. Nicht jeder muss Wellness haben…

3. **Sehen Sie persönlich die Hotelsterne als zeitgemäß, als sinnvolle Orientierungshilfe für Qualität und die Kriterien als ausreichend?**

   Ja

4. **Wenn ja:**
   Gibt es besondere Herausforderungen für die Zukunft?

   Es ist doch ein gewisser Maßstab durch die vielen Gütesiegel. Die Richtlinien sollten ständig vorwärts entwickelt werden. Keine Zwischenkategorisierungen wie in Deutschland (in D 1-Stern, 1-Stern-S, 2-Stern, 2-Stern-S…..), das ist zu viel.

5. **Wellness ist ein nicht geschützter Begriff, wie glauben Sie erkennt man die Qualität eines Wellness-/Spabereiches?**

   Anwendungen durch qualifiziertes Personal, in erster Linie Sauberkeit, Hygiene nicht die Größe – schon eine gewisse Größe nicht zu eng, man muss bedenken z.B. beim Schiurlaub kommen alle zur gleichen Zeit….

6. **Glauben Sie, dass die Hotelbetreiber ein einheitliches (allgemein gültiges) Gütesiegel für SPA wollen?**

   Eher nicht

7. **Wenn nein:**
   Weshalb?

   Wer soll das machen, das kann nur freiwillig sein, die Frage ist dann wer darf das. Die Wirtschaftskammer könnte das schon, aber die schon irgendwo dabei sind (z.B. Schlank & Schön…) werden sagen „was jetzt noch eins…", ich bin ja schon bei dem dabei… Wie verkaufe ich den Mehrwert eines einheitlichen Siegels. Die Frage welche Kosten, welcher Zeitaufwand , man muss es besonders gut verkaufen, einige „Zugpferde" die die Gütesiegel gleich annehmen.

8. **Glauben Sie, dass der Kunde ein einheitliches (allgemein gültiges) Gütesiegel für SPA will?**

   Ja

9. **Wenn ja:**
   Was erwartet sich der Kunde von so einem Siegel?

   Eine leichtere Orientierung.

10. **Hotelsterne sind ja seit mehr als 30 Jahren eine geschützte Marke. Könnten Sie sich im Bereich Wellness-/Spa-Betriebe eine Bewertung ähnlich wie bei den Hotelsternen als geschützte Marke vorstellen?**

    Ja

11. **Wenn ja:**
    Wie kann so eine Marke aussehen?

    Die Frage ist wer macht das? Es müsste losgelöst von der Interessensvertretung sein.
    Einheitliches System, der Markenschutz wäre nicht das Problem.

    Man kann eine Wort-Bild-Marke schützen lassen, auf jeden Fall ein Bild – farblich hell, blau muss drin sein, gelb, orange, lebendig, nicht zu grell, Wellenbewegungen….

    Wer könnte diese Bewertung durchführen?

    Ja wer?

12. **Welche Gütesiegel im Wellness-/SPA-Bereich kennen Sie?**

    Relaxguide, Schlank & Schön, Alpine Wellness

13. **Haben Sie schon einmal einen Wellnessurlaub verbracht?**

    nein

14. **Wenn nein?**
    Was ist der Grund? Weshalb?

    Ich bin lieber aktiv, schifahren, usw. ich mag Hallenbäder nicht, bin lieber am See.

15. Haben Sie in Zukunft vor einen Wellnessurlaub zu buchen?

Eher nicht.

16. Was sollte ein Wellness-/ Spa-Betrieb minimum enthalten?

Pool soll groß sein, aufgeteilt in Bereich schwimmen und Whirlpool
Richtige Wärme
Mindestens 2 noch besser 3 verschiedene Saunen, Dampfbad
Mindestens 2 Anwendungsräume, ordentliches Programm – weniger ist mehr
Qualifiziertes Personal für die diversen Anwendungen
Massagen auf jeden Fall – verschiedene wie Fußreflexzonen, Teilkörper, Ganzkörper…
Beauty nicht so vorrangig aber schon ein kleines Angebot
Ruhebereich großzügig, eigener Ruheraum wichtig
Ein paar Spezialisierungen, Besonderheit, Aromaduschen, ein paar Spielereien
Hardware soll ansprechend sein
Seminarangebote nicht unbedingt notwendig
Interessante Vorträge
Ganzjahresauslastung
Spezielle Gruppen ansprechen
Spezielle Themen, Abwechslung

17. Sollten alle SPA Betriebe ein einheitliches Gütesiegel haben?

Ja
Wenn man es hinkriegt, ich persönlich habe Bedenken dass es funktioniert. Es muss von den Betrieben selber kommen, muss machbar sein wirtschaftlich, nachvollziehbar. Muss von einer seriösen Institution gemacht werden die sich nicht selber etablieren will, es sollen die Standards für die Gäste festgelegt werden.

18. Wenn ja:
Welche Punkte soll ein einheitliches Siegel mindestens enthalten?

Da fehlt mir das Fachwissen.
Alles was Mindesthygienestandards sind festlegen.
Mindestausstattung – Verhältnis zu Betten, Größendimension Spa
Beschäftigte müssen ausgebildet sein, es gibt so viele Ausbildungen, es wird schwer sein. Qualifiziertes Personal wichtig.

19. Was darf so eine Prüfung und einheitliches Gütesiegel kosten?

1. Check ca. 1.000,-- bis 1.500,-- Euro, Wiederholung ca. 500,-- Euro

20. Welche Barrieren haben bisher die Einführung eines einheitlichen Güte-siegels verhindert?

Es ist immer so, wenn etwas nicht gesetzlich geregelt wird dann gibt es Insel-lösungen. Marketingaspekte sind im Vordergrund. Die Nachfrage war da, Ideen kamen, es ging alles zu schnell, es war keine Zeit für Standardisierung.

21. Könnten Sie sich vorstellen die Qualität Wellness- Spabereich in Kombi-nation mit Hotelsternen zu zertifizieren?

nein

22. Wenn nein:
Weshalb?

Sterne und Wellnesszertifizierung trennen.
Derzeit fehlt das Fachwissen, es müssten Externe hinzugezogen werden.
Voraussetzung 4-Sterne Betrieb, Diskussion würde auftauchen, weshalb nicht 3-Sterne...
Das ganze System müsste umgestellt werden, nicht sehr sinnvoll.
Eigene Richtlinien müssten ausgearbeitet werden, mit speziellen Mysterytests für Wellness mit externen Beratern.
Beim Hardware Test fehlt das Fachwissen, es müsste etwas kategorisiert werden wo komplett den Externen vertraut werden müsste.

10.13. Expertengespräch Johann Domnanovich

Datum: 2. Februar 2009
Zeit: 14 Uhr
Ort: WIFI

Gesprächspartner: Hr. Johann Domnanovich

1. Sehen Sie persönlich die Hotelsterne als zeitgemäß, als sinnvolle Orien-tierungshilfe für Qualität und die Kriterien als ausreichend?

Ja

2. Wenn ja: Gibt es besondere Herausforderungen für die Zukunft?

Das Problem sind die Standards die bestimmen wer wieviele Sterne bekommt, diese sind zu schwach, die Software wird ignoriert, nur die Hardware ist das Kriterium. Der Mensch, die Dienstleistung sollte im Vordergrund stehen.

3. Hotelsterne sind ja bereits seit mehr als 30 Jahren eine geschützte Marke, die Richtlinien klar festgelegt.
   Wellness ist ein nicht geschützter Begriff, woran glauben Sie erkennt man die Qualität eines Wellness-/Spabereiches?

Wellness ist ein kreierter Begriff. Die Definition Wellness ist sehr unterschiedlich.
Vorrangig ist Wohlbefinden – ist sehr individuell....
Das Ganzheitliche ist wichtig, Nassanlagen, Service, Wellness ist jedoch mehr als das...

4. Weshalb ist es bis heute nicht gelungen in Österreich, geschweige denn in ganz Europa einheitliche Kriterien für Wellnesshotel / Spabetriebe festzulegen? Was sind die Gründe dafür? Welche Barrieren haben bisher die Einführung eines einheitlichen Gütesiegels verhindert?

Die Betriebe sind sehr unterschiedlich und die Zielsetzungen sind unterschiedlich.

Es wäre zu definieren welche Räumlichkeiten werden zur Verfügung gestellt, Kriterien müssten beschrieben werden, Servicegedanke müsste formuliert werden.

Wellness wird verzerrt, es muss unterschieden werden zu Medical Wellness – da sind andere Kriterien, Medizin muss voll mitwirken, Medical Wellness ist leichter zu definieren.

Die Kriterien sind so unterschiedlich, in jedem Betrieb fehlt etwas anderes. Bevor die Betriebe mitmachen müssten sie umstrukturiert werden, extrem schwierig alle auf einen Nenner zu bringen. Man kann nur mit eher „schwammigen" Kriterien arbeiten, die leicht erfüllbar sind.
Technische Kriterien, Hardware ist einfach, bei Dienstleitungen werden die Kriterien schwierig (Software: Ausbildung, sozial kompetent, freundlich, auf Menschen zugehen usw.)

Die Visionen sind zu unterschiedlich, Wellnessgedanke....

Die Qualifikationen aufstellen = leicht
„   umsetzen = geht noch
„   kontrollieren = sehr schwierig
Die Tester müssten sehr versiert und abgestimmt sein!

5. Glauben Sie, dass die Hotelbetreiber ein einheitliches (allgemein gültiges) Gütesiegel für Wellness/SPA wollen?

Ja

6. **Wenn ja:**
   Was erwartet sich der Hotelier von so einem Siegel?

   Einen Vergleich zu den Mitbewerbern, eine Verbesserung der Marketingpositionierung.

7. **Glauben Sie, dass der Kunde ein einheitliches (allgemein gültiges) Gütesiegel für SPA will?**

   Ja

8. **Wenn ja:**
   Was erwartet sich der Kunde von so einem Siegel?

   Der Kunde wird oft geblendet und er weiß es, es wird zuviel versprochen und dann nicht gehalten.
   Der Kunde weiß Gütesiegel zu schätzen an denen er sich orientieren kann.

9. **Könnten Sie sich im Bereich Wellness-/Spa-Betriebe eine Bewertung ähnlich wie bei den Hotelsternen als geschützte Marke vorstellen?**

   Ja, es ist möglich, aber sehr schwierig.

10. **Wenn ja:**
    Wie könnte so eine Marke aussehen?

    Schwierig, es gibt zu viele Unterschiede, zu individuell.
    Es muss klar zeigen, dass Qualität dahintersteckt, Hardware und Software, kurz und bündig, präzise, klar und deutlich, die Standards müssen effizient kontrolliert werden.

    Wer könnte eine solche Bewertung durchführen?

    Nur Experten, die an der Erstellung der Kriterien gearbeitet haben, Visionen, Schulungen, Selektion der Tester.

11. **Welche Gütesiegel im Wellness-/SPA-Bereich kennen Sie?**

    Alle.

12. **Haben Sie schon einmal einen Wellnessurlaub verbracht?**

    Ja

13. **Wenn ja:**
    Was waren Ihre Erwartungen?

    Die Hardware war bekannt und vieles war enttäuschend, die Betreuung war oft enttäuschend – der fachliche und menschliche Aspekt hat oft gefehlt.

Nach welchen Kriterien haben Sie das Hotel ausgesucht?

Nach Möglichkeiten die mich zufrieden stellen, Restaurant, Ambiente, Stil, Bewertungen teilweise, Empfehlungen von Personen die man kennt, Fotomaterial, Beschreibungen, Texte hochgestochen oder ehrlich, Internet, Freundes- und Berufskreis Empfehlungen.

14. **Was sollte ein Wellness-/ Spa-Betrieb minimum enthalten?**

Anwendungsbereiche (traditionell, asiatisch egal welche...)
Tageslicht im gesamten Spa-Bereich – Tageslicht ist Wohlbefinden – Licht, Luft, Sonne!
Beauty
Nassbereich
Schwimmbecken, mehrere Saunen, Jacuzzi
Gymnastik professionell betreut
Möglichkeit sich ernährungsmäßig weiterzubilden
Kapazitäten die mir beibringen wie ich gesünder lebe, esse....
Eventuell spiritueller Bereich
Die Gesamtheit ist ideal (Körper, Geist u. Seele)

15. **Sollten alle SPA Betriebe ein einheitliches Gütesiegel haben?**

Ja, aber es ist schwierig – es wird fast nicht möglich sein.

16. **Wenn nein:**
    Weshalb nicht? Gründe?

Es ist zu individuell.

17. **Könnten Sie sich vorstellen die Qualität Wellness- Spabereich in Kombination mit Hotelsternen zu zertifizieren?**

Vielleicht, aber eher nicht, es gibt Marketingkonflikt, Visionskonflikt, 5 und 4 Sterne Betriebe – 5 Sterne Beherbergung und 4 Sterne Wellness = Konflikt! Heute: ein Hotelbetrieb ohne Wellness ist kein Hotelbetrieb!

10.14. Expertengespräch Wolfgang Pitzl

Datum: 5.2.2009
Zeit: 13 Uhr
Ort: WIFI

Gesprächspartner: Hr. Pitzl Wolfgang

1. **Sehen Sie persönlich die Hotelsterne als zeitgemäß, als sinnvolle Orientierungshilfe für Qualität und die Kriterien als ausreichend?**

   Ja

2. **Wenn ja: Gibt es besondere Herausforderungen für die Zukunft?**

   Bei Hardware sind Kriterien festgelegt, bei Software nicht – Personal, Ausbildung Personal, Quote Stammpersonal – sollte alles berücksichtigt werden.

3. **Hotelsterne sind ja bereits seit mehr als 30 Jahren eine geschützte Marke, die Richtlinien klar festgelegt.**
   Wellness ist ein nicht geschützter Begriff, woran glauben Sie erkennt man die Qualität eines Wellness-/Spabereiches?

   Hardware ist als Kriterium zu wenig, es sollte Kriterien für Qualität bei den Anwendungen, Personal, Kommunikation und Auftreten geben.

4. **Weshalb ist es bis heute nicht gelungen in Österreich, geschweige denn in ganz Europa einheitliche Kriterien für Wellnesshotels / Spabetriebe festzulegen? Was sind die Gründe dafür? Welche Barrieren haben bisher die Einführung eines einheitlichen Gütesiegels verhindert?**

   Das Konkurrenzdenken! Es hätten außerdem 50% der Wellnesshotels die Rahmenbedingungen nicht.

5. **Glauben Sie, dass die Hotelbetreiber ein einheitliches (allgemein gültiges) Gütesiegel für Wellness/SPA wollen?**

   Ja

6. **Wenn ja:**
   Was erwartet sich der Hotelier von so einem Siegel?

   Die echten Wellnesshotels würden es begrüßen, diejenigen die nur ihre Betten füllen wollen eher nicht.

7. **Glauben Sie, dass der Kunde ein einheitliches (allgemein gültiges) Gütesiegel für SPA will?**

   Ja

8. **Wenn ja:**
   Was erwartet sich der Kunde von so einem Siegel?

   Er kennt das Preis-Leistungsverhältnis und kann es einfordern.

9. **Könnten Sie sich im Bereich Wellness-/Spa-Betriebe eine Bewertung ähnlich wie bei den Hotelsternen als geschützte Marke vorstellen?**

   Ja

10. **Wenn ja:**
    Wie könnte so eine Marke aussehen?

    Mir persönlich gefällt das Lilienmodell sehr gut, könnte ein Modell mit Rosen sein z.B.

11. **Wer könnte eine solche Bewertung durchführen?**

    Zusammenarbeit von Land – Hygieniker (Wasser), Arzt / zur Prüfung der Anwendungen, jemand aus der Sparte Tourismus – eine unabhängige Kommission. Die Kriterien müssten neu definiert werden, alle 1 – 2 Jahre unangemeldete Überprüfungen. Transparente Kriterien!

12. **Welche Gütesiegel im Wellness-/SPA-Bereich kennen Sie?**

    Relaxguide

13. **Haben Sie schon einmal einen Wellnessurlaub verbracht?**

    Ja

14. **Wenn ja:**
    Was waren Ihre Erwartungen?

    Außenaktivitäten für mich und Beauty und Wellness für meine Frau.
    Nach welchen Kriterien haben Sie das Hotel ausgesucht?
    Es war ein mir bekanntes Hotel, ich habe da ein Praktikum absolviert.
    Es waren für mich die Ausstattung / Hardware und das Angebot der Anwendungen wichtig.

15. **Was sollte ein Wellness-/ Spa-Betrieb minimum enthalten?**

    Ansprechende Saunalandschaft, mehrere verschiedene Saunen und verschiedene Temperaturen, Dampfsauna, Infrarot
    Pool innen, Ruhebereich
    Klassische Anwendungen, Kosmetik, Massagen, Fitnessraum

16. **Sollten alle SPA Betriebe ein einheitliches Gütesiegel haben?**

    Ja

17.Wenn ja:
Welche Punkte soll ein einheitliches Siegel mindestens enthalten?

Hardware
Software – Personal, geschultes Personal (in Österreich ist Gewerbeschein notwendig für die Behandlungen)
Medical Wellness – Arzt, vorheriger Check
Klassische Anwendungen, Grundstock und dazu eine gewisse Auswahl Besonderheiten

18.Was darf so eine Prüfung und einheitliches Gütesiegel kosten?

Zwischen 1.000,-- und 2.000,-- Euro

19.Könnten Sie sich vorstellen die Qualität Wellness- Spabereich in Kombination mit Hotelsternen zu zertifizieren?

Würde schwierig sein in der Anfangsphase, aber warum nicht....

20.Wenn ja:
Wie könnte das in der Praxis aussehen?

Hardware
Wichtigster Zugang = Personal, gute Ausbildung, gutes Personal
Angebot, Programm, Küche, Kundenbetreuung.

DANKE

Ein herzliches Dankeschön den vielen Menschen, die mir ihre Zeit zur Verfügung gestellt haben, meine Fragen zu beantworten. Ob telefonisch oder persönlich, es war mir ein Vergnügen Ihre Meinung zu erfahren und in dieser Fachstudie veröffentlichen zu dürfen.

Evelyn Saller

Die Autorin:

Evelyn Saller, Jahrgang 1959, gelernte Bürokauffrau, ist tätig als Farb- und Stilberaterin und selbständige Direktberaterin. Die Autorin hat zwei erwachsene Kinder und lebt mit ihrem Mann in der Nähe von Salzburg. Sie absolvierte im zweiten Bildungsweg das Studium zur akademischen Wellnessmanagerin an der Fachhochschule Salzburg. Inspiriert durch das Studium und durch eigene Erfahrungen bei Wellnessaufenthalten entstand die Idee zu diesem Buch. Sie hat die Vision von Transparenz, klaren Aussagen und Qualitätskontrollen im Wellness-tourismus. Es folgte eine Studie über Gütesiegel, mit Expertengesprächen und Marktforschung aus Kunden- und Unternehmersicht und es zeigte sich, die Autorin ist nicht alleine mit dem Wunsch nach konkreter Qualitätsorientierung im Wellness & SPA. Wohlfühlen von Kopf bis Fuß und Harmonie von Körper, Geist und Seele so definiert sie Wellness als Gesamtes.